CATALOGUE

HISTORIQUE ET DESCRIPTIF

DU

MUSÉE DE DIJON

PEINTURES — SCULPTURES — DESSINS

ANTIQUITÉS

DIJON

LAMARCHE, LIBRAIRE-ÉDITEUR

place Saint-Étienne

1869

MUSÉE DE DIJON

Dijon. — Typographie J.-E. Rabutôt.

CATALOGUE

HISTORIQUE ET DESCRIPTIF

DU

MUSÉE DE DIJON

PEINTURES — SCULPTURES — DESSINS

ANTIQUITÉS

DIJON

LAMARCHE, LIBRAIRE-ÉDITEUR

place Saint-Étienne

1869

Le public est prévenu que, pour la plus grande sûreté des objets que renferme l'établissement, on a placé au bas du grand escalier un gardien à qui l'on peut confier les cannes et les parapluies, qu'il est nécessaire de déposer avant d'entrer, ainsi que tous les objets portatifs qui pourraient nuire à la liberté de la circulation.

Le Musée est ouvert au public les dimanches et jours de fêtes légales, de midi à quatre heures, depuis le 1er avril jusqu'au 30 septembre; de midi à trois heures, du 1er octobre au 31 mars; et les jeudis, de midi à deux heures, depuis le 1er avril jusqu'au 31 octobre.

Les étrangers pourront le visiter tous les jours, de sept heures du matin à six heures du soir, du 1er avril au 30 septembre; et de neuf heures du matin à trois heures, du 1er octobre au 31 mars.

Les artistes, amateurs ou élèves, munis d'une carte d'étude et de travail, délivrée par le Directeur-Conservateur du Musée, seront admis dans les galeries, conformément aux dispositions de l'article précédent. — Cette carte d'entrée sera *personnelle*, et devra porter la signature de la personne à laquelle elle aura été accordée.

Le lundi, jour affecté au nettoiement des salles, les galeries seront, sans aucune exception, fermées jusqu'à une heure.

(Extrait du Règlement.)

DIVISION DU CATALOGUE

1re Partie. — *Peinture*, comprenant les Tableaux, Dessins, Pastels, Aquarelles et Miniatures.

1º Ecole française.
2º Ecoles flamande, hollandaise et allemande.
3º — d'Italie.

2e Partie. — *Scuplture.*

3e Partie. — *Antiquités et Bronzes.*

1º Antiquités égyptiennes, romaines et gallo-romaines.
2º Vases étrusques, Poterie et Verrerie antiques.
3º Bronzes florentins, Médailles et Médaillons.
4º Empreintes de pierres gravées.

4e Partie. — *Monuments et Œuvres d'art du moyen âge et de la renaissance ; Objets anciens et modernes.*

1º Monuments et Objets historiques.
2º Armes et armures.
3º Ouvrages d'art anciens et modernes.
4º Emaux. Art céramique, Mosaïques et Camées.
5º Ouvrages de fabrication orientale.

5e Partie. — *Collection léguée par Anatole Devosge.*

6e Partie. — *Collection Hiss de la Salle.*
Dessins des grands maîtres.

7e Partie. — *Vases étrusques et Terres cuites, provenant du musée Campana.*

8e Partie. — *Musée des Antiquités de la Côte-d'Or.*

On fait observer que tous les morceaux indiqués dans le Catalogue ne sont pas exposés dans les salles ouvertes au public. Quelques-uns, comme on le remarquera, ont été demandés par les autorités pour décorer divers établissements de notre ville; on s'occupe de la restauration de quelques autres, et il en est enfin que leur état imparfait de conservation ne permet pas d'exposer.

INTRODUCTION

Le Musée de Dijon, qui a été ouvert au public le 3 fructidor an VII (20 août 1799), doit être considéré comme ayant une double origine, car, bien que formé principalement des objets d'art recueillis lors de la Révolution, sa création remonte cependant à une époque antérieure. On lit, en effet, dans les délibérations des Elus des Etats de Bourgogne, que le 2 janvier 1783, sur la demande de François Devosge, fondateur de l'Ecole des Beaux-Arts, nouvellement instituée à Dijon sous leur patronage, les Elus votèrent les fonds nécessaires à la construction de l'aile orientale du Palais des Etats, destinée à former un *Musée pour les progrès de l'art et l'utilité des élèves*, et à recevoir les ouvrages des jeunes artistes que la province pensionnait à Rome.

François Devosge fut chargé de disposer et de décorer le salon carré (des statues) où vinrent successivement se ranger les plâtres moulés sur l'antique, achetés en 1780 à Rome, à la vente du peintre Raphaël Mengs, et les copies en marbre qu'exécutèrent à Rome même les élèves de l'Ecole. Ce salon reçut, enfin, son plus beau lustre du magnifique plafond que Prud'hon peignit dans la même ville, d'après Piètre de Cortone, à la villa *Barberini*.

Quant aux ouvrages envoyés par les élèves en peinture, ils furent exposés dans une salle contiguë à cette pièce.

Cette formation, pour ainsi dire rudimentaire de notre Musée, interrompue à la suppression des Etats, fut reprise, ainsi qu'on va le voir, quelques années après, sous l'impulsion infatigable de François Devosge.

Lors de la Révolution, grâce à l'autorité que lui donnaient son beau caractère, ses talents et les services rendus au pays, Devosge sauva de la destruction, ou tout au moins de la dispersion, un grand nombre de monuments anssi précieux pour les arts que pour l'histoire. Divers arrêtés rendus par l'Administration départementale, notamment les 14 janvier 1793 et 14 pluviôse an II (2 février 1794), c'est-à-dire aux époques les plus terribles de notre histoire revolutionnaire, investirent François Devosge, auquel on donna pour auxiliaire le sculpteur Attiret et le peintre Auvert, du soin de veiller à la conservation des monuments des arts dépendant des propriétés nationales et de faire le choix des objets qui devaient être réservés pour servir à l'instruction publique et être déposés dans le Musée.

Lors de la réaction thermidorienne, le représentant

du peuple Jean-Marie Calès, envoyé en mission dans la Côte-d'Or, voulant mettre un terme aux *actes de vandalisme* dont le pays n'avait que trop souffert, nomma, pour la conservation des monuments des arts dans le département de la Côte-d'Or, une Commission chargée de disposer dans un même local « les « monuments précieux, tableaux, estampes, statues, « bas-reliefs, camées antiques et pierres gravées ; de « recueillir les instruments relatifs aux sciences, les « objets d'histoire naturelle, les ouvrages de l'art « dignes de passer à la postérité, et plaça sous sa sur- « veillance les églises, monastères, les colléges, « les manoirs des ci-devant nobles émigrés, et en « général tous les établissements publics supprimés. » 10 nivôse an III (30 décembre 1794.) Cette Commission devait lui proposer dans le plus bref délai le local le plus convenable à l'établissement d'un Musée, et se composait de quatorze personnes choisies parmi les artistes et les savants les plus recommandables du département. Inutile de dire que là, comme toujours, le nom de François Devosge fut inscrit le premier.

La Commission se mit immédiatement à l'œuvre ; elle se fit remettre par la commune de Dijon tous les objets qui étaient entassés dans divers édifices religieux, notamment à l'église des Bernardines et à l'ancien évêché.

Ces mesures préservatrices reçurent une sanction nouvelle lors de la création des Ecoles centrales organisées par les décrets des 7 ventôse an III et 3 brumaire an IV (25 février et 22 octobre 1795), dans la composition desquelles entrait une classe de dessin

à la tête de laquelle François Devosge fut placé. C'est
alors que les objets plus particulièrement du domaine
des Beaux-Arts furent transportés au Palais des Etats,
dont l'Administration départementale mit les salles à
la disposition de Devosge au fur et à mesure des be-
soins d'agrandissement. Le Musée devint donc, comme
la Bibliothèque publique, formée des mêmes éléments, une annexe de la nouvelle institution.

Il n'est pas hors de propos, croyons-nous, de rappeler ici que plusieurs églises de Dijon s'étant rou-
vertes, sous la protection du gouvernement qui pro-
clamait la liberté des cultes, une pétition fut adressée
à l'Administration départementale pour en obtenir les
tableaux nécessaires à la décoration de ces temples;
celle-ci en référa à Devosge, qui saisit avec empresse-
ment cette occasion de rendre au culte et à la lumière
une foule de toiles que le peu d'espace dont il dispo-
sait ne lui permettait pas d'exposer convenablement.
Le beau groupe de l'Assomption, sculpté par Dubois,
fut rendu à l'église Notre-Dame; et Devosge, autorisé
par un arrêté de l'Administration départementale du
6 ventôse an V (24 février 1797), remit aux églises
Saint-Bénigne, Notre-Dame et Saint-Michel cent cinq
tableaux et objets d'art, suivant qu'il fut constaté dans
un procès-verbal clos le 15 prairial (3 juin) de la même
année.

Vers le même temps, l'Administration l'autorisa également à délivrer soixante-cinq tableaux pour l'Ecole
centrale établie au collége Godran.

Outre des tableaux, des statues et autres objets
d'art, les magasins nationaux recélaient un nombre

considérable d'estampes et de dessins qu'il était important de réunir. L'Administration chargea encore Devosge de ce soin, et à son instigation elle autorisa, par arrêté du 19 germinal an VII (8 avril 1799), M. Monnier, qu'elle venait de nommer conservateur du Musée, à acheter pour réunir à ce fonds la collection provenant de la succession de M. Musard.

Cette nomination de M. Monnier, provoquée par le Conseil de l'Ecole centrale, fut le complément de l'organisation définitive du Musée. Un arrêté de l'Administration départementale pris le 17 ventôse an VII (7 mars 1799), déclara le Musée établissement public, en nomma, comme il vient d'être dit, le conservateur (1), et fixa les jours d'ouverture.

Le local du Musée se composait alors de quatre salles, savoir : le salon des statues, la pièce qui le précède, la petite salle qui se trouve immédiatement au-dessus et à droite de l'escalier, plus une pièce attenante audit

---

(1) *Conservateurs du Musée de Dijon.*

MONNIER (Louis-Gabriel) nommé le . . . . 7 mars 1799.
LARMIER (Philibert) lui succède le . . . . 21 mars 1804.
MARLET (Henri) remplace Ph. Larmier, nommé
   professeur de sculpture, le . . . . 27 mars 1806.
HOIN (Claude), après le décès de M. Marlet, est
   nommé conservateur le. . . . . 8 janvier 1811.
FÉVRET DE SAINT-MÉMIN (Charles-Balthazar-Julien)
   lui succède le . . . . 17 juillet 1817.
ZIEGLER (Jules) est nommé après le décès de
   Févret de Saint-Mémin, le . . . . 22 mai 1854.
PÉRIGNON (Alexis) est nommé directeur, et
   DEVILLEBICHOT (Jean-Auguste) est nommé
   conservateur, le. . . . . 27 août 1856.
BOULANGER (Louis) est nommé conservateur, le 21 nov. 1862.
NANTEUIL (Célestin) est nommé conservateur, le. 12 mars 1868.

**

salon, et qui sert maintenant de cabinet au conservateur (1). Il renfermait deux cent quatre-vingt-sept tableaux, en comprenant dans ce chiffre six mosaïques et quelques dessins de F. Devosge. Les autres objets, tant statues de marbre que plâtres moulés sur l'antique, bronzes et objets d'antiquité, sans y comprendre une assez grande quantité d'empreintes de pierres gravées antiques, etc., s'élevaient au nombre de deux cent quarante.

Il n'y avait parmi les tableaux que peu de grandes toiles. On y remarquait surtout le plafond de Prud'hon; le *saint Jérôme* du Dominiquin (qui était alors catalogué sans attribution); les deux batailles de Gagnereaux, la *Circoncision* de Quantin, la copie de l'*École d'Athènes*, la copie de l'*Enlèvement des Sabines* par Naigeon, le *Portrait de Mignard* par lui-même; celui de *Corneille* par Poussin, qui, jusqu'à présent, a été classé dans les inconnus tant pour le personnage représenté que pour le peintre; le *Portrait d'un peintre* par Mignard, un *Paysage* de Poelenburg; plusieurs tableaux de Wouvermans ou de son école; la *Thomyris*

---

(1) Le 10 mai 1803, la grande galerie voûtée et à ciel ouvert fut ajoutée au local du Musée, sur la demande du conservateur et de F. Devosge; l'entrée de cette pièce était alors indépendante de la salle des Gardes. Vers 1807, on y joignit la salle contiguë au salon des statues, et qui prend ses jours sur la rue Rameau et la cour de Bar; en 1820, la salle dite des Gardes, qui ne fut cependant ouverte qu'en 1827, après la restauration des tombeaux; en 1851, la petite salle dite actuellement salle Devosge, et prenant son jour sur la cour de Bar; enfin, en 1856, les deux salles de l'aile orientale du Palais des Etats qui font suite à la galerie voûtée.

de Philippe de Champagne; la *Chananéenne*, par Annibal Carrache; une grande *sainte Famille*, par Albane; *saint Sébastien*, par Bassan; le *Portrait de Rameau*, par Chardin; *saint Pierre*, par Lanfranc; une *Bataille*, par Parocel; la *Vierge et l'Enfant Jésus*, par Luini; *Vénus endormie*, par Hemmessen; *Combat de chiens et de chats*, par Bernaert, etc.

De 1814 à 1830, dix tableaux de l'Ecole moderne furent donnés par l'Etat, et parmi eux : la *Mort de Britannicus*, par Abel de Pujol; le *Sommeil d'Oreste*, par Vafflard; *Homère*, par Granger; le *Songe d'Oreste*, par Berthon; la *Mort de Sémiramis*, par Lordon; etc. Quatre statues en marbre : la copie d'un *Faune*, par Rutchiel; *Vénus Anadyomène*, par Ramey; *Bossuet*, par Bridan; le *Mausolée de Crébillon*, par Lemoyne, et un buste en marbre de Buffon, par Delaistre.

De 1830 en 1848, sept tableaux parmi lesquels : un *Paysage*, par Bertin; la *Vue du Campo Vaccino*, par Joyant; une statue en marbre représentant la *Désillusion*, par M. Jouffroy, et le buste en marbre de Monge, par le même.

En 1848, *Sapho*, statue en marbre par M. Diébolt.

De 1849 à 1859, la ville a reçu du gouvernement actuel dix tableaux, dont deux peints par Ziégler, et représentant l'un les *Pasteurs* et l'autre la *Pluie d'été*; *sainte Cécile*, par M. Pérignon; deux tableaux de nature morte par M. Appert, etc.; deux vases en porcelaine de Sèvres; deux statues en marbre, l'une de M. Jouffroy, représentant *Erigone*; l'autre de M. Lescorné, représentant *Ariane*; et une épreuve en plâtre de la statue de la *Duchesse de Bedfort*.

« objets qui le composent. » (Lettre du ministre Lainé
du 23 octobre 1818.)

En présence d'une déclaration aussi positive, le
doute n'était plus permis, et le Musée prit place au
budget sur le même rang que la Bibliothèque publique, qui, elle aussi, provenait de la même origine.

Depuis sa constitution définitive, en 1799, le Musée
s'est enrichi considérablement par les dons du gouvernement, les acquisitions du Conseil général du département, celles faites par le Conseil municipal de
Dijon, et les libéralités particulières.

DONS DU GOUVERNEMENT..

Sous le règne de Napoléon 1er, deux envois de tableaux furent faits à la ville, l'un en 1809 et l'autre
en 1812. Chacun de ces deux envois fut de trente
tableaux, tous de maîtres anciens. Les plus remarquables de ceux que le Musée reçut en 1809 sont :
l'*Assomption*, par Gaspard de Crayer; *Adam et Eve*, du
Guide; l'*Assomption*, par Tintoret; les *Pèlerins d'Emmaüs*, par Bassan ; un tableau attribué par la note
d'envoi à Paul Véronèse, représentant *saint Pierre,
saint Paul* et *la Vierge dans la gloire ;* un autre, attribué à Rubens, représentant la *Vierge qui présente
l'Enfant Jésus à saint François d'Assise ;* une *Jeune
Fille surprise par le sommeil,* par Colson, etc.

Les plus importants de l'envoi de 1812 sont : *Moïse
sauvé des eaux,* par Véronèse; la *Présentation au Temple,*

De 1859 à 1869, le gouvernement a envoyé à la ville dix-sept tableaux : *Vive la Joie*, par Louis Boulanger ; *Ésope chez Xanthus*, par Gleize ; le *Repos à midi*, paysage, par Hagemann ; *Biblis changée en Source*, par Henner ; Le *Pérugin peignant chez les moines de Péruggia*, par Jacquand ; *Portrait de Napoléon III* d'après Flandrin, par Loyeux ; *François 1er confère au Rosso les titres et les bénéfices de l'abbaye de Saint-Martin, en récompense de ses travaux de décoration au palais de Fontainebleau*, par Patrois ; les *Trois Vertus théologales*, par Sieurac ; *Fleurs et Fruits*, d'après Saint-Jean, par Portail ; le *Péché originel*, par Hesse ; *Judith*, par Domenico Zampieri, provenant de la collection Campana ; la *Vierge avec l'Enfant* (collection Campana) ; la *Sainte Famille*, par Plantilla Nelly (même collection) ; l'*Assomption de la Vierge*, par Spagnuolo (même collection) ; *Descente de Croix*, par Surchi (même collection) ; *Deux Évêques*, panneaux, et un *paysage* (même collection) ; trois statues, le *Vendangeur*, bronze, par Girard ; la *Fée des fleurs*, par Moreau Mathurin ; *Hercule*, statue antique (collection Campana) ; *Buste de Livie*, antique (même collection) ; *Buste d'Auguste*, antique (même collection), et une grande quantité de vases et terres cuites, provenant de la collection Campana (voir la nomenclature depuis le n° 1305 jusqu'au n° 1404 du présent catalogue.

ACQUISITION DU CONSEIL GÉNÉRAL.

Le Conseil général du département de la Côte-d'Or a acquis pour le Musée, en 1818, le buste en marbre du *Prince de Condé*, par Bornier, et quatre tableaux à différentes époques ; en 1825, le *Dévoûment de Cimon*, par Anatole Devosge ; *Hercule et Phillo*, par le même ; etc.

En 1818, le Conseil général vota la restauration des *Tombeaux des Ducs de Bourgogne*, dont les débris étaient en dépôt dans plusieurs édifices publics ; une somme de 25,000 fr. fut dépensée pour ces travaux, et le 25 décembre 1827 la salle dite des Gardes, où ces tombeaux furent placés, était ouverte au public.

ACQUISITION DU CONSEIL MUNICIPAL.

La ville a fait pour son Musée, à des époques diverses, environ quarante acquisitions consistant en monuments, tableaux, statues, etc. Les plus importantes sont, pour les monuments : en 1806, la tapisserie qui représente le *Siége de Dijon par les Suisses ;* en 1819 et 1827, les deux *Retables* ou *Autels portatifs des Ducs de Bourgogne*, dont la restauration, longue et coûteuse, a été habilement conduite par M. de Saint-Mémin, alors conservateur ; en 1826, les deux armures qui décorent la salle des tombeaux. Vingt tableaux font partie de ces acquisitions. Voici quelques-unes des

plus remarquables : 1836, *Soranus et Servilie*, par Gagnereaux; 1841, l'*Adoration des Bergers*, par Hemme-
linck ; une *Tête de Vierge* en dessin, par Prud'hon; 1849,
Révolte à Bruges, par Mme Rude ; 1854, *saint Sébastien*,
par Guerchin ; 1858, le *Retour de Tobie*, par M. Bouguereau. Ce tableau a été acheté après l'Exposition
de Dijon. Les principaux achats en sculpture sont :
en 1828, plusieurs modèles en terre cuite par Dubois,
notamment celui de l'*Assomption de la Vierge* ; en
1857, la statue en marbre représentant *Hébé*, par
Rude ; en 1858, les bronzes du *Pêcheur napolitain* et
du *Mercure*, par le même ; etc.

De 1859 à 1869, la ville a acquis : les *Bergers de
Virgile*, par Louis Boulanger ; *Groupe d'oiseaux et nature morte*, par Chaignet ; *trois vues du vieux Château
de Dijon*, par Jeanniot ; la *Mort emporte un cadavre*,
par Massenot ; *Paysages et animaux* par Van Bergen ;
Eperviers, Coqs et Poules, par Honde-Koeter ; *Intérieur d'une cuisine*, par Kalf.

DONS DES PARTICULIERS.

Les dons particuliers qui sont venus accroître les
collections de divers genres dont se compose le Musée
s'élèvent au nombre approximatif de deux cents, soit
environ cinquante en tableaux et dessins, cinquante
en sculptures et monuments de marbre, pierre, plâtre
ou terre cuite, et cent en vases, bronzes, gravures et
objets de curiosité. Voici, par ordre de dates et avec
les noms des donateurs, la liste de quelques-uns des

principaux objets, peintures ou dessin ; : en 1817,
M. Hoin lègue la *Femme à la Colombe*, pastel par Rosalba, et le *Printemps*, pastel par le même ; en 1826,
Mlle Coîson donne le *Portrait de J.-B. Colson*, par
F. Colson, son fils ; en 1828, Mme de Chavagnac, *Jésus
lavant les pieds aux apôtres*, par Bon Boullongne ; en
1834, M. de Saint-Mémin, une *Bacchanale*, tableau
inachevé de Gagnereaux ; en 1837, Mme veuve Carion,
le *Portrait d'Attiret*, par Lenoir ; la même année, le
duc d'Orléans, un paysage représentant un *site de
Bretagne*, par J. Coignet ; en 1845, l'amiral Roussin,
deux *Marines*, par Mayer ; en 1847, le *Portrait de Nicolas Bornier*, par Prud'hon, est donné par M. de Saint-
Mémin. Sculpture : en 1820, M. Fyot de Mimeure
donne le buste en marbre de *Fyot de Barain* ; 1830,
Anatole Devosge, le buste en marbre de son père par
Rude ; en 1849, M. Darbois, le buste en marbre de
Prud'hon, exécuté par le donateur ; en 1858, M. Hernoux, ancien maire de Dijon, la *Rêverie*, statue en
marbre par M. Jouffroy ; même année, Mme Olivier,
le buste en marbre de *Ramey père*, par son fils ; même
année, M. Chaussier, le buste du *docteur Chaussier*, son
père, par M. Elias Robert ; etc. Parmi les autres dons
faits au Musée, nous citerons les suivants : en 1834,
M. Perriquet, officier en retraite, donne une *Croix
dite d'Ivan*, faite par les religieux du mont Athos ; en
1835, les héritiers de M. Poncet, un *Meuble d'ébène*
de la fin du XVIe siècle ; la même année, M. Ligeret du Croizot, deux émaux qui représentent : l'un
saint Martin partageant son manteau, par J. Laudin ;
l'autre *Josué à cheval*, par P. Colin ; en 1842, M. le

marquis de La Marche, une remarquable collection de vases grecs ou étrusques ; en 1858, M. le maréchal Vaillant, un grand et beau vase en porcelaine de Sèvres orné de riches peintures.

Dans le nombre de ces dons nous n'avons pas compris la collection léguée à la ville en 1850 par Devosge fils ; nous croyons que, par son importance, elle réclame une mention particulière. Cette collection se compose de cinquante-six peintures, parmi lesquelles il faut remarquer : le *Portrait de François Devosge*, par Prud'hon ; un *Portrait de femme*, par Mirevelt ; *Andromède attachée au rocher*, petit tableau attribué au Parmesan ; *Ganymède*, de Rubens ou de son école ; un tableau attribué à Annibal Carrache, représentant la *Vierge et l'Enfant Jésus*, près desquels est un moine en adoration ; un *Tableau de Fruits*, un *Paysage avec des Baigneuses*, etc. Cinquante-sept dessins encadrés, dans lesquels se trouvent des André del Sarte, Véronèse, Corrège, Rubens, Annibal Carrache, Jules Romain et plusieurs Prud'hon, etc. Deux sculptures en marbre : l'*Amour dominateur du monde*, par Rude, et le buste de *Devosge fils,* par M. Darbois ; quelques belles estampes encadrées.

Outre ces objets, qui sont exposés, la collection Devosge comprend deux mille gravures en portefeuille, quarante-sept volumes ou recueils d'estampes, huit cartons contenant des dessins pour la plupart de Devosge père et fils ou de leurs élèves, notamment vingt-une études d'après le modèle vivant, par Prud'hon, et enfin une bibliothèque composée d'environ six cents volumes.

De 1859 à 1869, il a été donné au Musée de Dijon : par Mme veuve Devillebichot, le *Portrait de M. Jean-Auguste Devillebichot ;* par M. Bénédict Masson, la *Bataille de Trasimène ;* par M. Bourjot fils, le *Portrait de M. Ferdinand Bourjot ;* par M. Abel Orry, *route de la Villa Adriani ;* par Mmes Morland et Drevon, le *Portrait de M. Musard,* par Prud'hon; par Mme Lairieu, l'*Education de la Vierge,* de Rubens ; par M. Célestin Nanteuil, *un jeune homme coiffé d'une mitre ;* par M. Legros, l'*Ex-Voto ;* par M. Roudelet, *Le Départ,* modèle du trophée de l'arc-de-triomphe de l'Etoile, de Rude ; par M. Malteste, *Buste de M. le Marquis de Malteste ;* par M. Lanneau de Marey fils, *Buste de Victor Lanneau de Marey ;* par M. le docteur Clertan, *Buste de Carnot* ; par M. His de la Salle, la précieuse collection des dessins originaux qui figurent au catalogue depuis le n° 1185 jusqu'au n° 1304.

MUSÉE DES ANTIQUITÉS DE LA COTE-D'OR.

Ce Musée a été ouvert au public le 25 juin 1865.

Il est situé au rez-de-chaussée de l'aile orientale du Palais des Etats.

Il renferme une précieuse collection des débris lapidaires de notre histoire, recueillis et classés par les soins de M. Henri Baudot, président de la Commission des Antiquités de la Côte-d'Or, et dont la nomenclature historique et descriptive a été publiée en 1865 par M. Nicolas Fétu, membre de ladite Commission, sous ce titre : *Le Musée archéologique de Dijon.*

MUSÉE DE DIJON

PREMIÈRE PARTIE

—

PEINTURE

ÉCOLE FRANÇAISE

—

ALLEGRAIN (Etienne), né à Paris en 1653, mort dans la même ville en 1736. Son maître est inconnu. Il eut pour élève son fils, Gabriel Allegrain.

1. *Un Paysage.*

Toile. Haut. 65 c. — Larg. 81 c.

Sur le premier plan, au milieu, un pont sur lequel passe un troupeau conduit par une femme. Au second plan, une île au centre de laquelle s'élève une statue. A gauche, ruines d'un portique et des fabriques. Des deux côtés sont des massifs d'arbres, et à l'horizon de hautes montagnes.

Envoi du Gouvernement avant 1814.

2. *Un Paysage.*

Toile. Haut. 65 c — Larg. 81 c.

Sur le bord d'une rivière, à gauche d'un petit monument surmonté d'une urne brisée, une femme assise garde ur troupeau ; elle semble parler à une autre femme montée sur un cheval et suivie d'un homme. A droite et à gauche de grands arbres. Au second plan, sur des rochers à pic, on voit des fabriques, avec un clocher.

Envoi du Gouvernement avant 1814.

3. *Un Paysage avec figures.*

Attribué à Allegrain.

Toile. Haut. 35 c. — Larg. 51 c.

Devant un fond de montagnes boisées coule une rivière sur les bords de laquelle se trouvent quelques petites fabriques, entre autres un temple antique placé au milieu du tableau. Au premier plan on voit un chemin sur lequel s'avance une femme portant une corbeille sur la tête. A droite et à gauche sont de grands arbres.

Ce tableau est placé dans les salons de la Préfecture.

APPERT (EUGÈNE), né à Angers (Maine-et-Loire), élève de M. Ingres; décédé à Paris au mois d'avril 1867.

4. *Nature morte.*

Toile. Haut. 1 m. 63. — Larg. 1 m. 29 c.

Une contrebasse, un tambour, une guitare, des fruits, etc , etc.

Envoi du Gouvernement en 1853.

5. *Nature morte.*

Toile. Haut. 1 m. 63 c. — Larg. 1 m. 29 c.

Une armure, un gros livre ouvert, un lévrier.

Envoi du Gouvernement en 1853.

BAUGIN (LUBIN), surnommé le *Petit Guide*, vivait à Paris vers l'an 1660. Son maître n'est pas connu.

6. *La Sainte Famille.*

Bois. Haut. 38 c. — Larg. 30 c.

Esquisse d'un tableau gravé dans l'œuvre de Poilly.

BERTHON (RENÉ-THÉODORE), né à Tours en 1777;
élève de David.

7. *Songe d'Oreste.*

Toile. Haut. 3 m. 25 c. — Larg. 2 m. 60.

Il goûte à peine un moment de repos qu'il doit aux soins
touchants de sa sœur Electre, lorsqu'un songe terrible,
l'arrachant au sommeil, vient lui retracer son crime, en
offrant à ses yeux le corps sanglant de Clytemnestre que
les Euménides entraînent aux enfers.

Ce tableau a été exposé au salon de 1817 et envoyé la même année par le
Gouvernement.

BERTIN (JEAN-VICTOR), né à Paris le 20 mars
1775, mort à Paris le 11 juin 1842.

8. *Site de la Phocide.*

Toile. Haut. 1 m. 14 c. — Larg. 1 m. 70 c.

Le territoire est arrosé par le Céphise; la chaîne de
montagnes qui occupe le fond du tableau sépare la Pho-
cide de la Thessalie. Sur le premier plan, de jeunes bergers s'exercent à la course. Le site est éclairé par le soleil
du matin.

Envoi du Gouvernement en 1836.

BILLOTTE (LÉON-JOSEPH), né à Dijon; élève de
M. Blondel.

9. *Une jeune mère.*

Bois. Haut. 53 c. — Larg. 42 c.

Ce tableau a été donné au Musée par l'Empereur en 1857.

BIZARD (Ferdinand).

Voyez Drouais (François-Hubert).

BLONDEL (Merry-Joseph), membre de l'Institut, né à Paris en 1781, mort en 1853 ; élève de Regnault.

10. *La Tendresse maternelle.*

Toile. Haut. 3 m. 19 c. — Larg. 4 m. 22 c.

Hécube tombe évanouie dans les bras de ses femmes à l'aspect d'Ulysse qui vient, d'après l'ordre des Grecs, lui arracher sa fille Polyxène, pour être immolée aux mânes d'Achille.

Ce tableau, qui a été exposé au Salon de 1814, est placé à l'Hôtel de ville.

Envoi du Gouvernement en 1817.

BOISSELIER (Antoine-Félix), né à Paris ; élève de Jean-Victor Bertin.

11. *Paysage.* Vue prise en Dauphiné, bords du Rhône.

Toile. Haut. 1 m. 5 c. — Larg. 1 m. 65 c.

Un chevalier blessé mortellement à la bataille d'Authon, en 1430, est porté mourant chez les Chartreux.

Envoi du Gouvernement en 1842.

BORDIER (J.-Charles), né à Paris ; élève de Regnault.

12. *Combat d'Hippolyte contre le Monstre.*

Toile. Haut. 3 m. 90 c. — Larg. 3 m. 41 c.

Ce tableau a été exposé au Salon de 1814, et envoyé la même année par le Gouvernement.

BOUGUEREAU (ADOLPHE-VILLIAMS), né à La Rochelle ; élève de M. Picot.

13. *Le retour de Tobie.*

Toile. Haut. 1 m. 24 c. — Larg. 1 m.

Ce tableau a été acheté par la ville à la suite de l'Exposition qui a eu lieu à Dijon en 1858.

Voyez Raphaël, École d'Italie.

BOUHOT (ETIENNE), directeur de l'Ecole de dessin de la ville de Semur.

14. *Vue intérieure de la grande salle du palais des Thermes de l'hôtel de Cluny, à Paris.*

Toile, Haut. 97 c. — Larg. 84 c.

Acquisition faite par la ville de Dijon en 1850.

BOULANGER (LOUIS), né à Verceil (Italie), de parents français, le 11 mars 1806, mort à Dijon, directeur de l'Ecole impériale des Beaux-Arts et du Musée, le 5 mars 1867.

Dès ses débuts, Louis Boulanger s'est fait remarquer dans les rangs de l'école romantique, qui, à partir de 1830, a exercé sur les arts une influence si considérable.

Sa première exposition date de 1828.

On cite parmi ses tableaux : *Mazeppa, le Triomphe de Pétrarque, Roméo achetant du poison, Don Quichotte et les chevriers, Othello, Macbeth* ; — *la dernière Scène de Lucrèce Borgia* (aquarelle); — *le Massacre de la Saint-Barthélemy* et *la Ronde du Sabbat* (lithographies) ; — *l'Incendie de Sodome*, son dernier tableau, a été envoyé à l'Exposition de 1867.

Louis Boulanger avait obtenu une 1re médaille en 1836, et la décoration en 1840.

15. *Les Bergers de Virgile.*

Toile. Haut. 2 m. 35 c. — Larg. 3 m. 25 c.

Un jour, le laboureur, dans ces mêmes sillons
Où dorment les débris de tant de bataillons,
Heurtant avec le soc leur antique dépouille,
Trouvera sous ses pas des dards rongés de rouille,
Entendra retentir les casques des héros
Et d'un œil effrayé contemplera leurs os.

(*Géorgiques*, livre I.)

16. *Vive la joie*. Scène de la Cour des Miracles, d'après le roman de Notre–Dame de Paris de Victor Hugo.

Toile. Haut. 90 c. — Larg. 1 m. 35 c.

Salon de 1866. — Donné par l'Empereur.

BOULLONGNE (Bon), né à Paris en **1649**, mort dans la même ville en **1717**.

17. *Jésus lavant les pieds à ses Apôtres.*

Toile. Haut. 1 m. 68 c. — Larg. 2 m. 33 c.

Le moment est celui où Pierre, ne pouvant souffrir cette humiliation de son maitre, lui dit tout surpris : Quoi ! Seigneur, vous me laveriez les pieds ? Les autres apôtres forment différents groupes et expriment divers sentiments.

Ce tableau, d'un pinceau précieux, d'une composition sage, tient au style italien ; aussi Bon Boullongne était-il surnommé le Protée dans l'art de la peinture. Il s'était appliqué, pendant son séjour en Italie, à imiter divers grands maitres, au point de tromper les meilleurs connaisseurs. Après de nombreux travaux, cet artiste mourut âgé de 68 ans. Le tableau dont il s'agit ici est un des meilleurs ouvrages de Bon Boullongne. (*Notice faite par M. Perrignon, l'un des commissaires experts du Musée du Louvre.*)

Cet ouvrage précieux a été offert en 1828 à la ville de Dijon par Mme de Chavagnac, fille de feu M. Verniquet, architecte-conseiller du Roi, que la ville de Dijon compte parmi les artistes distingués auxquels elle a donné naissance.

BOULLONGNE (Louis de), né à Paris en **1654**, mort dans la même ville en **1733** ; élève de Louis de Boullongne (le vieux), son père.

18. *Saint Augustin sacré évêque d'Hippone par Mégalius, primat de Numidie.*

Toile. Haut. 73 c. — Larg. 49 c.

Envoi du Gouvernement avant 1814.

19. *Saint Ambroise, archevêque de Milan, confère le baptême à Saint Augustin.*

Toile. Haut. 73 c. — Larg. 49 c.

Envoi du Gouvernement avant 1814.

BOURDON (Sébastien), né à Montpellier en 1616, mort à Paris en 1671 ; élève de son père, peintre sur verre.

20. *Le Repos de la Sainte Famille.*

Haut. et larg. 1 m. 05 c. — *Forme ronde.*

Ce tableau est placé dans la salle de l'Ecole d'enseignement mutuel.

CARBILLET.

Voyez Mignard et Rigaud (Ecole française).

CHAIGNET (Hippolyte), né à Dijon le **20** décembre **1820**; élève de l'Ecole de cette ville et de M. Léon Cogniet, décédé à Dijon, le 15 avril 1865.

21. *Philémon et Baucis.* (Esquisse.)

Toile. Haut. 36 c. — Larg. 40 c.

Lot gagné par la ville après l'Exposition de 1849.

22. *Un Groupe d'oiseaux.*

Toile. Haut. 24 c. — Larg. 10 c.

23. *Nature morte*. (Légumes.)

Panneau. Haut. 33 c. — Larg. 58 c.

Acquisition de la ville.

CHARDIN (Simon), né à Paris en 1699, mort dans la même ville en 1780; élève d'un maître inconnu.

24. *Portrait de Jean-Philippe Rameau.*

Toile. Haut. 1 m. 8 c. — Larg. 97 c.

Ce célèbre compositeur, natif de Dijon, est représenté tenant un violon. Il fait vibrer les cordes de cet instrument pour trouver les accords d'un morceau de musique, dont l'expression de sa physionomie annonce qu'il s'occupe.

Envoi du Gouvernement avant 1814.

25. *Un jeune Homme faisant des châteaux de cartes.*

Toile. Haut. 32 c. — Larg. 41 c.

Copie par un artiste inconnu.

CLOUET (François), dit JEHANNET, né à Tours vers 1500, mort vers 1572.

26. *Une Femme en costume du temps de Henri III.*

Bois. Haut. 43 c. — Larg. 32 c.

Acquisition de la ville en 1855.

COIGNET (Jules-Louis-Philippe), né à Paris; élève de Victor Bertin.

27. *Un Paysage, site de Bretagne.*

Toile. Haut. 62 c. — Larg. 70 c.

Le Musée doit ce tableau à la munificence de S. A. R. Mg. le duc d'Orléans, à qui il est échu par le sort dans le tirage qui a suivi l'Exposition de la Société des Amis des Arts de Dijou, en 1837.

COLSON (François), né à Mâcon vers 1750 ; élève de son père, peintre en miniature et au pastel.

28. *Une jeune Fille surprise par le sommeil.*

Toile. Haut. 76 c. — Larg. 70 c.

Un chat, à moitié caché derrière un écran, guette un serin que la jeune enfant tient attaché par un cordon. (*Gravé par N. Dupuis.*)

Ce tableau a fait partie du Musée central établi à Versailles avant la formation de celui du Louvre.

Envoi du Gouvernement avant 1814.

29. *Portrait de Jean-Baptiste Gille-Colson, père de François Colson.*

Toile. Haut. 92 c. — Larg. 73 c.

On trouve dans le *Dictionnaire des Peintres*, de l'abbé de Fontenai (1), une notice fort étendue sur J.-B. Gille-Colson, peintre en miniature et au pastel, et père de François Colson, dont les ouvrages viennent d'être cités. Les détails suivants sont extraits de cet article biographique.

Jean-Baptiste Gille-Colson, né à Verdun en 1686, vint en 1710 à Paris, où il se rangea parmi les élèves de Joseph Christophe, de l'Académie de peinture, son compatriote, qui l'engagea à changer de nom à cause d'une affaire qu'il eut relativement à une mauvaise plaisanterie qui lui fut faite sur le nom de Gille : il prit alors celui de sa mère, qui était Irlandaise d'origine, et ne fut

---

(1) Paris, Vincent, imp.-lib., 1776.

plus connu depuis que sous le nom de *Colson*. Il épousa une des filles de Duchange, graveur du roi, dont il eut plusieurs enfants, du nombre desquels fut François Colson. L'abbé de Fontenai dit que ces détails lui ont été fournis par le même François Colson, peintre de portraits, fils de *J.-B. Gille*.

A défaut d'une notice sur un artiste dont les talents font honneur à notre pays, on a cru devoir faire connaître quelques circonstances relatives à sa famille.

Donné au Musée, en 1826, par Mlle Colson, sœur de François.

CORNEILLE (Michel), né à Paris en 1642, mort dans la même ville en 1708.

30. *La Vierge et Jésus apparaissent à deux religieux.*

Toile. Haut. 2 m. 87 c. — Larg. 1 m. 95 c.

Envoi du Gouvernement avant 1814.

CORNEILLE (Jean-Baptiste), né à Paris en 1646, mort dans la même ville en 1695 ; élève de son père.

31. *L'Ange Gardien.*

Toile. Haut. 1 m. 38 c. — Larg. 92 c.

Ce tableau était attribué ci-devant à Lebault (*voy. ce nom*). C'est M. B.-C. Gagneraux, peintre distingué de notre ville, frère du célèbre Bénigne Gagneraux, qui a fait reconnaître le véritable auteur de l'ouvrage dont il s'agit ici, par le don qu'il a fait au Cabinet des estampes d'une gravure d'après ce même tableau, au bas de laquelle on lit : *Peint par J.-B. Corneille; gravé par Mariette; 1658.*

32. *La Mort de Caton d'Utique.*

Toile. Haut. 1 m. 30 c. — Larg. 1 m. 62 c.

33. *L'Incendie de Troie.*

Haut. 1 m. 46 c. — Larg. 1 m. 8 c.

Ce tableau, de forme ovale, est placé dans la salle de l'Ecole d'enseignement mutuel.

COUTURIER (JEAN-CLAUDE-NICOLAS), né à Dijon ; élève de MM. A. Devosge et Langlois.

34. *Grenier à sel de Lyon.*

Toile. Haut. 1 m. 70 c. — Larg. 1 m. 30 c.

Ce tableau, qui a figuré au Salon de 1843, a été donné par l'auteur au Musée de Dijon en 1859.

COYPEL (ANTOINE), né à Paris en 1661, mort dans la même ville en 1722 ; élève de Noël Coypel, son père.

35. *Sacrifice de Jephté.*

Toile. Haut. 1 m. 49 c. — Large. 2 m. 14 c.

Pour obtenir la victoire sur les Ammonites, Jephté fit vœu de sacrifier la première tête qui se présenterait à lui. Ce fut sa fille unique. Fidèle à ses serments, sourd à la voix de la nature, il la fait monter à l'autel où il va l'immoler lui-même. Soumise avec une résignation attendrissante à la volonté de son père, elle reçoit les derniers adieux de ses compagnes éplorées.

Envoi du Gouvernement avant 1814.

36. *Judith.* — Dans le goût de Coypel.

Bois. Haut. 24 c. — Larg. 19 c.

Judith, après avoir coupé la tête à Holopherne, l'emporte, aidée par sa suivante, pour l'exposer sur les murs de Béthulie.

COYPEL (CHARLES-ANTOINE), né à Paris en 1694, mort en 1752 ; fils et élève d'Antoine Coypel.

37. *L'Adoration des Bergers.*

Toile. Haut. 1 m. 57 c. — Larg. 1 m.

Envoi du Gouvernement avant 1814.

COYPEL (Charles), né à Paris en 1628, mort dans la même ville en 1707 ; élève de Poncet et d'Erard.

38. *Apollon couronné par la Victoire après avoir triomphé du serpent Pithon.*

Toile. Haut. 1 m. 89 c. — Larg. 1 m. 27 c.

Envoi du Gouvernement avant 1814.

COYPEL (Noel-Nicolas), né à Paris en 1694, mort en 1737 ; élève de son père Noël Coypel.

39. *Sainte Geneviève.*

Toile. Haut. 95 c. — Larg. 95 c.

Sainte Geneviève, âgée de sept ans, sort de Nanterre près Paris pour aller à la rencontre de saint Germain l'Auxerrois, qui, par ses exhortations, l'engage à se consacrer au Seigneur. Un ange, qui semble descendre du ciel, tient suspendue à un cordon une médaille de cuivre empreinte d'une croix. Le saint évêque la présente à Geneviève en lui recommandant de la porter, et ajoute : « Ne souffrez pas que votre cou ou vos doigts soient chargés d'or, d'argent ou de pierreries, car si vous aimez la moindre parure du siècle, vous serez privée des ornements célestes éternels. »

Envoi du Gouvernement avant 1814.

DAGNAN (M.-Isidore), né à Marseille (Bouches-du-Rhône).

40. *Vue de Paris prise du quai de la Cité.*

Toile. Haut. 1 m. 14 c. — Larg. 1 m. 62.

Ce tableau, exécuté par ordre du ministre des travaux publics, a été exposé au Salon de 1831 et donné au Musée de Dijon la même année. Il est placé à l'Hôtel de ville.

DAUPHIN, né à Béfort en 1804, mort à Paris en 1859 ; élève de l'Ecole de Dijon.

41. *Chute d'un Bateau à la cascade de Terni (Italie).*

Toile. Haut. 2 m. 11 c. — Larg. 2 m. 52 c.

Une ancienne tradition du pays rapporte que des capucins et une jeune femme allaitant un enfant se présentèrent pour passer le torrent un jour que le vieux batelier était absent. Le fils prit la place de son père pour guider la barque à l'autre rive du Velino. Mais ce jeune homme inexpérimenté perdit malheureusement sa rame, laissa aller à la dérive le bateau, qui fut entraîné et précipité pour n'être plus revu.

Acquisition de la ville en 1836.

DEBAY (Auguste-Hyacinthe), né à Nantes (Loire-Inférieure), peintre et sculpteur ; élève de Gros et de M. Debay père.

42. *Un jeune Faune jouant avec une panthère.*

Toile. Haut. 2 m. 26 c. — Larg. 1 m. 75 c.

Acquisition de la ville en 1857.

DELABORDE (Henri), né à Rennes (Ille-et-Vilaine) ; élève de Paul Delaroche.

43. *Agar dans le désert.*

Toile. Haut. 1 m. 87 c. — Larg. 1 m. 30 c.

Donné par l'auteur à la suite de l'Exposition de 1840.

DEMARTINÉCOURT, né à Dijon, mort en **1849** ; élève de François Devosge.

44. *Paysage, site du Vivarais.*

Bois. Haut. 27 c. — Larg. 38 c.

Acquis par la ville en 1848.

DESGOFFE (ALEXANDRE), né à Paris; élève de M. Ingres.

45. *Paysage.*

Toile. Haut. 3 m. — Larg. 2 m. 40 c.

Au bas du tableau sainte Marguerite debout lève les bras au ciel, tenant une palme à la main; à ses pieds le démon est renversé. En haut de rochers très élevés des anges sonnent de la trompette. Dans les airs apparaît la Trinité.

Envoi du Gouvernement en 1845.

DEVILLEBICHOT (JEAN-AUGUSTE), né à Talant (Côte-d'Or) le 17 brumaire an XIII (8 nov. 1804), conservateur du Musée de Dijon; mort à Dijon le 16 novembre 1862, élève de Devosge fils et de Léon Cognet.

46. *Saint Beanard dans sa cellule.*

Toile. Haut 2 m. 35 c. — Larg. 1 m. 75 c.

Ce tableau a été acheté par la ville à la suite de l'Exposition de Dijon en 1858.

On cite de cet artiste plusieurs portraits fort estimés, et divers tableaux remarquables par la correction du dessin, notamment une *Sainte Philomène,* placée aujourd'hui dans l'église de Talant, — *Le Christ aux Oliviers.*

47. *Portrait de l'auteur.*

Toile. Haut. 47 c. — Larg. 38 c.

Offert par sa veuve au Musée de Dijon.

DEVOSGE (François), né à Gray (Haute-Saône) le 25 janvier 1732, mort à Dijon en 1811, fondateur de l'École des Beaux-Arts de cette ville.

Né de parents qui depuis plusieurs générations avaient exercé l'art de la sculpture, François Devosge puisa au sein de sa famille le goût et les inclinations qui lui firent trouver tant de charmes à cultiver les arts. Néanmoins les grandes dispositions qu'il montra dès l'âge le plus tendre ne déterminèrent pas ses parents à l'élever dans leur profession. Ils lui firent faire les études qui composaient alors l'éducation des colléges. Mais l'amour des arts avait germé et jeté de profondes racines chez le jeune artiste qui, dès l'âge de 14 ans, signala ses talents naissants par l'exécution de divers ouvrages publics ; entreprise hardie de laquelle il se tira sinon avec une grande habileté, du moins avec ce goût simple et cette naïveté d'expression avant-coureurs ordinaires d'un talent élevé. Peu de temps après ce premier essai, il se rendit à Paris et fut admis au nombre des élèves de Guillaume Coustou qui, frappé de ses dispositions et séduit par ses qualités heureuses, conçut pour lui la tendresse d'un père.

Les espérances que cet habile professeur fondait sur l'aptitude de F. Devosge commençaient à se réaliser, lorsqu'un événement cruel menaça son jeune disciple du plus grand malheur qui puisse frapper un homme destiné aux arts. Il avait à peine atteint sa 18e année, qu'une cataracte le força d'abandonner la profession qu'il embrassait avec ardeur. Cet état affligeant l'obligea de se retirer dans sa famille, et après peu de temps il vint à Dijon pour essayer de recouvrer la vue. Mais la première opération à laquelle il se soumit n'eut pas un heureux succès. Il perdit un œil, ne voulut pas que l'opération fût continuée, et resta jusqu'à l'âge de 24 ans privé des moyens et de l'espoir de reprendre ses études. Les premières années de la jeunesse de F. Devosge se passèrent ainsi dans l'inaction à laquelle une infirmité longue et pénible l'avait réduit.

Une circonstance heureuse vint lui rendre l'espérance de sortir de sa situation actuelle. Il apprit que l'oculiste Daviel était de retour à Paris et se détermina de nouveau à quitter sa famille pour consulter cet habile opérateur et se confier à ses soins. La tentative qu'il fit cette fois fut couronnée d'un succès complet. Devosge revint alors dans sa patrie ; mais la faiblesse de sa vue exigeant des soins et des ménagements que la pratique de l'art statuaire eût contrariés, il n'eut plus d'autre idée que celle de se livrer à l'étude de l'art de la peinture.

De retour dans la capitale en 1760, il entra dans l'atelier de J.-B. Deshays, membre de l'Académie royale de peinture. Toutefois, des circonstances imprévues mais moins fâcheuses, s'opposèrent encore à l'exécution de son dessein et l'enlevèrent à ses travaux.

Pour ne pas désobliger le président de la Marche, qui lui avait demandé un grand nombre de dessins destinés à orner un ouvrage sur la législation française, dont il s'occupait, F. Devosge consentit à se rendre auprès de lui dans sa terre située en Bourgogne.

Après trois années d'un travail fastidieux, notre jeune artiste abandonna une entreprise qui ne le conduisait pas à son but. Le parti qu'il prit alors de s'établir à Dijon fixa sa destinée. Frappé d'un objet vers lequel les regards étaient tournés en ce temps, celui de former des écoles gratuites de dessin, François Devosge, sans autres ressources que ses propres moyens, voulut être le fondateur d'un de ces établissements à Dijon. Par son zèle ardent et des sacrifices inappréciables il donna un tel développement à son entreprise, qu'elle fut bientôt soutenue par Legouz de Gerland, ami passionné des arts, dotée par les Elus des Etats de Bourgogne, et prise sous la protection du prince de Condé, gouverneur de cette province. Les sacrifices que F. Devosge avait faits pour établir son école étaient alors tellement connus et son désintéressement si généralement admiré, que M. Poncet de la Rivière, ancien évêque de Troyes, vice-chancelier de l'Académie des sciences de Dijon, crut devoir le rappeler dans le discours qu'il prononça à l'occasion de la réception de F. Devosge. « *Il sait*, dit-il, *mépriser les biens de la fortune pour s'ouvrir le* « *chemin de la gloire. Sa grande âme ne vit que pour l'honneur.* « *L'honneur est le principe de ses travaux, comme il en est la plus* « *digne récompense.* »

Le premier fondateur de l'Ecole gratuite des Beaux-Arts de Dijon ne serait pas arrivé complétement à son but s'il n'avait pas ouvert une plus vaste carrière aux élèves distingués qu'il avait su former, et il y parvint en sollicitant de l'administration provinciale l'institution des prix de Rome (1). Dijon put alors se glorifier de posséder un des plus beaux établissements des arts de la France et même de l'Europe.

---

(1) Nombre des élèves envoyés à Rome par les Élus de la province de Bourgogne.

Trois peintres, savoir : B. Gagneraux, P.-P. Prud'hon, J.-J. Naigeon.

Quatre sculpteurs : Ch. Renaud, A.-H. Bertrand, F. Petitot, N. Bornier.

La Révolution de 1789 enleva à l'Ecole de Dijon ses principaux moyens d'existence et d'encouragement, mais le respectable professeur déploya de nouveau son zèle et ses talents pour la soutenir. L'ascendant de son génie, le respect qu'il a toujours inspiré ont sauvé notre Ecole de la destruction. Cette considération méritée, cette force morale, lui donnèrent les moyens de conserver les monuments qui décoraient, à la fin de sa carrière, les Musées de peinture et de sculpture et le cabinet des estampes formés par ses soins. Ajoutons encore à la gloire de F. Devosge que l'état florissant de l'établissement dont il était le fondateur a engagé le Gouvernement, protecteur de toutes les institutions qui font honneur aux arts, à mettre l'Ecole de Dijon au nombre des écoles spéciales.

Ce qui vient d'être rapporté de la vie de notre habile professeur et de l'honneur qu'il a recueilli de ses longs travaux, est presque entièrement extrait de l'éloge nécrologique que M. Fremiet a fait de lui à l'Académie des sciences de Dijon. L'auteur, après avoir signalé le mérite des nombreux ouvrages de François Devosge, termine ainsi son discours :

« Heureux par l'amitié, il trouva le bonheur aussi dans le sein
« de sa famille. S'il eut à pleurer la perte de deux enfants et
« d'une épouse estimable et chérie, le fils qui lui restait, héritier
« de ses talents, continuateur de ses travaux, devint la consola-
« tion et la félicité de ses vieux jours. Prêt à quitter la vie, qu'il
« avait remplie par tant d'actes généreux, ce respectable artiste
« s'occupait encore du bien qui se ferait après lui. L'accomplis-
« sement de ses vœux lui paraissait assuré lorsqu'il songeait
« que son fils lui succédait et que le sort d'un établissement
« formé par tant de sacrifices et de peines serait remis en de
« dignes mains. Ni les douleurs ni les approches de sa fin ne
« pouvaient affaiblir les sollicitudes de ce père des arts. L'uni-
« que pensée de sa vie ne l'a point quitté dans ses derniers
« moments, et il est mort en rêvant à la prospérité de son
« école......
« La vie de M. Devosge, composée de tant de titres honorables,
« est liée depuis longtemps à l'histoire de Dijon. Tous les traits
« qui distinguent le créateur des arts dans cette ville seront à
« jamais reproduits avec éloge dans nos annales. Car tel est le
« sentiment qu'inspire la mémoire des bienfaiteurs de la patrie,
« que toutes les particularités de leur existence deviennent
« des faits recherchés du public et revendiqués par l'histoire.
« Le nom de M. Devosge, consacré par le respect universel,
« rappellera le fondateur d'un utile établissement, l'artiste dis-
« tingué et l'homme de bien. La reconnaissance publique lui

« devra sans cesse un tribut de vénération méritée, en procla-
« mant ses services, ses talents et ses vertus. »

François Devosge mourut à Dijon le 22 décembre 1811.

48. L'Assomption de la Vierge.

Toile. Haut. 2 m. 54 c. — Larg. 1 m. 30 c.

La Vierge est représentée s'élevant au ciel soutenue par
trois anges.

49. Sainte Anne et la Vierge.

Toile. Haut. 97 c. — Larg. 78 c.

Sainte Anne debout et tenant un livre, instruit la Vierge
enfant, qui est devant elle les mains jointes et dans le plus
profond respect.

50. La Peste de David.

Haut. 57 c. — Larg. 87 c.

Dessin lavé à l'encre de Chine.

F. Devosge était âgé de 78 ans lorsqu'il exécuta ce dessin.

51. Le Triomphe de Bacchus et d'Ariane figuré par une bacchanale d'enfants.

Haut. 57 c. — Larg. 87 c.

Dessin à l'encre de Chine, terminé à la mine de plomb.

52. Adam et Ève chassés du Paradis terrestre.

Haut. 70 c. — Larg. 51 c.

Dessin à l'encre de Chine.

N. B. Les cinq ouvrages précédents ont été donnés au Musée en 1838 par
A. Devosge, fils de François.

DEVOSGE (ANATOLE), né à Dijon le 13 janvier 1770, mort en la même ville le 8 décembre 1850, fils de François Devosge, auquel il a succédé comme directeur et professeur de peinture à l'Ecole des Beaux-Arts de Dijon, chevalier de la Légion-d'Honneur; élève de son père et de David.

53. *Le Dévouement de Cimon.*

Toile. Haut. 3 m. 8 c. — Larg. 4 m. 38 c.

Miltiade, général athénien, mort en prison sans avoir payé la dette à laquelle il était imposé; Cimon, son fils, reprend les fers de son père pour lui assurer les honneurs de la sépulture.

Ce tableau, peint à Rome en 1803, a été exposé à Paris en 1806. Une médaille d'or de première classe a été décernée à son auteur.

54. *Hercule et Phillo.*

Toile. Haut. 2 m. 44 c. — Larg. 2 m. 92 c.

Hercule ayant épousé clandestinement Phillo, fille d'Alcimédon, héros grec, en eut un fils nommé Echmagoras. Le père irrité fit exposer la mère et l'enfant aux bêtes féroces. Hercule, passant près du lieu où ils étaient, entendit les cris d'une pie qu'il prit pour ceux d'un enfant. Il se détourna, reconnut son épouse et son fils, et les délivra.

Ce tableau, qui a été exposé au Musée du Louvre en 1812, et le précédent, ont été acquis et donnés au Musée de Dijon par le Conseil général du département de la C''te-d'Or en 1825.

55. *Contestation entre l'archange saint Michel et le Démon au sujet du corps de Moïse.* *(Épître de saint Jude.)*

Toile. Haut. 2 m. 92 c. — Larg. 3 m. 90 c.

Acquisition de la ville en 1847.

DROUAIS (François-Hubert), né à Paris en 1727, mort dans la même ville en 1775 ; élève de son père, Hubert Drouais, puis successivement de Nonotte, Carle Van-Loo, Natoire et Boucher.

56. *Portrait de Buffon.*

Toile. Haut. 1 m. — Larg. 81 c.

Copie exécutée par M. Bizard. (Ferdinand), né à Semur.

Acquisition de la ville en 1857.

DROUAIS (Jean-Germain), né à Paris en 1763, mort à Rome en 1788 ; élève de Brenet et de David.

57. *Figure académique d'homme.*

Toile. Haut. 89 c. — Larg. 1 m. 70 c.

Ce tableau est placé à l'Ecole de peinture.

Envoi du Gouvernement en 1829.

FONTAINE (Mme).

58. *Portrait de la Fondatrice de l'Ordre de la Visitation, sainte Jeanne-Françoise de Chantal, et de son époux.*

Toile. Haut. 93 c. — Larg. 69 c.

Copie, forme ovale.

Ce tableau a été donné au Musée par Mlle Talbot en 1857.

FOREY (Jules-Jean-Baptiste), né à Dijon le 28 octobre 1807, mort à Paris en 1854 ; élève d'Anatole Devosge et de Hersent, pensionné à Paris par le Conseil général de la Côte-d'Or en 1834.

59. *Suzanne au bain.*

Toile. Haut. 2 m. 44 c. — Larg. 1 m. 87 c.

FOURNIER (CHARLES), né à Salmaise, canton de Flavigny (Côte-d'Or), en 1803, mort à Birknead (Angleterre) le 16 janvier 1854 ; élève d'Anatole Devosge à l'Ecole de Dijon, et de Hersent ; pensionné à Paris par le Conseil général du département en 1825.

60. *La Mort d'Abel.*

Toile. Haut. 1 m. 79 c. — Larg. 2 m. 76 c.

61. *Portrait en pied de Pierre-Paul Prud'hon.*

Toile. Haut. 1 m. 70 c. — Larg. 1 m. 10 c.

FRANQUE (JEAN-PIERRE), né au Buis (Drôme) en 1794, chevalier de la Légion-d'Honneur; élève de David.

62. *Conversion de saint Paul.*

Toile. Haut. 3 m. 25 c. — Larg. 3 m. 90 c.

Saint Paul, allant à Damas pour y persécuter les chrétiens, fut tout à coup environné et frappé d'une lumière du ciel, et, tombant par terre, il entendit une voix qui lui disait : « Saül, Saül, pourquoi me persécutez-vous ? » (*Act. des Apôtres*, ch. IX.)

Ce tableau, exposé au Louvre la même année qu'il est parvenu au Musée de Dijon, a été copié en tapisserie à la manufacture royale des Gobelins.

Envoi du Gouvernement en 1819.

FRILLIÉ (FÉLIX-NICOLAS), né à Dijon le 27 janvier 1821 ; élève d'Anatole Devosge et de M. Léon Cogniet, mort à Is-sur-Tille le 6 septembre 1863.

63. *René*.

Toile. Haut. 1 m. 24 c. — Larg. 1 m. 39 c.

René achevant de raconter ses aventures au père Souel.
(CHATEAUBRIAND.)

Acquisition de la ville en 1845.

GAGNERAUX (BÉNIGNE), né à Dijon en 1756, mort
à Florence en 1795.

Les premiers talents de Bénigne Gagneraux, élève de l'Ecole
de Dijon, se développèrent sous la direction de François Devosge. Il remporta le premier prix dans le concours qui eut lieu
en 1776, et fut envoyé à Rome aux frais de la province. Il se signala bientôt par des talents peu communs. L'esquisse d'une
Bacchanale qu'il exécuta avec du charbon sur les murs d'une salle
des bains de Dioclétien, comprise alors dans le couvent des Chartreux de Rome, attira l'attention des connaisseurs. Le bruit que
fit cet ouvrage engagea Pie VI à le voir lui-même. Il vint l'admi-
rer accompagné du roi de Suède Gustave III. Ce prince nomma
Gagneraux son premier peintre et le chargea de peindre son en-
trevue avec le Pape. Ce tableau, qui est placé aujourd'hui dans
une des salles du palais du roi à Stockholm, surpassa l'attente
des deux souverains par sa beauté et son exécution. Pendant son
séjour à Rome , Gagneraux fit plusieurs autres tableaux remarquables, entre autres le passage du Rhin et la bataille de Sénef
dont la description se trouve plus loin. Ces deux morceaux, qui
étaient primitivement destinés à l'ornement du palais des Etats
de Bourgogne, le sont aujourd'hui de notre Musée. L'amateur
des beaux-arts et le vrai connaisseur ne les voient point sans
éprouver des regrets de la mort prématurée d'un artiste dont
les talents promettaient d'atteindre le plus haut degré de célébrité. A l'époque de l'émeute où l'ambassadeur Basseville fut
victime de la fureur du peuple, Gagneraux quitta Rome pour se
rendre à Florence, où il mourut âgé de 39 ans.

64. *Soranus et Servilie*.

Toile. Haut. 84 c. — Larg. 1 m. 17 c.

Soranus, gouverneur de l'Asie-Mineure, accusé de concussion, fut appelé à Rome pour rendre compte de la manière dont il avait amassé sa fortune. Comme elle était immense, cela seul suffit pour le faire condamner. — Sa fille Servilie devait hériter de ses biens; mais on la condamna au même supplice que son père, comme coupable de sacrilége, sous le prétexte d'avoir prédit que Néron périrait d'une mort violente.

Ce tableau a obtenu le premier prix à Paris, à l'Exposition de 1799, quatre ans après la mort de son auteur. L'Institut, par cet honorable jugement, voulut rendre hommage à la mémoire d'un peintre dont le talent n'était pas alors aussi généralement connu en France qu'il l'est aujourd'hui.

Cet ouvrage avait été commandé à Rome par Madame Adélaïde, tante de Louis XVI, en 1792.

65. *La Bataille de Sénef.*

Toile. Haut. 2 m. 92 c. — Larg. 3 m. 57 c.

Le grand Condé est renversé avec son cheval dans un fossé. Son fils, le duc d'Enghien, qui combattait à ses côtés, accourt pour le relever et est lui-même blessé au bras en s'acquittant de ce devoir. Ce groupe occupe le milieu du tableau. Sur le premier plan, à droite du spectateur, sont deux cavaliers qui se disputent un drapeau hollandais. Au troisième plan est représenté un choc de cavalerie dans lequel on distingue le maréchal de la Fare, monté sur un cheval blanc. Le fond est terminé par un grand nombre de combattants. Dans le lointain on aperçoit la campagne de Sénef et ce village en feu.

66. *Le Passage du Rhin par l'armée française sous le commandement du grand Condé.*

Toile. Haut. 2 m. 57. — Larg. 3 m. 57 c.

Ce prince est monté sur un cheval blanc et force la cavalerie ennemie, dont le commandant Ossembrock, monté sur un cheval noir, lui tire un coup de pistolet qui lui fracasse la main gauche. Le corps de cuirassiers suit de près et achève de passer le fleuve. Dans le lointain, et au-dessus de Tolhuy, la cavalerie française traverse le Rhin à la nage.

67. *Une Bacchanale.*

Toile. Haut. 75 c. — Larg. 1 m.

Voici au sujet de ce tableau, ce que dit M. de Saint-Mémin, ancien conservateur du Musée de Dijon, dans sa notice publiée en 1842 :

« Ce tableau, qui a appartenu au conservateur du Musée, lui avait été donné en 1834 par B.-C. Gagneraux, frère du célèbre auteur de cette gracieuse composition. Le propriétaire de cette ébauche, en conservant dans son cabinet le dernier ouvrage de B. Gagneraux, l'ouvrage qui était sur le chevalet de cet artiste habile à l'instant où la mort le surprit, aurait cru ne pas rendre justice au mérite d'une aussi précieuse production en ne la plaçant pas dans le sanctuaire des arts et en n'en donnant pas la jouissance aux admirateurs du talent du premier grand peintre qu'a produit l'École de Dijon.

Ce tableau était originairement destiné à orner le cabinet de l'empereur d'Allemagne ; il a été donné au Musée en 1834 par M. de Saint-Mémin.

68. *Un Choc de cavalerie.*

Haut. 40 c. — Larg. 30 c.

Dessin lavis au bistre.

69. *Même sujet.*

Haut. 40 c. — Larg. 30 c.

Dessin lavis au bistre.

Voir BAROCHE. Écoles italiennes.

GERARD (FRANÇOIS, baron), né à Rome en 1770, mort à Paris en 1837 ; élève de Brenet et de David.

70. *Portrait de Hugues-Bernard Maret, duc de Bassano.*

Toile. Haut. 64 c. — Larg. 48 c.

Légué par M. Champagne, parent, du duc de Bassano, en 1848.

GESLIN (Mathieu).

Voyez Prud'hon.

GIRARDIN (Mme), née Pauline Joannis, née à Paris ; élève de Redouté.

71. *Rose rouge et Boutons.*

Haut. 52 c. — Larg. 47 c.

Aquarelle.

72. *Rose rouge et Lys.*

Haut. 60 c. — Larg. 52 c.

Aquarelle.

73. *Rose blanche rosée.*

Haut. 56 c. — Larg. 47 c.

Aquarelle.

Ces trois aquarelles ont été données au Musée par la Société d'horticultur en 1856.

GLAIZE (Pierre-Paul-Léon), né à Paris ; élève de son père et de Gérôme.

74. *Ésope chez Xanthus.*

Toile. Haut. 1 m. 80 c. — Larg. 1 m. 85 c.

Xanthus, philosophe de Samos, présente dans sa maison l'immortel fabuliste vêtu d'un sac, et qu'il a acheté sur un marché d'esclaves.

Le philosophe avait annoncé qu'il venait d'acheter un jeune esclave, le plus beau du monde et le mieux fait. Sur cette nouvelle, les filles qui servaient sa femme se pensèrent battre à qui l'aurait pour son serviteur; mais elles furent bien étonnées quand le personnage parut. L'une se mit la main devant les yeux, l'autre s'enfuit, l'autre fit un cri. La maîtresse du logis dit que c'était pour la chasser qu'on lui amenait un tel monstre....

(LA FONTAINE, *Vie d'Ésope le phrygien*.)

GRANGER (JEAN-PÉRIN), né en 1779 ; élève de MM. Allais, Regnault et David ; premier grand prix en 1800.

75. *Homère et le berger Glaucus.*

Toile. Haut. 3 m. 25 c. — Larg. 2 m. 68 c.

Homère fut débarqué à Chio par des pêcheurs qui eurent la cruauté de l'abandonner ; il passa la nuit sur le rivage. Le lendemain il se mit en chemin, et il erra près de deux jours. Il entendit des chèvres près de lui ; il alla de ce côté, et les chiens du troupeau l'auraient dévoré si le berger Glaucus ne l'eût délivré. (*Vie d'Homère*.)

Ce tableau a été exposé au Salon de 1810.

Envoi du Gouvernement la même année.

GRESLY (G.), que l'on croit né en Suisse, exerçait son art à Besançon en 1751. Son maître est inconnu.

76. *Deux petites Filles dressant un chien.*

Toile. Haut. 64 c. — Larg. 81 c.

77. *Un petit Garçon, une petite Fille et un Chat.*

Toile. Haut. 64 c. — Larg. 81 c.

78. *Une Marchande de dentelle.*

Toile. Haut. 68 c. — Larg. 60 c.

79. *Un petit Garçon et une petite Fille donnant des cerises à des oiseaux.*

Toile. Haut. 68 c. — Larg. 60 c.

GREUZE (Jean-Baptiste), né à Tournus, près de Mâcon, le 21 août 1725, mort au Louvre le 21 mars 1805 ; élève de Gromdom, père de Mme Grétry, peintre lyonnais.

Greuze fut reçu académicien le 23 août 1769. Dans les dernières années de sa vie, après avoir gagné des sommes considérables, il fut ruiné par des faillites, et mourut dans l'indigence âgé de près de 80 ans.

Quoique plusieurs peintres distingués, natifs de la Bourgogne, aient précédé Greuze, il paraît qu'il est le premier de ce pays dont les auteurs aient fait mention. Voici ce que l'on trouve à son sujet dans un ouvrage publié en 1808, un an après sa mort.

« Greuze, que l'on doit regarder comme le peintre des passions de l'âme, est unique dans l'Ecole française. Il n'y a été ni précédé ni remplacé. Ses drames larmoyants l'ont fait appeler le *La Chaussée* de la peinture ; l'énergie de ses caractères le *Hogarth* français. Il eut effectivement la réunion de ces deux talents ; mais il fut plus vrai et plus original. Greuze n'a rien emprunté de personne ; ses acteurs ne sont ni des rois, ni des empereurs ni des héros. C'est dans la foule du peuple qu'il a cherché, qu'il a trouvé les diverses expressions des passions de l'homme.

« Cet homme extraordinaire, supérieur de beaucoup à ses contemporains du côté du génie, a laissé à la postérité une galerie de scènes morales qui sera toujours estimée des amis des arts. On y admire ses têtes rigoureusement dessinées, remplies d'âme et de verve. »

80. *Une jeune Fille tenant un chien entre ses bras.*

Haut. 65 c. — Larg. 54 c. — *Forme ovale.*

Copie au pastel par Dubois, élève de l'École de Dijon.

81. *Tête d'une jeune Villageoise.*

Toile. Haut. 41 c. — Larg. 32 c.

Ouvrage de l'école de Greuze.

Donné en 1839 par M. Vionnois, juge au tribunal civil de Reims.

HAGEMANN (Godefroy de), né en Hanôvre ; élève de Palizzi.

82. *Paysage*. Le Repos à midi,

Toile. Haut. 1 m. 60 c. — Larg. 1 m. 30 c.

Donné par l'Empereur en 1866.

HENNER (Jean-Jacques), né à Bernwiller (Haut-Rhin) ; élève de Drolling et Picot.

83. *Biblis changée en source* (Ovide, *Métamorphoses*).

Toile. Haut. 88 c. — Larg. 1 m. 38 c.

Exposé au Salon de 1867.

Donné par l'Empereur.

HOIN (Claude), ancien conservateur du Musée, né à Dijon en 1750, mort dans la même ville en 1817.

Le père et l'aïeul de Claude Hoin étudièrent la médecine, et exercèrent avec distinction cet art le plus utile à l'homme et le plus ancien de tous. Claude Hoin, appelé par la nature à d'autres talents, se livra à la peinture. Il reçut ses premières leçons de François Devosge. Sous ce maître aussi zélé que capable, il devint un des élèves les plus distingués de l'Ecole de Dijon. Il se mit ensuite sous la direction de J.-B. Greuze, dont les excellents préceptes le portèrent à un degré de perfection peu commun dans le genre du portrait. Il s'appliqua particulièrement à peindre au pastel et pratiqua cette manière avec un grand succès. Il réussit aussi très bien dans celle du paysage à gouache et à l'aquarelle, et fit plusieurs gravures dans le genre du lavis. Claude Hoin avait été élu membre de l'Académie des sciences, arts et belles-lettres de Dijon en 1776, et fut nommé conservateur du Musée de cette ville en 1811. Il a non seulement contribué à la beauté de cet établissement par ses talents, ses connaissances et ses soins, mais il l'a aussi enrichi de ses propres ouvrages et de plusieurs tableaux précieux de son cabinet, qu'il a légués au Musée par son testament.

84. *Le Portrait de Claude Hoin.*

Haut. 54 c. — Larg. 46 c. — *Forme ovale.*

Pastel.

85. *Le Portrait de François-Jacques Hoin, professeur en chirurgie.*

Toile. Haut. 54 c. — Larg. 46 c.

86. *Un Paysage où l'on aperçoit un Tombeau.*

Haut. 16 c. — Larg. 21 c.

Gouache.

HESSE (Nicolas-Auguste), né à Paris; élève de son frère et de Gros. Prix de Rome en 1818. Méd. 1re classe, 1838. Chevalier de la Légion-d'Honneur, 1842. 2e classe, 1848. Membre de l'Institut en 1863.

87. *Le Péché originel.*

Toile. Haut. 2 m. 50 c. — Larg. 1 m. 44 c.

Exposition de 1868.

Donné par l'Empereur en 1868.

JACQUAND (CLAUDIUS), né à Lyon ; élève de Fleu-
ryzichard.

88. *Le Pérugin peignant chez les moines de Pé-*
ruggia.

Toile. Haut. 1 m. — Larg. 1 m. 35 c.

Donné par l'Empereur.

JEANNIOT (PIERRE-ALEXANDRE), né à Champlitte
(Haute-Saône), professeur à l'École des Beaux-Arts de
Dijon ; élève de MM. Diday et Calame.

89. *Paysage.* Vue prise aux envivons de Genève.

Toile. Haut. 50 c. — Larg. 65 c.

Acquisition de la ville en 1849.

90.
91. } *Vues de l'ancien château de Dijon.*
92.

Toiles. Haut. 42 c. — Larg. 66 c.

Acquisition de la ville.

JOLIMONT (DE).

93. *Le Portrait du chancelier Rollin.*

Haut. 53. c. — Larg. 38 c.

Aquarelle d'après la peinture de Jean Van-Eyck, qui
orne un des volets du retable de l'hôpital de Beaune, représentant le jugement dernier.

Acquisition de la ville en 1850.

94. *Le Portrait de Guignonne de Salins, épouse du chancelier Rollin.*

Haut. 53 c. — Larg. 38 c.

Aquarelle d'après le même monument.

Acquisition de la ville en 1850.

95. *Groupe de plusieurs personnages, parmi lesquels on distingue le duc de Bourgogne Philippe-le-Bon, le pape Eugène IV et, selon quelques uns, le peintre J. Van-Eyck lui-même.*

Haut. 45 c. — Larg. 30 c.

Aquarelle d'après le même monument et dans les proportions de l'original.

Acquisition de la ville en 1850.

96. *Une Séance au Parlement de Bourgogne, présidée par Charles-le-Téméraire.*

Haut. 29 c. — Larg. 61 c.

Aquarelle.

JOURDY (Paul), né à Dijon le 17 décembre 1805, mort à Paris le 28 octobre 1856 ; d'abord élève de l'Ecole de Dijon, puis de Lethière et de M. Ingres ; premier grand prix de Rome 1834 ; médaille de première classe 1847.

97. *Achille et Scamandre.*

Toile. Haut. 1 m. 14 c. — Larg. 1 m. 46 c.

Lycaon, fils de Priam, Astéropée et sept autres guerriers

troyens étant tombés sous les coups d'Achille, ce héros est attaqué par le fleuve Scamandre ; près de succomber, il implore le secours des dieux amis des Grecs, qui viennent à son aide et le sauvent d'un péril imminent.

98. *Thésée reconnu par son père.*

Toile. Haut. 1 m. 14 c. — Larg. 1 m. 46 c.

Après avoir purgé l'Attique des brigands qui l'infestaient, Thésée arrive à Athènes pour se faire reconnaître. Médée, sa belle-mère, tâche de rendre suspect au roi cet inconnu dont on vantait les exploits, et convient même de le faire empoisonner dans un festin auquel le souverain l'avait invité ; mais au moment même où Thésée allait avaler le poison, Égée reconnaît son fils à la garde de son épée et renverse la coupe fatale.

Ces deux tableaux ont été offerts à la ville de Dijon en 1834 par M. Jourdy alors pensionné à Rome par le Gouvernement.

99. *Prométhée enchaîné au rocher.*

Toile. Haut. 3 m. 80 c. — Larg. 2 m. 70 c.

Ce tableau a été donné par l'auteur en 1848.

Voyez RAPHAEL. Écoles italiennes.

JOUVENET (JEAN), né à Rouen en 1644, mort à Paris en 1717 ; élève de Laurent Jouvenet, son père, et du Poussin.

100. *Jésus descendu de la Croix et les apprêts de la Sépulture.*

Haut. 2 m. 16 c. — Larg. 1 m. 24 c.

Copie.

Ce tableau est placé dans l'église des dames de la Visitation.

JOYANT (Jules), chevalier de la Légion-d'Honneur, né à Paris, mort en 1854.

101. *Vue du Campo-Vaccino à Rome.*

Toile. Haut. 2 m. 32 c. Larg. 2 m. 70 c.

Envoi du Gouvernement en 1843.

LACROIX, élève de Joseph Vernet, florissait à la fin du XVIIIe siècle.

102. *Une Marine.*

Toile. Haut. 73 c. — Larg. 97 c.

Sur le devant, une femme est assise entourée de quatre hommes, dont un appuyé sur un tonneau. Près de ces personnages on voit des caisses, des pots et des canons. Un peu plus loin et à droite, des hommes chargent une barque. A gauche, un vaisseau.

103. *Une Marine.*

Bois. Haut. 42 c. — Larg. 62 c.

Effet de nuit.

La droite du tableau est occupée par une partie de bâtiment et une tour servant de phare. Sur le premier plan sont plusieurs personnages, dont un couché sur des ballots. Au fond on aperçoit un vaisseau.

104. *Une Marine.*

Bois. Haut. 42 c. — Larg. 62 c.

Effet de soleil couchant.

Sur le premier plan, une barque entourée de plusieurs

personnages, dont un porte un ballot. A gauche, un portique, et dans le lointain, deux vaisseaux.

Ces deux derniers tableaux ont été légués au Musée de Dijon par M. Meney,
en 1844.

LAFOND (Charles-Nicolas-Raphael), né à Paris
en 1774 ; élève de Regnault.

105. *Frénésie de Saül.*

Toile. — Haut. 3 m. 73 c. — Larg. 3 m. 89 c.

Ce tableau est déposé dans la salle de l'Ecole d'enseignement mutuel.

Envoi du Gouvernement en 1814.

LAFONTAINE (M.-D.-D.) peintre d'architecture.

106. *Intérieur d'une Église gothique.*

Bois. Haut. 27 c. — Larg. 33 c.

LA FOSSE (Charles de), né à Paris en 1636, mort
dans la même ville en 1716 ; élève de Lebrun.

107. *Bacchus et Ariane.*

Toile. Haut. 2 m. 60 c. — Larg. 1 m. 70 c.

Ce tableau est placé à l'Hôtel-de-Ville.

Envoi du Gouvernement avant 1814.

LAGRENÉE l'aîné (Louis-Jean-François), né à
Paris en 1724, mort dans la même ville en 1805 ;
élève de Carle Vanloo.

108. *Les deux Veuves d'un Officier indien.*

Toile. Haut. 3 m. 25 c. — Larg. 4 m. 22 c.

La plus jeune était enceinte ; les juges, pour ce motif, lui accordèrent les honneurs du bûcher à l'exclusion de sa rivale, qui, accompagnée de son enfant, se retire avec les démonstrations du désespoir. (*Trait historique des mœurs de l'Inde.*)

Ce tablaeu est placé à l'Hôtel de ville.

Envoi du Gouvernement avant 1814.

LA HYRE (LAURENT DE), né à Paris en 1605, mort en 1656 ; élève d'Etienne de La Hyre, son père, et d'un peintre nommé Philippe Lallemand, alors fort en réputation.

109. *Le Jugement de Páris.*

Bois. Haut. 30 c. — Larg. 24 c.

Forme ovale.

LALLEMAND (JEAN-BAPTISTE), né à Dijon vers 1710, mort à Paris vers la fin du XVIIIe siècle, dans un âge très avancé.

Lallemand était fils d'un tailleur qui l'éleva dans son état ; mais appelé par la nature à une plus noble profession, notre jeune artiste employait ses moments perdus à dessiner et à peindre, et abandonna bientôt l'aiguille pour le pinceau. On rapporte qu'en travaillant à Paris dans la boutique d'un tailleur, un individu dit un jour, en causant avec le maître, qu'il désirerait bien connaitre un peintre capable de faire quelques tableaux dont il voulait décorer sa maison de campagne. Lallemand se leva à l'instant de l'établi et s'écria : *Je me charge de vous les faire !* Ce trait, qui rappelle ce mot du Corrège : *Et moi aussi je suis peintre !* excita le rire des spectateurs ; mais l'amateur revenant bientôt du dédain et de la pitié que lui avait d'abord inspirés la jactance du jeune homme, le chargea de peindre les quatre Saisons. Ce travail fit présager les succès futurs de Lallemand, et justifia pleinement la bonne opinion que son enthousiasme et sa confiance en lui-même avaient donné de ses moyens.

Voulant approfondir les connaissances de son art, Lallemand passa en Italie et fixa pendant quelque temps son séjour à Rome où il se maria. Son pinceau y fut employé par les personnes du premier rang. Il se rendit ensuite en Angleterre et revint s'établir à Paris, où il fut reçu membre de l'Académie de Saint-Luc (1). Ses bonnes productions peuvent être placées à côté de celles d'artistes célèbres. Il excellait dans plus d'un genre, mais particulièrement dans celui du paysage et des marines. Nombre de ses ouvrages ont été gravés indépendamment de ceux que l'on trouve dans le *Voyage pittoresque de France*. Aussi est-il extraordinaire qu'aucun de ceux qui ont écrit l'histoire des peintres n'ait fait mention de Lallemand. Voici ce que dit M. Picardet l'aîné dans un *Mémoire sur les Ecoles où l'on enseigne l'art du dessin, et sur l'utilité d'un pareil établissement en faveur des métiers; lu à l'Académie de Dijon le 31 juillet* 1867. Il met en note : « M. Venevaut (Nicolas), peintre en miniature, natif de « Dijon, est le premier de nos compatriotes qui ait été de l'Aca« démie royale de peinture, et M. Lallemand, excellent paysa« giste, qui est aussi né dans cette ville, le second digne de l'être.»

110. *Un Paysage.*

Toile. Haut. 2 m. 27 c. — Larg. 3 m, 30 c.

Effet de soleil couchant.

111. *Un Paysage.*

Toile. Haut. 2 m. 27 c. — Larg. 3 m. 30 c.

Effet du matin.

112. *Un Paysage.*

Toile. Haut. 46 c. — Larg. 57 c.

Des cavaliers arrêtés à la porte d'un cabaret sur le bord d'une rivière.

---

(1) Cette société, qui a subsisté jusqu'à la Révolution de 1789, avait des statuts qui remontaient au 12 août 1394, et avaient été renouvelés en 1619.

113. *Un Paysage.*

Toile. Haut. 46 c. — Larg. 57 c.

Des jeunes filles sont représentées puisant de l'eau à une fontaine ornée d'architecture.

114. *Un Paysage.*

Toile. Haut. 2 m. 22 c. — Larg. 2 m. 60 c.

Au bord d'une rivière, un pêcheur tire un filet ; près de lui est une femme assise et tenant un poisson qu'elle va mettre dans un baquet ; plus loin, des laveuses.

115. *Un Paysage.*

Toile. Haut. 2 m. 22 c. — Larg. 2 m. 60 c.

Assis au pied d'un arbre, un homme se dispose à donner à manger à un enfant ; à gauche, un laboureur tient une charrue ; à droite, un petit garçon conduit une vache et porte à sa bouche un morceau de pain ; plus loin, devant une chaumière, sont plusieurs femmes : l'une d'elles allaite un enfant.

116. *Un Paysage.*

Toile. Haut. 75 c. — Larg. 1 m.

Près d'une fontaine et d'un abreuvoir, des femmes, et un troupeau conduit par un homme.

117. *Deux Marines.*

Haut. 38 c. — Larg. 50 c.

Gouaches.

Dans l'une, on voit à droite, au premier plan, un palais avec colonnes ; dans l'autre, aussi au premier plan, à gauche, une ruine, et au milieu, une statue de Neptune.

118. *Deux Paysages.*

Haut. 17 c. — Larg. 22 c.

Gouaches.

Dans l'un, on voit une chute de rivière avec des saules ; dans l'autre, un pont de bois sur lequel passe une femme montée sur un cheval et suivie d'un homme.

LARGILLIÈRE (Nicolas de), né à Paris en 1656, mort en 1746 ; élève d'Antoine Goubeau, peintre flamand.

119. *Portrait d'Antoine-Bernard Bouhier.*

Toile. Haut. 92 c. — Larg. 76 c.

Ce Portrait est placé à l'Hôtel de ville.

LA TOUR (Maurice-Quentin de), né à Saint-Quentin en 1705, mort dans la même ville en 1788.

120. *Portrait d'un Chanoine de la Cathédrale de Reims.*

Haut. 14 c. — Larg. 32 c.

Pastel.

121. *Une Tête d'Homme en bonnet de nuit.*

Haut. 41 c. — Larg. 32 c.

Pastel.

Ces deux pastels ont été donnés au Musée de Dijon par M. Vionnois, juge au tribunal civil de Reims, en 1839.

122. *Portrait de l'Auteur.*

Haut. 37 c. — Larg. 31 c.

Pastel (Masque ébauché.)

Donné par Hoin, ancien conservateur.

123. *Portrait de Joseph Vernet.*

Haur. 56 c. — Larg. 27 c.

Dessin légèrement frotté de pastel. (Masque.)

Donné par Hoin, ancien conservateur.

LEBAULT, né en Bourgogne.

On n'a pu recueillir aucun détail intéressant sur la vie de ce peintre, quoique ses talents méritassent incontestablement l'attention des biographes ses contemporains. On reconnaît dans ses ouvrages le mérite du dessin, de la couleur et de la composition. Non seulement ceux qui ont écrit l'histoire des peintres français ne parlent pas de Lebault, mais ses compatriotes euxmêmes semblent ignorer le lieu précis de sa naissance. Si ses tableaux sont les seuls monuments qui aient tiré le nom de cet artiste de l'oubli, il est glorieux pour lui de ne devoir sa renommée qu'au mérite des ouvrages qu'il a laisssés. On reconnaîtra le rang qu'il doit occuper parmi ceux qui se sont distingués dans son art, et qu'il y aurait de l'injustice à le mettre au nombre des peintres dont les talents ne sont dignes d'aucune célébrité. Le premier tableau de cet artiste dont on donne la description est signé et daté de l'année 1770. On assure que Lebault a résidé longtemps à Chalon-sur-Saône.

124. *Saint Luc peignant le portrait de la Vierge.*

Toile. Haut. 2 m. 92 c. — Larg. 1 m. 84 c.

La Vierge, entourée de la gloire céleste et tenant Jésus dans ses bras, apparaît à saint Luc qui, le pinceau à la main, transporte leurs traits divins sur la toile. Plusieurs anges occupent le bas du tableau ; un d'entre eux semble assister le saint évangéliste de ses conseils.

125. *Jésus au Jardin des Oliviers.*

Toile. Haut. 2 m. 60 c. — Larg. 1 m. 40 c.

126. *Saint Mathieu, saint Marc, saint Luc et saint Jean.*

Toile. Haut. et Larg. 65 c.

Ces quatre tableaux sont rangés sous le même numéro. — Forme ronde.

127. *Les Disciples d'Emmaüs reconnaissent Jésus-Christ à la fraction du pain.*

Toile. Haut. 51 c. — Larg. 65 c.

Attribué à Lebault.

128. *Tête du Christ.*

Toile. Haut. 35 c. — Larg. 30 c.

LEBRUN (CHARLES), né à Paris en 1619, mort dans la même ville en 1690 ; élève de Simon Vouët.

129. *Le Christ sur la Croix.*

Toile. Haut. 1 m. 79. — Larg. 1 m. 14 c.

Ce tableau était anciennement attribué à Jouvenet.

130. *Jésus foudroyant les anges rebelles.*

Toile. Long. 1 m. 30 c. — Larg. 97 c.

Plafond.

Esquisse de Lebrun.

Envoi du Gouvernement avant 1814.

131. *Jésus secouru par les Anges.*

Haut. 2 m. 27 c. — Larg. 1 m. 79 c.

Copie par G. Revel.

Ce tableau est placé dans l'église Saint-Bénigne.

132. *Iris coupant le cheveu fatal à Didon sur le bûcher.*

Toile. Haut. 1 m. 62 c. — Larg. 1 m. 95 c.

Copie.

133. *Jésus crucifié.*

Toile. Haut. 1 m. 95 c. — Larg. 1 m. 30 c.

Copie.

La Madeleine arrose le pied de la croix de ses larmes.
Plus loin, on voit la Mère du Sauveur plongée dans la douleur; elle est soutenue par saint Jean, à qui parle un soldat.
Sur la droite du tableau, et dans une partie enfoncée du
terrain, sont d'autres gardes qui se retirent.

Envoi du Gouvernement avant 1814.

134. Même sujet que le numéro précédent.

Bois. Haut. 35 c. — Larg. 1 m. 22 c.

Copie tronquée.

LÉCURIEUX (Jacques-Joseph), né à Dijon en 1801;
élève d'Anatole Devosge à l'École de cette ville, et de
Lethière.

135. *François Ier au tombeau de Jean-sans-Peur,
à la Chartreuse de Dijon.*

Toile. Haut. 69 c. — Larg. 1 m. 97 c.

« François 1ᵉʳ, passant par Dijon en 1521, eut la curio-
« sité de visiter les tombeaux des Ducs : il entra dans le se-
« cond caveau et voulut voir la tête de Jean-sans-Peur ;
« comme il paraissait étonné de la large plaie faite au
« crâne par la hache de Tanneguy-Duchâtel : « *Sire*, lui dit
« le prieur, *c'est par ce trou que les Anglais sont entrés en
« France.* » (COURTÉPÉE, *Description du duché de Bourgogne*,
tome II, p. 253.)

136. *Portrait du peintre Ducornet, né sans bras.*

Toile. Haut. 1 m. 29 c. — Larg. 97 c.

LEDIEU (PHILIPPE).

137. *Jument et son poulain effrayés par un ser-*
pent.

Toile. Haut. 66 c. — Larg. 83 c.

LEGROS (ALPHONSE), né à Dijon en 1837; médailles aux expositions de Paris en 1867 et 1868.

138. *L'ex-voto*

Exposition de Paris 1861. — Mention honorable.

Offert par l'auteur à la ville de Dijon en 1868.

Toile. Haut. 1 m. 67 c. — Larg. 1 m. 54 c.

LEJOLIVET (CHARLES-JOSEPH), architecte, né à Dijon en 1727, mort à Paris victime de la Révolution,
en 1794.

139. *Vue générale de l'édifice de Dijon, dit le*
Logis-du-Roi.

Haut. 33 c. — Larg. 1 m.

Ce dessin à l'encre de chine a été gravé de la même grandeur par les frères Varin, graveurs, en 1784.

Donné au Musée par M. Vionnois, juge au tribunal civil de Montpellier, en 1840.

LENOIR, peintre de portraits à la fin du XVIIIe siècle, sur lequel on n'a pu se procurer aucun renseignement.

140. *Portrait de C.-F. Attiret, sculpteur.*

Toile. Haut. 97 c. — Larg. 78 c.

Voyez Attiret, à la sculpture.

Donné au Musée par Mme veuve Carion, en 1837.

LESUEUR (EUSTACHE), né à Paris en 1617, mort en 1655; élève de Simon Vouët.

141. *Le Christ sur la Croix.*

Haut. 1 m. 84 c. — Larg. 1 m. 19 c.

Ce tableau est déposé au Palais de justice.

LETHIÈRE (G.).

Voir l'Espagnolet. Ecoles Italiennes.

LOIR (NICOLAS), né à Paris en 1624, mort dans la même ville en 1679; élève de Lebrun.

142. *Pan et Syrinx.*

Toile. Haut. 65 c. — Larg. 81 c.

Syrinx, fille du fleuve Ladon, vient de se réfugier dans les bras de son père pour éviter la poursuite du dieu Pan qui est sur le point de l'atteindre et de la voir métamorphosée en roseau.

143. *L'Enlèvement de Proserpine.*

Toile. Haut. 32 c. — Larg. 22 c.

Proserpine cueillait des fleurs dans les prairies d'Enna en Sicile. Le dieu des enfers la surprend et l'enlève, malgré la résistance de Cyane, l'une de ses compagnes.

LOYEUX (Charles), né à Paris, élève de Paul Delaroche.

144. *Portrait de l'Empereur Napoléon III d'après M. Flandrin.*

Toile. Haut. 2 m. 10 c. — Larg. 1 m. 50 c.

Donné par l'Empereur.

LORDON (Pierre-Jérôme), né à la Guadeloupe ; élève de Prud'hon

145. *Sémiramis.*

Toile. Haut. 3 m. 25 c. — Larg. 2 m. 68.

Elle paraît mourante à l'entrée du tombeau de Ninus. Ninias est saisi de terreur en voyant la victime qu'il a frappée dans l'obscurité, et Sémiramis expirante lui adresse ces mots :

> Hélas ! j'y descendis pour défendre tes jours,
> Ta malheureuse mère allait à ton secours.....
> J'ai reçu de tes mains la mort qui m'était due.

Envoi du Gouvernement en 1822.

MANGLARD (Adrien), né à Lyon en 1696, mort à Rome en 1760. Son maître est inconnu.

146. *Une Marine.*

Haut. 73 c. — Larg. 95 c.

Ce tableau est placé à l'hôtel de la Préfecture.

MARTIN (Jean-Baptiste), né à Paris en 1659, mort dans la même ville en 1736; élève de Van der Meulen.

147. *Le Passage du Rhin par l'armée française en présence des troupes Hollandaises, le 11 juin 1672.*

Toile. Haut. 65 c. — Larg. 78 c.

MASSENOT (Charles), né à Dijon; élève de Drolling.

148. *La Mort emporte un cadavre.*

Toile. Haut. 1 m. 20 c. — Larg. 1 m. 50 c.

Acquisition de la ville.

MASSON (Benedict), né à Dijon, élève de Paul Delaroche et Chenavard.

149. *Persée délivrant Andromède.*

Toile. Haut. 2 m. 25 c. Larg. 1 m. 30 c.

La fille de Géphée, roi d'Ethiopie, condamnée par Junon à être dévorée par un monstre marin pour avoir rivalisé de beauté avec elle, implore Vénus. Persée, monté sur Pégase, vient la délivrer.

Ce tableau a été offert à la ville de Dijon par l'auteur.

150. *Bataille de Trasimène.*

Toile. Haut. 3 m. 35 c. — Larg. 6 m.

Offert par l'auteur au Musée de Dijon, en 1860.

MAUZAISSE.

151. *Portrait de Ferdinand Bourjot.*

Il est représenté en costume d'aide-de-camp du général Miranda, à l'époque de la campagne de Valmy. — Peint en 1812.

Toile. Haut. 66 c. — Larg. 35 c.

Donné par M. Bourjot fils en 1861.

MATHIEU (Auguste), né à Dijon le 19 août 1807, chevalier de la Légion-d'Honneur ; élève de Ciceri ; mort à Paris le 21 décembre 1863.

152. *Vue intérieure de la salle des Tombeaux des Ducs de Bourgogne au Musée de Dijon.*

Toile. Haut. 95 c. — Larg. 1 m. 6 c.

Envoi du Gouvernement en 1847.

MAYER (Mlle Constance), née à Paris en 1778, morte le 26 mai 1821 ; élève de Prud'hon.

153. *Tête de fantaisie.*

Haut. 30 c. — Larg. 23 c.

Dessin aux deux crayons, noir et blanc, sur papier gris.

Acquisition de la ville en 1841.

MAYER (Auguste-Etienne-François), né à Brest (Finistère).

154. *Une Marine.*

Toile. Haut. 1 m. 3 c. — Larg. 1 m. 62 c.

L'entrée du Tage forcée par l'escadre française sous le commandement de l'amiral Roussin, le 11 juillet 1831.

Ce tableau est placé à l'Hôtel de ville.

Donné à la ville par l'amiral Roussin en 1845.

155. *Une Marine.*

Toile. Haut. 1 m. 3 c. — Larg. 1 m. 62 c.

Capitulation du fort de Belem devant l'escadre française commandée par l'amiral Roussin, le 11 juillet 1831.

Ce tableau est placé à l'Hôtel de ville.

Donné à la ville par l'amiral Roussin en 1845.

MAZAROS (Désiré), né à Lons-le-Saunier ; élève de l'Ecole des Beaux-Arts de Dijon ; — et CHEVROT (Alfred), architecte, né à Dijon, professeur suppléant à l'Ecole impériale de cette ville.

156. *Dessin d'un Oratoire des Duchesses de Bourgogne, qui était à l'ancienne Chartreuse de Dijon.*

Haut. 1 m. 39 c. — Larg. 77 c.

Acquisition de la ville en 1846.

MEYER (Louis).

157. *Une Marine.*

Toile. Haut. 1 m. 22 c. — Larg. 1 m. 90 c.

Combat entre le brick français l'*Abeille*, commandé par M. de Makau, enseigne provisoire, et le brick anglais l'*Alacrity*, capitaine Palmer (11 mai 1811).

Le moment choisi par l'artiste est celui où le bâtiment

anglais, ne pouvant plus tenir contre le feu de l'*Abeille*,laisse arriver et amène son pavillon. Effet du matin.

Ce tableau est placé à l'Hôtel de ville.

Envoi du Gouvernement en 1844.

MICHAUD (HIPPOLYTE), né à Beaune (Côte-d'Or) le 20 août 1823 ; élève d'Anatole Devosge à l'Ecole des Beaux-Arts de Dijon, pensionné par le département de la Côte-d'Or en 1846.

158. *Le Corps meurt et l'Esprit reste.*

Toile. Haut. 1 m. 65 c. — Larg. 2 m.

La dernière heure vient de sonner ; les froids rayons du matin glissent sur un cadavre ; la lampe s'est éteinte, et l'homme a rendu son dernier soupir. — Qu'importe ! — La lumière brille encore dans l'espace, et les œuvres du génie se sont répandues sur le monde comme une semence de vie. Les corps de Moïse et des prophètes, de Michel-Ange, de Raphaël, de Prud'hon, de Mozart ont disparu. — Mais *la Bible, les Statues des tombeaux des Médicis, la Transfiguration, l'enlèvement de Psyché, la partition de Don Juan*, rayonneront éternellement devant l'esprit humain pour le vivifier.

Ce tableau a été exposé au Salon de 1853, et donné au Musée par l'Empereur la même année.

MIGNARD (PIERRE), surnommé le Romain, né à Troyes en Champagne en 1610, mort à Paris en 1695 ; élève de Simon Vouët.

159. *Le Portrait de Pierre Mignard.*

Toile. Haut. 84 c. — Larg. 73 c.

Copie. — Forme ovale.

160. *Portrait de Mme de Sévigné.*

Toile. Haut. 78 c. — Larg. 65 c.

Copie par M. Carbillet, élève de l'Ecole de Dijon, pensionné à Paris par la ville en 1825, d'après le tableau original appartenant à M. le marquis de Vence.

161. *Portrait d'un Peintre inconnu.*

Toile. Haut. 73 c. — Larg. 65 c.

MOREAU (Gustave), né à Paris; élève de M. Picot.

162. *Le Cantique des Cantiques.*

Toile. Haut. 3 m. 20 c. — Larg. 3 m.

«... Les gardes qui font le tour de la ville m'ont frappée et maltraitée. Ceux qui gardent les murailles m'ont ôté mon voile. » (Chap. v, verset 8.)

Exposé au Salon de 1853, et donné par l'Empereur la même année.

MUTIN (Jean-Baptiste), né à Morey (Côte-d'Or) en 1789, mort au même lieu en 1855; élève des Devosge père et fils à l'Ecole des Beaux-Arts de Dijon.

163. *Tête d'Homme à barbe.*

Carton. Haut. 57 c. — Larg. 40 c.

Etude.

164. *Tête de jeune Fille renversée.*

Toile. Haut. 45 c. — Larg. 37 c.

Cette tête a été donnée au Musée par les enfants de J.-B. Mutin, en 1853.

NAIGEON (Jean-Claude).

Voyez Pietre de Cortonne, Baroche et Guide. (Ecoles italiennes).

NATOIRE (Charles), né à Nîmes en 1700, mort à Castel-Gandolphe, près de Rome, en 1777 ; élève de F. Lemoine.

165. *La Madeleine.*

Haut. 38 c. — Larg. 30 c.

Ce tableau est placé à l'hôtel de la Préfecture.

NATTIER (Jean-Marc), né à Paris en 1685, mort dans la même ville en 1766.

166. *Portrait de la reine Marie Leczinska, épouse de Louis XV.*

Toile. Haut. 1 m. 35 c. — Larg. 1 m. 3 c.

167. *Portrait de Louis, dauphin de France, fils de Louis XV.*

Toile. Haut 1 m. 35 c. — Larg. 1 m. 3 c.

Copie.

168. *Portrait de Stanislas, roi de Pologne.*

Toile. Haut. 1 m. 27 c. — Larg. 96 c.

Copie.

ORRY (Abel), né à Paris; élève de Biennourry.

169. *Route de la Villa Adriani (Tivoli, Italie).*

Toile. Haut. 1 m. 30 c. — Large. 1 m. 63 c.

Offert par l'auteur au Musée de Dijon, en 1867.

OUDRY (Jean-Baptiste), né à Paris en 1686, mort à Beauvais en 1755; élève de Largillière.

170. *Une Anguille, plusieurs autres Poissons hors de leur élement, et deux Canards nageant sous des roseaux.*

Haut. 87 c. — Largeur 1 m. 30 c.

Forme ovale.

Ce tableau est placé à l'hôtel de la Préfecture.

PARROCEL (Joseph), né à Brignolles (Var) en 1648, mort à Paris en 1704; élève de son frère Louis Parrocel et de Bourguignon.

171. *Une Bataille dont le sujet est tiré de l'histoire ancienne.*

Toile. Haut. 1 m. 6 c. — Larg. 1 m. 84 c.

PATROIS (Isidore), né à Noyers (Yonne) ; élève de Lenfant, de Metz et de Monvoisin.

172. *François 1er confère au Rosso les titres et bénéfices de l'abbaye de St-Martin, en récompense de ses travaux de décoration au palais de Fontainebleau.*

Toile. Haut. 1 m. — Larg. 1 m. 45 c.

Donné par l'Empereur en 1865.

PÉRIGNON fils (Alexis), né à Paris; élève de Gros; directeur de l'Ecole des Beaux-Arts et du Musée de Dijon, chevalier de la Légion-d'Honneur.

173. *Sainte Cécile.*

Toile. Haut. 1 m. 30 c. — Larg. 1 m.

Ce tableau a été donné par l'Empereur en 1858.

PERNOT (François-Alexandre), né à Vassy (Haute-Marne), élève de Victor Bertin.

174. *Vue de la ville de Nancy.*

Toile. Haut. 1 m. 10 c. — Larg. 1 m, 57 c.

Sur le devant du tableau on voit un petit monument élevé à la place où le corps de Charles-le-Téméraire, duc de Bourgogne, fut trouvé deux jours après la bataille dans laquelle il fut tué par Claude Beaumont, gentilhomme lorrain, qui ne le connaissait pas.

Acquisition faite par la ville en 1833.

PERRIN (Jean-Charles-Nicaise), né à Paris en 1754; élève de Doyen et de Durameau.

175. *Pauline, femme de Sénèque.*

Toile. Haut. 3 m. 25 c. — Larg. 3 m. 25 c.

Ne voulant pas survivre à son époux, Pauline s'était fait ouvrir les veines. Néron, apprenant sa résolution, donne l'ordre de la sauver; on arrête son sang; on lui rend la vie.

Envoi du Gouvernement avant 1814.

PORION (Charles).

Voyez Velasquez. (Ecoles italiennes).

POUSSIN (Nicolas), né aux Andelys (Eure) en 1594, mort à Rome en 1665; élève de Quentin Varin.

176. *Portrait du grand Corneille.*

Toile. Haut. 88 c. — Larg. 72 c.

177. *Le Martyre de saint Erasme.*

Toile. Haut. 3 m. 25. — Larg. 1 m. 65 c.

Copie par M. Martin.

Envoi du Gouvernement avant 1814.

178. *Le Sacrement de l'Extrême-Onction.*

Toile. Haut. 1 m. 68 c. — Larg. 3 m. 25 c.

Copie par Revel, amplifiée à grandeur naturelle.

PRUD'HON (Pierre-Paul), né à Cluny, département de Saône-et-Loire, le 4 avril 1758, mort à Paris le 16 février 1823; élève de François Devosge, fondateur de l'Ecole des Beaux-Arts de Dijon; pensionné à Rome par les Etats de Bourgogne en 1785.

Prud'hon était le treizième et dernier enfant d'un maçon qui mourut peu de temps après la naissance de son fils. Il était âgé à peu près de dix ans lorsque sa mère le plaça chez les moines de Cluny, où il reçut une instruction gratuite; mais il ne tarda pas à déceler son aptitude particulière pour l'étude de la peinture. La vue des tableaux qui décoraient le monastère frappa vivement son imagination, et il employait à les reproduire tous les instants dont il pouvait disposer. Les moines, frappés des dispositions extraordinaires que manifestaient ses premiers essais, recommandèrent Prud'hon à Mgr Moreau, évêque de Mâcon, qui le prit sous sa protection, obtint pour lui une pension des Etats particuliers du Mâconnais, et l'envoya à Dijon, en 1774, pour suivre les leçons de François Devosge, alors directeur de notre Ecole des Beaux-Arts (1).

Ses progrès furent rapides, et probablement sa carrière eût été heureuse, si, dès l'âge de 19 ans, il n'eût contracté une union qui fut pendant toute sa vie une source de chagrins incessants. Quoique marié, Prud'hon sentit le besoin de continuer ses études; il alla à Paris en 1780, recommandé à M. Wille, graveur, par M. de Joursanvault, qui avait su apprécier la nature de son génie. Quatre ans après, Prud'hon concourait à Dijon pour la pension de Rome, fondée par les Etats de Bourgogne; cette pension était de mille francs (2) et sa durée de quatre ans. Ayant obtenu le prix, il partit pour Rome à la fin de 1784, et y arriva vers le 1er janvier 1775, époque à laquelle commençait sa pension.

Les statues antiques et les œuvres des grands maîtres furent pour lui l'objet d'études approfondies; mais celui pour lequel il témoigne la plus grande admiration dans sa correspondance avec François Devosge est Léonard de Vinci, que, dans son enthousiasme, il appelle « l'Homère de la peinture.... le père, le prince et le premier de tous les peintres; » de qui il dit, enfin : « C'est là mon maître et mon héros. » Le climat de Rome étant contraire à sa santé, il se vit obligé, par son état de souffrance presque continuel, de quitter l'Italie avant l'expiration des quatre années qu'il devait y passer; il partit dans le mois d'avril 1788, et s'arrêta assez longtemps à Lyon pour tâcher d'y gagner quelque argent.

De retour à Paris en novembre 1788, Prud'hon y vécut pauvre,

---

(1)   Mâcon, le 18 mai 1774.

Le hazard vient, Monsieur, de me faire connoître un jeune homme de Cluny dont les dispositions pour le dessin me paroissent surprenantes pour son âge; et je croirois avoir privé ce pays-cy d'un très grand avantage, si je n'avois déterminé nos Etats particuliers à mettre cet enfant, dont la famille est fort pauvre, en état de cultiver un talent aussi précieux qu'il a reçu de la nature seule. Il s'appelle Pierre Prud'hon et aura lui-même l'honneur de vous remettre cette lettre. Je suis convaincu, Monsieur, qu'il ne peut étudier dans une meilleure école que la vôtre. J'ai aussi la confiance que vous voudrez bien l'honorer de vos bontés. Je vous les demande avec instance pour lui. Tant qu'il répondra à mon attente et à mes désirs, notre Province fournira avec plaisir aux dépenses de sa pension et de ses leçons. J'ai l'honneur d'être très parfaitement, Monsieur, votre très humble et très obéissant serviteur.

                                                    † Gar. Fr. Evèque de Mâcon.

M. de Vogœs.

Cette lettre, ainsi que plusieurs autres de Prud'hon, appartient à MM. Saint-père, héritiers de Devosge fils.

(2) Cette pension qui, dans le principe était de 600 fr. avait été portée en 1781 à 1,000 fr.

ignoré, faisant des dessins de vignettes, des adresses de mar-
chands, des têtes de lettres, des portraits au pastel et en miniature. En 1794, il vint à Rigny, près Gray, en Franche-Comté, où
il resta pendant deux ans, et où il fit un grand nombre de portraits à l'huile et au pastel. C'est alors qu'il composa pour M. Didot l'aîné les illustrations de *Daphnis et Chloé* et de Gentil-
Bernard, et qu'il fit la connaissance de M. Frochot, plus tard
préfet de la Seine, dont l'amitié le suivit et l'encouragea dans
les difficultés de sa carrière.

Doué d'un génie indépendant, se traçant librement une route
en dehors de l'école de David, qui dominait alors exclusivement
en France, Prud'hon eut à soutenir une lutte longue et pénible
pour arriver au succès. Il lui fallut une persévérance inébran-
lable pour se placer enfin au rang qui lui était dû.

Lorsqu'il revint à Paris, il termina ses compositions pour
M. Didot; et parmi les divers travaux qu'il fit à cette époque, un
dessin représentant la Vérité descendant des cieux et conduite
par la Sagesse attira l'attention sur son auteur. Ce dessin lui
valut d'abord un prix d'encouragement, puis un logement au
Louvre et la commande de l'exécution en grand de cette composition, exposée en 1799, et qui fut longtemps placée au plafond
de la salle des gardes de Saint-Cloud. Il eut à décorer l'hôtel de
M. de Landry, où il représenta, sous des figures allégoriques, la
Richesse accumulant autour d'elle toutes les espèces de jouis-
sances. Le plafond de la salle des antiques du Musée du Louvre,
où il retraça Diane implorant Jupiter, fut sa création la plus
importante après le plafond de Saint-Cloud; il avait 45 ans lorsqu'il le peignit. Enfin, en 1808 parut le tableau de la Justice et la
Vengeance divine poursuivant le crime. Cette peinture, destinée
à la Cour criminelle, lui avait été commandée par M. Frochot,
préfet de la Seine; elle fut exposée en même temps que l'Enlèvement de Psyché par les Zéphirs. Napoléon, frappé de l'excel-
lence de l'ouvrage, donna au peintre la décoration. Accordée
spontanément, cette distinction fut d'un effet immense; dès lors
Prud'hon fut apprécié à sa valeur; il reçut de nombreuses com-
mandes de portraits et de tableaux; il fut choisi pour donner des
leçons de peinture à l'impératrice Marie-Louise, et en 1816 il
entra à l'Institut.

Arrivé à la gloire qu'il avait si laborieusement poursuivie, entouré d'amis dévoués et de protecteurs puissants, Prud'hon ne
fut cependant pas heureux; une mélancolie profonde, causée
par les chagrins domestiques et les souffrances qu'il avait eu à
endurer, ruina son tempérament et assombrit les derniers instants de sa pénible carrière.

179. *Plafond de la Salle des Statues.*

Long. 8 m. 12 c. — Larg. 4 m. 8 c.

Posée sur un nuage au milieu des airs, au-dessus de la Mort; représentée par les Parques, au-dessus du Temps, qui dévore ses enfants et détruit tout; entourée des vertus et des beaux-arts, la Bourgogne, animée d'un sentiment de gloire et d'admiration, fixe, par son geste, l'attention sur les objets qui se présentent devant elle. A la gauche du spectateur est l'Immortalité planant sur la France représentée par son blason ceint de lauriers, soutenue par la Renommée, le Génie de la Guerre et d'autres figures allégoriques. A droite, on distingue la Victoire, dont la tête est couverte du casque de Minerve; elle soutient sur ce groupe une couronne de branches d'olivier, symbole de la paix et du bonheur des peuples. Vers la partie la plus éloignée du tableau, et à gauche de la figure principale, un génie répand des fleurs sur les Parques; allégorie ingénieuse des récompenses futures d'une vie passée dans les vertus.

Copie libre d'après le tableau de Pietre de Cortonne, qui est au palais Barberini, à Rome.

Prud'hon exécuta ce plafond à Rome, en 1786, aux frais de la province et comme condition attachée à la pension. En changeant quelques attributs, et notamment ceux de la figure principale, l'artiste en a fait un monument en l'honneur de la Bourgogne.

Ce bel ouvrage mérite, à coup sur, d'être considéré et classé autrement que comme une simple copie ; nous en puisons la preuve dans les lettres que Prud'hon écrivait de Rome à Devosge, son maître, à ce sujet, et dont voici quelques extraits :

« ..... Je viens à mon tableau, qui est aux trois quarts et plus
« ébauché, n'y ayant plus que trois figures et quelques morceaux
« de nuages à faire ; je l'ébauche de près, afin qu'il se soutienne
« davantage et qu'il soit moins long à finir. J'entends, en par-
« lant du fini, qu'il sera pour faire son effet à la distance de
« dix-neuf pieds et quelques pouces de l'œil. Le plafond de
« Pietre de Cortone, qui est à peu près à une quarantaine de
« pieds de haut, est à peine fini pour être vu du bas, d'où il ne
« paraît, à proprement dire, qu'une ébauche , car toute cette
« grande machine, en comptant la courbure ou voussure , qui est
« la partie la plus considérable (ce que je copie n'étant que le
« milieu), est plus faite pour faire fracas que pour y trouver du
« dessin, du fini et même du coloris ; cela n'en impose et n'é-

« tonne que par l'immensité du champ que Pietre de Cortonne
« a rempli...... »

Et dans une autre lettre :

« ..... Il est inutile que je dise que j'ai tâché, autant qu'il m'a
« été possible, de remédier aux défauts de l'original, attendu qu'à
« Dijon on est hors de la possibilité d'en faire la comparaison.
« Ce plafond, en général, est une machine à fracas, mais qui,
« lorsqu'on le prend partie par partie, n'est que très médiocre ;
« au reste, vous avez la gravure du morceau du milieu qui fait
« le sujet du tableau, et il suffit de vous dire qu'elle est au
« moins aussi bonne que l'original, pour ne pas dire meilleure,
« dans certaines parties des draperies..... »

Enfin, dans celle où il raconte à Devosge les négligences des
commissionnaires qui ont retardé l'arrivée du tableau à Dijon,
il s'exprime ainsi :

« ...... De pareilles bévues ne semblent être faites que pour
« moi, ainsi que le précieux avantage de faire des copies d'après
« de mauvais originaux (1)....... »

180. *Portrait de Nicolas Bornier, ancien professeur de sculpture à l'École de Dijon.*

Toile. Haut. 42 c. — Larg. 32.

Ouvrage provenant des héritiers Bornier, et donné au Musée par M. **Fevret**
de Saint-Mémin, alors conservateur, en 1847.

181. *Portrait de M. Musard.*

Toile. Haut. 63 c. — Larg. 49 c.

Don fait à la ville par Mesdames Morland et Drevon, filles de M. **Musard.**

182. *Tête de la Vierge.*

Haut. 30 c. — Larg. 23 c.

Dessin aux deux crayons, noir et blanc, sur papier gris.

Acheté par la ville de Dijon en 1841.

---

(1) *Archives de l'art français*, ouvrage publié sous la direction de M. de
Montaiglon, 7ᵉ année 4ᵉ livraison.

183. *La Justice et la Vengeance divine poursuivant le crime.*

Toile. Haut. 2 m. 41 c. — Larg. 2 m. 93 c.

Copie d'après Prud'hon.

Cette copie a été exécutée par M. Geslin (Mathieu), né à Saulieu (Côte-d'Or); élève de l'École de Dijon et de M. Picot.

Don de l'auteur en 1854.

PUJOL (ABEL DE), né à Valenciennes; élève de David; membre de l'Institut.

184. *La Mort de Britannicus.*

Toile. Haut. 3 m. 57 c. — Larg. 5 m. 52 c.

AGRIPPINE.

..... Arrêtez, Néron, j'ai deux mots à vous dire :
Britannicus est mort, je reconnais les coups,
Je connais l'assassin.

NÉRON.

Et qui, Madame?

AGRIPPINE.

Vous!

NÉRON.

Moi! Voilà les soupçons dont vous êtes capable.

(RACINE,, 6ᵉ scène du 5ᵉ acte de la *Mort de Britannicus*.)

Envoi du Gouvernement en 1814.

QUENTIN (NICOLAS), né en Bourgogne, mort à Dijon en 1636. On ignore quel fut son maître.

Les auteurs biographes ne parlent pas de Nicolas Quentin ; on ignore même dans son propre pays l'année et le lieu précis de sa naissance. Ses talents étaient cependant assez marquants pour fixer l'attention de ses contemporains, et mériter une notice honorable à son souvenir. Il paraît, d'après l'originalité de son pinceau et de ses compositions, qu'il ne chercha à se former sur la manière d'aucun maître, et qu'il puisa son talent dans le génie dont l'avait doué la nature. Le Poussin, passant par Dijon et voyant son tableau de la Communion de Ste Catherine, qui est actuellement dans l'église de l'hospice Sainte-Anne, dit : *Ce peintre n'entend pas ses intérêts ; que ne va-t-il en Italie ? il y ferait fortune.*

185. *Un Evêque bénit un enfant présenté par sa mère.*

Haut. 2 m. 27 c. — Larg. 87 c.

Tableau sur panneau dont le revers est peint en grisaille, ainsi que le suivant.

186. *Sainte Marguerite.*

Bois. Haut. 2 m. 27 c. — Larg. 87 c.

En faisant le signe de la croix, elle échappe à la voracité d'un dragon qui est sur le point de l'engloutir.

187. *La Circoncision.*

Toile. Haut. 2 m. 27 c. — Larg. 1 m. 84 c.

Un grand nombre de figures entre dans la composition de ce tableau.

188. *Tête de sainte Elisabeth.*

Toile. Haut. 41 c. — Larg. 32 c.

189. *La Visitation.*

Toile. Haut. 2 m. 6 c. — Larg. 2 m. 38 c.

190. *L'Adoration des Bergers.*

Toile. Haut. 3 m. 8 c. — Larg. 3 m. 90 c.

Grande composition.

191. *Saint Bernard*.

Toile. Haut. 1 m. 80 c. — Larg. 1 m. 20 c.

RAVERAT (VINCENT-NICOLAS), peintre vivant, né à Moutiers-Saint-Jean, près Semur, en 1801.

192. *L'Amour tourmentant l'Ame*.

Toile. Haut. 1 m. 95 c. — Larg. 1 m. 30 c.

Acquis par le Conseil général du département de la Côte-d'Or, en 1824.

RESTOUT (JEAN), né à Rouen en 1692, mort à Paris en 1768 ; élève de Jouvenet.

193. *Saint Jean*.

Haut. 2 m. 27 c. — Larg. 1 m. 46 c.

Après avoir donné le baptême à Jésus, saint Jean s'humilie devant le fils de Dieu.

Ce tableau est placé dans la chapelle du petit séminaire, à Plombières.

Envoi du Gouvernement avant 1811.

REVEL (GABRIEL), né à Château-Thierry en 1643, mort à Dijon en 1712 ; élève de Le Brun.

194. *Portrait de Pierre Lenet, procureur général du Parlement de Dijon en 1641*.

Toile. Haut. 76 c. — Larg. 57 c.

Forme ovale.

195. *Portrait de Jean Dubois, sculpteur dijonnais.*

Toile. Haut. 57 c. — Larg. 46 c.

Voyez Dubois, à la sculpture.

RIGAUD (Hyacinthe), né à Perpignan en 1659, mort à Paris en 1753; élève d'un peintre médiocre de Montpellier nommé Pezet, et de l'Académie de Paris.

196. *Portrait de François Girardon, célèbre sculpteur, né à Troyes (Aube) en 1627, mort à Paris en 1715.*

Toile. Haut. 78 c. — Larg. 65 c.

197. *Portrait de Louis XIV.*

Toile. Haut. 91 c. — Larg. 73 c.

Copie anonyme.

198. *Portrait en pied de Bossuet.*

Toile. Haut. 2 m. 44. — Larg. 1 m. 65 c.

Copie par M. Carbillet, élève de l'École de Dijon.

Ce portrait est placé à l'Hôtel de ville.

199. *Portrait de Jean Berbisey, premier président au Parlement de Bourgogne en 1715.*

Toile. Haut. 81 c. — Larg. 65 c.

Copie.

ROBERT (Hubert), né à Paris en 1733, mort dans la même ville en 1808; a étudié son art à Rome, sans maître connu.

200. *L'Intérieur d'un Temple antique dans lequel sont pratiquées des cérémonies religieuses.*

Bois. Haut. et larg. 54 c.

Forme ronde.

201 *Une Ecurie sous les voûtes d'un ancien édifice.*

Bois. Haut. et larg. 54 c.

RUDE (Mme), née Sophie Fremiet, née à Dijon; élève de David.

202. *Révolte à Bruges en 1436.*

Toile. Haut. 1 m. 83 c. — Larg. 1 m. 50 c.

« Le duc de Bourgogne Philippe-le-Bon, inquiet pour
« la duchesse sa femme et son fils Charles, fit demander
« aux mutins de laisser partir la duchesse, qui était dans
« la ville de Bruges. Ils y consentirent avec peine, et lors-
« que, escortée par quelques serviteurs et par Guillaume
« et Simon de Lalaing, la duchesse traversa la porte de la
« ville, elle fut retenue par Jean Lockart, un des chefs de
« la populace. On arracha la femme d'Utkerque, femme de
« sire Roland, et la veuve du malheureux sire de Horn,
« qu'ils avaient dernièrement massacré. La duchesse tenait
« son jeune fils, le comte de Charolais, serré contre son sein,
« et tremblait de ce qui pouvait arriver. Pourtant ils lui
« laissèrent continuer sa route en la poursuivant par des
« paroles injurieuses. » (DE BARANTE. *Histoire des Ducs de Bourgogne.*)

Ce tableau a été acquis par la ville de Dijon, après l'Exposition de 1849.

203. *La sainte Famille.*

Toile. Haut. 2 m. 10 c. — Larg. 1 m. 80 c.

L'enfant Jésus, debout et appuyé sur le genou de la Vierge, qui est assise sur un rocher et s'est endormie, semble, par son geste, recommander au jeune saint Jean, qui s'avance vers lui en lui présentant des fleurs, de ne pas troubler le sommeil de sa mère. A gauche sainte Élisabeth assise et derrière elle saint Joseph.

Ce tableau a été donné à la ville par l'auteur en 1859.

SAINT-JEAN (Copie d'après), par Portail.

204. *Fleurs et fruits.*

Toile. Haut. 1 m. 60 c. — Larg. 1 m. 18 c.

SIEURAC (Henri), mort à Paris en décembre 1863, à l'âge de 40 ans; élève de Paul Delaroche.

205. *Les trois Vertus Théologales.*

Toile. 5 m. 80 c. — Larg. 3 m. 20 c.

Donné par l'Empereur en 1864.

TASSEL (Richard), né à Langres en 1608, mort dans la même ville en 1660 ; élève de Pierre Tassel, son père.

206. *Portrait de R. Tassel.*

Toile. Haut. 97 c. — Larg. 81 c.

Il est peint dans le costume d'un pèlerin, sous lequel il fit le voyage d'Italie (1).

---

(1) V. la notice biographique rédigée par M. Varney, *Mémoires de la Société libre d'Agriculture du département de la Haute-Marne*, IIe vol., an II.

207. *Le Triomphe de la Vierge dans le Ciel.*

Toile. Haut. 2 m. — Larg. 1 m. 46 c.

208. *Portrait de Thérèse-Marie-Joseph de San-zette, fondatrice des Ursulines de Dijon.*

Toile. Haut. 54 c. — Larg. 46 c.

209. *L'Adoration des Mages.*

Toile. Haut. 1 m. 98 c. — Larg. 1 m. 70 c.

Forme cintrée.

210. *Présentation de la Vierge.*

Haut. 87 c. — Larg. 70 c.

211. *Présentation de Jésus au Temple.*

Haut. 87 c. — Larg. 70 c.

Ces deux derniers tableaux sont placés dans une des salles de l'Ecole d'enseignement mutuel.

212. *Le Couronnement de la Vierge.*

Toile. Haut. 2 m. 26 c. — Larg. 2 m. 10 c.

213. *La Madeleine.*

Toile. Haut. 1 m. 6 c. — Larg. 1 m. 76 c.

214. *Descente de Croix.*

Haut. 2 m. 60 c. — Larg. 1 m. 95.

Ce tableau est placé dans une des salles de la Cour impériale.

215. *Tête du Christ.*

Haut. 65 c. — Larg. 49 c.

Ce tableau est placé dans la salle du Juge d'instruction

216. *Tête de la Vierge.*

Toile. Haut. 57 c. — Larg. 43 c.

217. *La Madeleine.*

Toile. Haut. 1 m. 2 c. — Larg. 81 c.

218. *Tête de Jésus adolescent.*

Toile. Haut. 57 c. — Larg. 43 c.

219. *Tête de la Vierge.*

Toile. Haut. 57 c. — Larg. 43 c.

220. *Même sujet.*

Toile. Haut. 54 c. — Larg. 43 c.

221. *Tête du Christ.*

Toile. Haut. 54 c. — Larg. 43 c.

TROY (JEAN-FRANÇOIS DE), né à Paris en 1679, mort à Rome en 1752; élève de son père, F. de Troy.

222. *Jésus devant Pilate qui se lave les mains en déclarant qu'il est innocent du sang du Juste.*

Toile. Haut. 2 m. 92 c. — Larg. 3 m. 90 c.

Envoi du Gouvernement avant 1814.

TURPIN DE CRISSÉ (THÉODORE, comte DE), né à Paris en 1781, mort en 1859; membre de l'Académie des Beaux-Arts, à l'Institut.

4*

223 *Deux vues de Tivoli* (villa d'Este).

Haut. 47 c. — Larg. 68 c.

Dessins à la plume sur carton.

Légués par l'auteur au Musée de Dijon en 1859.

VAFFLARD (Pierre-Antoine-Augustin), né à Paris en 1777 ; élève de Regnault.

224. *Sommeil d'Oreste.*

Toile. Haut. 3 m. 41 c. — Larg. 4 m. 22 c.

Pour venger son père, et par ordre des dieux, Oreste avait tué sa mère. Fatigué de ses remords, il succombe et s'endort dans les bras d'Electre. Les compagnes de celle-ci viennent s'informer de l'état d'Oreste. Elle les conjure de ne pas l'éveiller : « Mes compagnes, mes amies, ne l'éveillez pas. »

Ce tableau est placé à l'Hôtel de ville.

Envoi du Gouvernement en 1814.

VALENTIN (Moïse), né à Coulommiers (Seine-et-Marne) en 1600, mort à Rome en 1634 ; élève de Simon Vouët.

225. *Saint Jean, demi-figure.*

Toile. Haut. 76 c. — Larg. 59 c.

Envoi du Gouvernement avant 1814.

226. *Saint Pierre et l'Ange.*

Toile. Haut. 1 m. 62 c. — Larg. 1 m. 95 c.

Envoi du Gouvernement avant 1814.

227. *Solitaire méditant sur une tête de mort.*

Toile. Haut. 1 m. 46 c. — Larg. 1 m. 3 c.

Copie.

Ce tableau est placé à l'Ecole d'enseignement mutuel.

228. *Martyre de saint Process et de saint Martinien.*

Toile. Haut. 3 m. 8 c. — Larg. 1 m. 65 c.

Copie par M. Perrin.

Envoi du Gouvernement avant 1814.

VAN-LOO (CHARLES-ANDRÉ), appelé plus communément Carle Van-Loo, né à Nice (Etats-Sardes) en 1705, mort à Paris en 1765; élève de Benedetto Luti.

229. *La Condamnation de saint Denis.*

Toile. Haut. 1 m. 95 c. — Larg. 1 m. 14 c.

Provient de la Chartreuse de Dijon.

230. *Saint Georges à cheval terrassant le Dragon.*

Toile. Haut. 1 m. 95 c. — Larg. 1 m. 14 c.

Provient de la Chartreuse de Dijon.

231. *Portrait en pied de Louis XV.*

Toile. Haut. 2 m. 44 c. — Larg. 1 m. 86 c.

VOUET (SIMON), né à Paris en 1590, mort dans la même ville en 1649; élève de son père Laurent Vouët.

232. *Le Christ sur le linceul.*

Toile. Haut. 76 c. — Larg. 1 m. 62 c.

Envoi du Gouvernement avant 1814.

233. *La Présentation de la Vierge.*

Toile. Haut. 1 m. 68 c. — Larg. 1 m. 35 c.

Copie.

Envoi du Gouvernement avant 1814.

WATTEAU (ANTOINE), né à Valenciennes en 1784, mort à Nogent (au-dessus de Vincennes) en 1721 ; élève de Gillot.

234. *Une Danse exécutée par des personnages costumés à l'espagnole, dans un bosquet au fond duquel on voit une cascade.*

Toile. Haut. 1 m. 6 c. — Larg. 1 m. 30 c.

Copie.

ZIEGLER (CLAUDE-JULES), né à Langres, département de la Haute-Marne, en 1804, chevalier de la Légion-d'Honneur, ancien directeur de l'Ecole des Beaux-Arts et du Musée de Dijon, mort à Paris le 25 décembre 1856 ; élève de M. Ingres.

235. *Les Pasteurs de la Bible.*

Toile. Haut. 2 m. 80 c. — Larg. 2 m. 15 c.

Un jeune homme et une jeune femme sont assis sur un tertre rocheux ; la femme s'appuie sur l'épaule du berger. Sur le devant un chien noir, et de chaque côté des moutons.

Ce tableau, qui a été exposé à Paris en 1850, a été donné par l'Empereur au Musée en 1854.

236. *Pluie d'été,*

Toile. Haut. 2 m. — Larg. 1 m.

Elle est représentée par une jeune femme nue effleurant de la pointe des pieds les plantes et les fleurs, et tenant de chaque main un vase dont elle répand l'eau sur la terre.

Ce tableau a été donné par l'Empereur en 1855.

INCONNUS

—

PORTRAITS

237. *Philippe-le-Hardi, duc de Bourgogne.*

Toile. Haut. 57 c. — Larg. 51 c.

238. *Jean-sans-Peur, duc de Bourgogne.*

Toile. Haut. 57 c. — Larg. 57 c.

239. Le même.

Toile. Haut. 57 c. — Larg. 56 c.

240. *Philippe-le-Bon, duc de Bourgogne,*

Toile. Haut. 57 c. — Larg. 51 c.

241. *Isabelle de Portugal, épouse de Philippe-le-Bon, duc de Bourgogne.*

Toile. Haut. 57 c. — Larg. 51 c.

Ces portraits ont été donnés au Musée par Mme la baronne d'Aisy.

242. *Charles-le-Téméraire, duc de Bourgogne.*

Toile. Haut. 68 c. — Larg. 57 c.

243. *Philippe-le-Hardi, duc de Bourgogne.*

Toile. Haut. 78 c. — Larg. 59 c.

244. *Jean-sans-Peur, duc de Bourgogne.*

Toile. Haut. 78 c. — Larg. 59 c.

245. *Philippe-le-Bon, duc de Bourgogne.*

Toile. Haut. 78 c. — Larg. 59 c.

246. *Charles-le-Téméraire, duc de Bourgogne.*

Toile. Haut. 78 c. — Larg. 59 c.

Ces quatre portraits ont été donnés au Musée par M. Cugnotet.

247. *Jacques de Saulx, comte de Tavannes.*

Toile. Haut. 1 m. 38 c. — Larg. 97 c.

248. *F.-J. Languet, archevêque de Sens.*

Haut. 1 m. 38 c. — Larg. 1 m. 6 c.

Ce tableau est placé à l'hôtel de la Préfecture.

249. *Nicolas Brulard, président au Parlement de Bourgogne.*

Haut. 97 c. — Larg. 78 c.

Ce portrait est placé à l'Hôtel de Ville.

250. *Odinet Godran, président au Parlement de Bourgogne, fondateur du Collége.*

Bois. Haut. 70 c. — Larg. 70 c.

251. *N***, architecte dijonnais.*

> Toile. Haut. 73 c. — Larg. 59 c.

252. *Bâtard de Dunois.*

> Toile. Haut. 76 c. — Larg. 37 c.

253. *Un Peintre inconnu.*

> Toile. Haut. 81 c. — Larg. 70 c.

254. *Saint Bernard.*

> Toile. Haut. 62 c. — Larg. 46 c.

255. *Gaspard de Saulx-Tavannes, maréchal de France, amiral des mers du Levant.*

> Haut. 1 m. 46 c. — Larg. 1 m. 14 c.

Ce tableau est placé à la Préfecture.

256. *Henri Marlet, ancien conservateur du Musée de Dijon.*

> Haut. 54 c. — Larg. 46 c.

Pastel.

257. *Mme N***.*

> Toile. Haut. 60 c. — Larg. 46 c.

258. *Le comte de Vergennes, ancien ministre.*

> Toile. Haut. 49 c. — Larg. 62 c.

259. *Pierre Odebert, président au Parlement de Dijon, fondateur de l'hospice Sainte-Anne en 1645.*

> Toile. Haut. 35 c. — Larg. 63 c.

260. *Abbé d'un monastère.*

Toile. Haut. 91 c. — Larg. 71 c.

261. *Tête de jeune Fille.*

Haut. 39 c. — Larg. 31 c.

Un ruban bleu retient sa chevelure; elle porte une main vers sa bouche; un côté de la poitrine est couvert par une chemise bordée de bleu.

Pastel (Forme ovale).

262. *Vue d'un Temple circulaire à colonnes.*

Haut. 25 c. — Larg. 34 c.

Aquarelle.

263. *Un Religieux méditant sur une tête de mort.*

Toile. Haut. 89 c. — Larg. 68 c.

264. *La Vierge présente l'enfant Jésus à saint Etienne de Padoue.*

Toile. Haut. 2 m. 6 c. — Larg. 1 m. 46 c.

265. *Une Marine.*

Haut. 30 c. — Larg. 38 c.

Ce tableau est placé à la Préfecture.

266. *Andromède et Persée.*

Sur cuivre. Haut. 27 c. — Larg. 22 c.

267. *Vénus et l'Amour.*

Bois. Haut. 24 c. — Larg. 19 c.

268. *Masque de Femme.*

Bois. Haut. 22 c. — Larg. 19 c.

269. *La Circoncision, l'Adoration des Bergers.*

Haut. 41 c. — Larg. 22 c.

Double panneau.

Ce tableau est placé à la Préfecture.

270. *Un Paysage.*

Toile. Haut. 22 c. — Larg. 35 c.

Donné par M. S.

271. *Sainte Marie Egyptienne,*

Toile. Haut. 32 c. — Larg. 19 c.

272. *Un Site d'Espagne.*

Haut. 62 c. — Larg. 81 c.

Ce tableau est placé à la Préfecture.

273. *Une Musicienne.*

Cuivre. Haut. 20 c. — Larg. 16 c.

Costume de la fin du règne de Louis XV.

Forme ovale.

274. *Saint Pierre délivré par l'Ange.*

Toile. Haut. 97 c. — Larg. 1 m. 24 c.

275. *L'Enlèvement des Sabines.*

Toile. Haut. 87 c. — Larg. 1 m.

276. *Ecce Homo.*

Toile. Haut. 86 c. — Larg. 65 c.

ÉCOLES

FLAMANDE, HOLLANDAISE ET ALLEMANDE

ARTOIS (Jacques Van), né à Bruxelles en 1613, mort en 1665; élève de Wildens. (Ecole flamande.)

277. *Vue intérieure de la forêt de Soignies, dans le Hainaut.*

Toile. Haut. 1 m. 16 c. — Larg. 1 m. 87 e.

Sur un chemin qui la traverse on distingue des chasseurs; à droite du spectateur, une percée laisse entrevoir un beau fond de paysage.

BALEN (Jean Van), né à Anvers en 1611; élève de son père. On ignore l'année de sa mort. (Ecole flamande.)

278. *L'Annonciation.*

Cuivre. Haut. 62 c. — Larg. 49 c.

279. *Sainte Catherine de Sienne.*

Cuivre. Haut. 30 c. — Larg. 22 c.

BERGEN (Dirk Van), né à Harlem, mort vers 1680; élève d'Adrian Van der Velde, et HUYMANS de MALINES (Cornélis), né à Anvers en 1648, mort à Malines le 1er juin 1727. (Ecoles flamande et hollandaise.)

280. *Paysage et Animaux.*

Dans un paysage boisé, deux vaches debout se lèchent, et quelques moutons sont au repos.

Toile. Haut. 46 c. — Larg. 59 c.

Acquisition de la Ville en 1866.

BERNAERT (NICASSIUS), élève de Snyders; né à Anvers en 1608, mort à Paris en 1678. (Ecole flamande.)

281. *Deux Lièvres, un Canard, un Faisan et autre gibier mort.*

Toile. Haut. 1 m 35 c. — Larg. 1 m. 84 c.

Deux chats, survenus pour faire leur proie de cette chasse, sont surpris par un chien.

Envoi du Gouvernement avant 1814.

BOL (FERDINAND), né à Dordrecht vers 1610, mort à Amsterdam en 1681; élève de Rembrandt. (Ecole hollandaise.)

282. *Les cinq Sens.*

Bois. Haut. 22 c. — Larg. 16 e.

Cinq tableaux sous le même numéro, un seul est signé; il porte la date de 1658.

283. *Un Violon entre une Tête de mort et un Calice.*

Toile. Haut. 62 c. — Larg. 51 c.

Attribué à Ferdinand Bol.

BOTH (ANDRÉ et JEAN), nés à Utrecht vers 1610, morts, le premier à Venise en 1650, et l'autre dans sa ville natale en 1656; élèves d'Abraham Bloëmaert. (Ecole hollandaise.)

284. *Vue d'Italie au soleil couchant.*

Toile. Haut. 65 c. — Larg. 73 c.

Sur le premier plan, une femme s'arrête pour parler a un pèlerin ; plus loin, sur la route qui borde des rochers élevés et se perd dans le fond du paysage, on distingue des paysans près d'une cabane et plusieurs voyageurs.

BOUCLE (Van). On ignore l'année de sa naissance ; mort à l'Hôtel-Dieu, à Paris, en 1673 ; élève de Snyders. (Ecole flamande.)

285. *Un Chien épagneul défend de la viande qu'un Lévrier et un Dogue viennent lui disputer.*

Toile. Haut. 87 c. — Larg. 1 m. 16 c.

BOUT (François). On ignore quels furent le lieu et les années de sa naissance et de sa mort. Il travailla le plus souvent de concours avec son ami Antoine-François Boudewins, qui peignait le paysage. Celui-ci naquit à Bruxelles vers la fin du XVIIe siècle. (Ecole flamande.)

286. *Un Paysage avec un grand nombre de figures.*

Bois. Haut. 24 c. — Larg. 32 c.

BRAUWER (Adrien), né à Harlem en 1608, mort à Anvers en 1640 ; élève de Franck Hals. (Ecole hollandaise.)

287. *Un Homme tenant des deux mains un broc sur une table.*

Bois. Haut. 13 c. — Larg. 16 c.

Dans la manière de Brauwer.

288. *Un Homme tenant un flacon d'une main,
et une tasse de l'autre.*

Bois. Haut. 46 c. — Larg. 34 c.

Dans la manière de Brauwer.

Acheté par la Ville en 1854.

BREUGHEL, dit DE VELOURS (JEAN), né à Bruxelles en 1560 (1), mort à Anvers en 1642 ; élève de Goe-Kindt. (Ecole flamande.)

289. *Une Maison de plaisance et ses dépendances.*

Toile. Haut. 1 m. 84 c. — Larg. 2 m. 92 c.

A vue d'oiseau.

Copie.

Envoi du Gouvernement avant 1814.

CHAMPAGNE ou CHAMPAIGNE (PHILIPPE DE), né à Bruxelles en 1602, mort à Paris en 1674 ; élève de Fouquières. (Ecole flamande.)

290. *La Présentation de Jésus au Temple.*

Toile. Haut. 3 m. 98 c. — Larg. 3 m. 27 c.

Envoi du Gouvernement avant 1814.

291. *La Mère de Douleur pleure son fils au pied
de la Croix.*

Toile. Haut. 1 m. 95 c. — Larg. 1 m. 27 c.

Copie par J.-B de Champaigne, frère de Philippe.

Envoi du Gouvernement avant 1814.

____

(1) Pilkington, *Dictionary of ainters.*

292. *Le Bon Pasteur.*

Toile. Haut. 1 m. 54 c. — Larg. 92 c.

Copie par J.-B. de Champaigne.

Envoi du Gouvernement avant 1814.

CRAYER (Gaspard de), né à Anvers en 1582, mort à Gand en 1669 ; élève de Raphaël Coxie. (Ecole flamande.)

293. *L'Assomption de la Vierge.*

Toile. Haut. 3 m. 82 c. — Larg. 2 m. 73 c.

Les apôtres, saisis d'admiration, sont rangés autour de la tombe de Marie. La Madeleine, saint Jean et saint Joseph regardent avec étonnement les fleurs qu'ils trouvent à la place que la mère du Sauveur occupait.

Envoi du Gouvernement avant 1814.

294. *Les Apprêts de la Sépulture.*

Bois. Haut. 2 m. 79 c. — Larg. 1 m. 95 c.

La Vierge, assise au pied de la Croix, soutient le bras de son fils étendu sans vie devant elle. La Madeleine et saint Jean se disposent à couvrir le corps de Jésus du linceul ; Joseph d'Arimathie et Nicodème prennent part aux apprêts de la sépulture.

Envoi du Gouvernement avant 1814.

DURER (Albert), né à Nuremberg en 1471, mort dans la même ville en 1528 ; élève de Martin Hapse et de Wolgemuth. (Ecole allemande.)

295. *La Tête de saint Jean-Baptiste dans un plat d'or richement cisclé.*

Cuivre. Haut. 41 c. — Larg. 32 c.

Le chef du saint est entouré d'anges qui portent l'expression de la douleur. L'un d'entre eux, agenouillé, ferme la paupière au Précurseur de Jésus-Christ.

Tableau dans le goût d'Albert Durer.

296. *L'Ensevelissement.*

Bois. Haut. 76 c. — Larg. 54 c.

Copie ou imitation.

ENGELBRECHTSEN (CORNEILLE), né à Leyde en 1468, mort dans la même ville en 1533. (Ecole hollandaise.)

297. *L'Annonciation.*

Bois. Haut. 51 c. — Larg. 57 c.

Tableau diptyque.

Sur le revers sont représentés deux anges portant des écussons, où l'on voit d'un côté les armoiries de Martin de Bretenière, conseiller élu pour le roi aux Etats généraux de Bourgogne, maire de Dijon en 1483, et de l'autre côté celles de N*** Barbier de Reulle, son épouse.

Un habile appréciateur expert a attribué ce tableau à Engelbrechtsen. Cependant il existe une si grande analogie entre la composition de cette Annonciation et de celle qui décore les volets d'un retable de l'église cathédrale de Cologne, que l'on peut croire que c'est l'œuvre de maître Stephan, à qui le tableau de cette métropole est attribué.

Donné en 1822 par M. Darbois, adjoint au conservateur du Musée, et professeur de sculpture à l'Ecole des Beaux-Arts de Dijon.

EYCK (HUBERT VAN), frère de Jean Van Eyck, dit Jean de Bruges, inventeur de la peinture à l'huile, né à Eyck, près de Maeyseyck, ville du Limbourg, en 1366, mort en 1426. (Ecole flamande.)

298. *Un Portrait d'Homme.*

Bois. Haut. 81 c. — Larg. 62 c.

Ce portrait passe pour être celui de Nicolas Rollin,

chancelier de Bourgogne sous le duc Philibpe-le-Bon, et fondateur de l'hôpital de Beaune en 1451.

Donné au Musée, par Claude Hoin, mort dans les fonctions de conservateur de cet établissement en 1817.

EYCK (JEAN VAN), né à Eyck, près de Maeyseyck, ville du Limbourg, en 1390, mort à Bruges en 1441 ; élève de son frère Hubert. (Ecole flamande.)

299. *Tête d'Homme.*

Bois. Haut. 16 c. — Larg. 19 c.

300. *Portrait de Jean Van Eyck, inventeur de la peinture à l'huile, et d'Hubert Van Eych, son frère, sur le même panneau.*

Bois. Haut. 19 c. — Larg. 24 c.

Copie réduite d'après le tableau original qui est à Gand.

FAES (PETER VAN DER), dit le chevalier LELY, né à Soest (en Westphalie) en 1618, mort à Londres en 1680 ; élève de Pieter Grebber, peintre de Harlem. (Ecole flamande.)

301. *Portrait d'un jeune Homme.*

Toile. Haut. 69 c. — Larg. 40 c.

Dans la notice de 1842, ce portrait était attribué à l'Ecole de Van Dick.

Envoi du Gouvernement avant 1814.

FLORE (FRANC, FRANÇOIS DE VRIENDE OU FRANC FLORIS), né à Anvers en 1520, mort en 1570. (Ecole flamande.)

302. *Une Femme à sa toilette.*

Haut. 1 m. 3 c. — Larg. 78 c.

Elle n'a d'autres vêtements qu'une chemise de gaze ; un miroir, qui est à sa gauche, répète ses traits ; une boîte de bijoux est placée devant elle. Ce portrait passait à tort pour celui de Gabrielle d'Estrées, puisqu'il est effectivement du peintre auquel il est attribué, dont la mort arriva un an avant la naissance de la maîtresse de Henri IV. Il paraît certain que c'est Diane de Poitiers qui est représentée dans ce tableau. M. Pérignon, ancien commissaire expert des Musées royaux, y a reconnu les traits de la duchesse de Valentinois et des accessoires qui rappellent le temps d'Henri II.

FRANCART (GILBERT), florissait en 1664 ; élève de Rubens. (Ecole flamande.)

303. *Saint François de Sales.*

Haut. 1 m. 89 c. — Larg. 1 m. 95 c.

Le digne évêque de Genève, revêtu de ses habits pontificaux, agenouillé et rendant grâces à Dieu d'être admis au nombre des bienheureux, reçoit les hommages des anges au moment de sa canonisation.

La date du tableau (1664), détermine le sujet, le saint instituteur de la Visitation ayant été canonisé en 1665. Ce tableau est placé au couvent des Dames de la Visitation de Dijon.

FRANCK (FRANZ), dit le Jeune, né à Anvers en 1580, mort dans la même ville en 1642 ; élève de son père F. Franck, dit le Vieux. (Ecole flamande.)

304. *Thomyris.*

Cuivre. Haut. 49 c. — Larg. 62 c.

Cette reine des Scythes ayant vaincu Cyrus, roi des Perses, tombé en son pouvoir, ordonne qu'on lui tranche la tête, et, la faisant plonger dans un vase rempli de sang, elle lui adresse ces paroles injurieuses : *Cruel ! rassasie-toi après ta mort du sang dont tu as eu soif pendant ta vie, et dont tu étais insatiable.*

305. *L'Adoration des Mages,*

Cuivre. Haut. 46 c. — Larg. 32 c.

306. Même sujet.

Cuivre. Haut. 38 c. — Larg. 30 c.

Ecole des Franck.

307. *Jésus devant Pilate.*

Bois. Haut. 27 c. — Larg. 22 c.

Ecole des Franck.

GREUZEN (Charles), vivait en 1759.

308. *Une Marine.*

Cuivre. Haut. 16 c. — Larg. 25 c.

A gauche, un portique à colonnes et un château; à droite, un pavillon surmonté d'un campanile.

309. *Une Marine.*

Cuivre. Haut. 16 c. — Larg. 25 c.

A gauche, dans la mer, on voit une tour; à droite, la porte d'un fort, et plus loin, une ville.

310. *Un Paysage.*

Cuivre. Haut. 24 c. — Larg. 27 c.

Sur le devant, une rivière dont on aperçoit un peu plus haut la chute.

311. *Un Paysage.*

Cuivre. Haut. 24 c. — Larg. 27 c.

A gauche, de hautes fabriques entourées de fortifications; à droite coule une rivière.

312. *Un Paysage.*

Cuivre. Haut. 19 c. — Larg. 24 c.

A gauche se voit une colonne de temple en ruine. Au milieu, sur un chemin, une femme, portant un fardeau sur
la tête, tient un enfant par la main. Dans le lointain, à
droite, un château entouré d'arbres.

313. *Paysage.*

Cuivre. Haut. 19 c. — Larg. 24 c.

De belles fabriques entourant un dôme occupent le milieu du paysage. A droite, des paysans dansent sous une
treille au pied d'une vieille tour.

314. *Marché aux Chevaux.*

Cuivre. Haut. 24 c. — Larg. 27 c.

GRIFF (A.), florissait vers le milieu du XVIIe siècle ; élève de Snyders. (Ecole flamande.)

315. *Deux Lièvres, un Levraut, des Perdrix,*
une Bécasse et autre gibier mort.

Toile. Haut. 92 c. — Larg. 1 m. 3 c.

HEMLING (Jean) ou MEMLING (Hans), né à
Damme, près Bruges, florissait de 1470 à 1481. (Ecole
flamande.)

316. *L'Adoration des Bergers.*

Bois. Haut. 87 c. — Larg. 70 c.

Attribué à Hemling.

Avant d'être acquis pour le Musée de Dijon, ce tableau
avait considérablement souffert des outrages du temps et
de la négligence de ses anciens possesseurs. Les planches
qui composent le panneau étaient disjointes ; les parties dé-

gradées et d'autres intactes qui auraient dû être respectées avaient été couvertes d'une peinture grossière et de retouches faites sans intelligence. Il ne serait donc pas surprenant que la restauration laissât quelque chose à désirer aux connaisseurs.

HEMMESSEN (JEAN DE), né à Anvers, florissait en 1554. (Ecole hollandaise.)

317. *Une Femme endormie.*

Bois. Haut. 70 c. — Larg. 1 m. 46 c.

Son corps est orné du *ceste*, et son bras gauche du *spinter*, attributs de la mère de l'Amour ; mais on reconnaît que cette figure n'est pas mythologique à un personnage habillé d'un manteau court et coiffé d'un chapeau à plumes que l'on voit dans le fond du paysage. Ce costume, du temps de Louis XIII, porte même à douter que l'ouvrage soit du peintre auquel il est attribué, qui, très probablement, avait cessé d'exister dès la fin du XVIᵉ siècle.

Envoi du Gouvernement avant 1814.

HOECK (JEAN VAN), né à Anvers en 1600, mort en 1650 ; élève de Rubens. (Ecole flamande.)

318. *Martyre de sainte Marie de Cordoue.*

Toile. Haut. 1 m. 87 c. — Larg. 1 m. 21 c.

La jeune martyre est à genoux, les mains croisées sur la poitrine ; derrière elle, un personnage portant un turban avec une aigrette l'a saisie par les cheveux et va lui trancher la tête. A droite, un groupe d'hommes regardent cette scène tragique ; devant eux est un cheval gris dont les rênes sont tenues par un nègre. A gauche, au second plan, une tour. Dans le haut, un ange emporte l'âme de la sainte, et le démon celle du bourreau.

Anciennement attribué à l'école de Van-Dyck.

Envoi du Gouvernement avant 1814.

HONDCKOETER (Melchior), né à Utrecht en 1630, mort le 3 avril 1695 ; élève de son père et de J.-B. Weenix. (Ecole hollandaise.)

319. *Eperviers, Coqs et Poules.*

Toile. Haut. 1 m. 35 c. — Larg. 1 m. 95 c.

Acquisition de la Ville en 1860.

HONTHORST (Gérard), surnommé *Gérard della Notte*, à cause du grand nombre d'effets de nuit qu'il a peints ; né à Utrecht en 1592, mort en 1666 selon quelques auteurs, ou en 1680 selon d'autres ; élève d'Abraham Bloëmaert. (Ecole hollandaise.)

320. *L'Adoration des Bergers.*

Toile. Haut. 2 m. 68 c. — Larg. 2 m. 11 c.

321. *Un Joueur de mandoline.*

Toile. Haut. 62 c. — Larg. 51 c.

Imitation.

322. *Un Jeune Homme cachant une lumière avec sa main.*

Toile. Haut. 62 c. — Larg. 51 c.

Imitation.

KALF (Willem), né à Amsterdam en 1630, mort le 30 juin 1693 ; élève de Henri Pot. (Ecole hollandaise.)

323. *Intérieur d'une cuisine.*

Dans une salle basse se voient divers ustensiles et provisions, chaudron, légumes, etc; une femme descend un escalier au fond, une autre se chauffe près d'une cheminée.

Panneau. Haut. 22 c. — Larg. 26 c.

Acquisition de la Ville en 1806.

KRAUSE (François), né à Augsbourg en **1706**, mort à Venise en 1754 ; élève de B. Piazetta. (Ecole allemande.)

324. *Jésus chez Simon le Pharisien.*

Haut. 27 c. — Larg. 43 c.

Esquisse du grand tableau qui décorait le réfectoire de la Chartreuse de Dijon.

Placé actuellement à la cathédrale.

325. *Les Disciples d'Emmaüs reconnaissent Jésus-Christ à la fraction du pain.*

Haut. 22 c. — Larg. 27 c.

326. *La Décollation de saint Jean.*

Haut. 22 c. — Larg. 27 c.

327. *Le Retour de l'Enfant prodigue.*

Haut. 27 c. — Larg. 22 c.

328. *La Résurrection de Lazare.*

Haut. 22 c. — Larg. 27 c.

329. Même sujet que le numéro précédent.

Haut. 22 c. — Larg. 27 c.

330. *La Parabole des Ouvriers de la Vigne.*

Haut. 27 c. — Larg. 22 c.

LISABERT (Pierre).

331. *Le Jugement dernier.*

Bois. Haut. 70 c. — Larg. 54 c.

MEER (Jean Van der), né en 1628 à Schoonhven, près d'Utrecht, et selon d'autres à Harlem, mort dans cette dernière ville en 1691 ; élève de Jean Broers et de Berghem. (Ecole hollandaise.)

332. *Un Port du Levant.*

Toile. Haut. 49 c. — Larg. 59 c.

Donné au Musée par M. Fyot de Mimeure en 1825.

MEULEN (Antoine-François Van der), né à Bruxelles en 1634, mort en 1690 ; élève de Pierre Snayers. (Ecole flamande.)

333. *Le Siége de Besançon en 1674.*

Toile. Haut. 2 m. 30 c. — Larg. 3 m 33 c.

Envoi du Gouvernement avant 1814.

334. *Le Siége de Lille en 1667.*

Toile. Haut. 49 c. — Larg. 1 m. 14 c.

Envoi du Gouvernement avant 1814.

335. *Le Passage du Rhin en 1672.*

Toile. Haut. 68 c. — Larg. 1 m. 8 c.

Envoi du Gouvernement avant 1814.

336. *Portrait de Louis XIV à cheval.*

Toile. Haut. 89 c. — Larg. 76 c.

337. *Le Siége de Givet.*

Toile. Haut. 63 c. — Larg. 1 m. 8 c.

Copie.

Envoi du Gouvernement avant 1814.

NEEFS (Peter), né à Anvers en 1570, mort en 1651 ; élève de Steenwick le père. (Ecole flamande.)

338. *Intérieur d'une Eglise.*

Bois. Haut. 38 c. — Larg. 49 c.

Effet de nuit.

NETSCHER (Gaspard), né à Heidelberg en 1639, mort à la Haye en 1684 ; élève de G. Terburg. (Ecole hollandaise.)

339. *Vertumne et Pomone.*

Toile. Haut. 1 m. 46 c. — Larg. 1 m. 14 c.

Copie portrait.

L'original, gravé par Bazan, est intitulé : *la Curiosité nuisible.*

POELEMBURG (Corneille), né à Utrecht en 1586. Quoique généralement on fixe la date de sa mort en 1660, il figure encore cependant sur les registres de l'Académie de peinture d'Utrecht à l'année 1665-1666; élève d'Abraham Bloëmaert. (Ecole hollandaise.)

340. *Un Paysage avec figures.*

Bois. Haut. 22 c. — Larg. 32 c.

REMBRANDT (Van Ryn), né dans le moulin de son

père, près de Leyde, en 1608, mort à Amsterdam en
1669 ; élève de Jacques Swanemburg, de Pierre
Latsman et de Jacob Pinas. (Ecole hollandaise.)

341. *Une Téte de Vieillard,*

Bois. Haut. 27 c. — Larg. 19 c.

Vue de profil.

Ecole de Rembrandt.

342. *Une Téte de Vieille.*

Bois. Haut. 27 c. — Larg. 19 c.

Vue de profil.

Ecole de Rembrandt.

ROTTENHAMER (JEAN), né à Munich en 1564,
mort à Augsbourg en 1623 ; élève de son père Thomas
Rottenhamer et de J. Donnauer. Il acheva de se former à Venise. (Ecole allemande.)

343. *Diane au bain.*

Toile. Haut. 19 c. — Larg. 27 c.

Dans le style de J. Rottenhamer.

RUBENS (PIERRE-PAUL), né à Cologne en 1577,
mort à Anvers en 1640 ; chef de l'Ecole flamande ;
élève d'Otto Venius. (Ecole flamande.)

344. *La Vierge présente l'enfant Jésus à saint*
François d'Assise.

Bois. Haut. 1 m. 81 c. — Larg. 1 m. 57 c.

Ecole de Rubens.

Envoi du Gouvernement avant 1814.

345. *La Cène*.

Bois. Haut. 57 c. — Larg. 81 c.

Esquisse terminée.

Ecole de Rubens.

Envoi du Gouvernement avant 1814.

346. *L'Entrée de Jésus-Christ à Jérusalem*.

Bois. Haut. 57 c. — Larg. 81 c.

Esquisse terminée.

Ecole de Rubens.

Envoi du Gouvernement avant 1814.

347. *L'éducation de la Vierge*.

Copie d'après Rubens, par J. Derenne, Anvers, 1800.

Toile. Haut. 2 m. — Larg. 1 m. 45 c.

Offert par Mme Larrieu au Musée de Dijon en 1867.

SEBER (N.). On n'a aucun renseignement biographique sur ce peintre. Son nom seul l'a fait ranger parmi les artistes de l'Ecole flamande.

348. *Rencontre d'Abraham et de Melchisédech*.

Haut. 2 m. 27 c. — Larg. 1 m. 62 c.

Ce tableau est placé dans les appartements du Palais épiscopal.

SEGHER (Gérard) ou ZEEGERS, né à Anvers en 1589, mort dans la même ville en 1651 ; élève de Van Balen et d'Abraham Janssens. (Ecole flamande.)

349. *Descente de Croix*.

Toile. Haut. 3 m. 8 c. — Larg. 2 m. 52 c.

TENIERS le Jeune (DAVID), né à Anvers en 1610, mort à Perk, village entre Malines et Vilvorde, en 1694; élève de son père David Teniers, dit le Vieux, puis d'Adrien Brauwer, enfin de Rubens. (Ecole flamande.)

350. *Une Tabagie.*

Bois. Haut. 35 c. — Larg. 32 c.

Un homme assis, une pipe à la main droite, et tenant de la gauche un pot de bierre posé sur une escabelle. Trois autres individus, au fond de la chambre, causent ensemble en se chauffant au feu d'une cheminée.

351. *Un Buveur tenant un pot.*

Bois. Haut. 16 c. — Larg. 13 c.

352. *Un Fumeur les bras croisés.*

Bois. Haut. 16 c. — Larg. 13 c.

353. *Une Tabagie.*

Toile. Haut. 59 c. — Larg. 49 c.

Copie.

354. *L'Intérieur d'un Cabaret.*

Cuivre. Haut. 22 c. — Larg. 30 c.

Copie.

TERBURG (GÉRARD), né à Zwol en 1608, mort à Deventer en 1681; élève de son père. (Ecole hollandaise.)

355. *Une Femme dans le costume flamand,*

Haut. 30 c. — Larg. 21 c.

Esquisse dans le goût de Terburg.

Ce tableau est placé dans un des salons de la Préfecture.

VOS (Martin de), né à Anvers en 1520, mort dans la même ville en 1604 ; élève de son père et de Franc-Flore. (Ecole flamande.)

356. *La Visitation.*

Toile. Haut. 1 m. 62 c. — Larg. 1 m. 30 c.

357. *La Circoncision.*

Toile. Haut. 1 m. 62 c. — Larg. 1 m. 30 c.

358. *L'Adoration des Mages.*

Toile. Haut. 1 m. 62 c. — Larg. 1 m. 30 c.

359. *La Présentation de Jésus au Temple.*

Toile. Haut. 1 m. 62 c. — Larg. 1 m. 30 c.

WOUWERMANS (Philippe), né à Harlem en 1620, mort dans la même ville en 1668 ; élève de son père et de P. Wynants. (Ecole hollandaise.)

360. *Départ pour la Chasse.*

Bois. Haut. 51 c. — Larg. 68 c.

361. *Un Campement.*

Bois. Haut. 30 c. — Larg. 38 c.

362. *Un Cavalier maure.*

Bois. Haut. 35 c. — Larg. 24 c.

Copie.

363. *Un Cavalier persan.*

Bois. Haut. 35 c. — Larg. 24 c.

Copie.

364. *Un Cavalier moscovite.*

> Bois. Haut. 35 c. — Larg. 24 c.

Copie.

365. *Une Chasse.*

> Haut. 41 c. — Larg. 35 c.

Copie.

Ce tableau est placé à l'hôtel de la Préfecture.

366. *Halte de Voyageurs à l'entrée d'un camp.*

> Haut. 41 c. — Larg. 45 c.

Copie.

Ce tableau est placé à l'hôtel de la Préfecture.

WOUWERMANS (Pierre), né à Harlem vers 1625, mort en 1683 ; élève de son père, et frère de Philippe Wouwermans. (Ecole hollandaise.)

367. *Halte de Voyageurs.*

> Cuivre. Haut. 19 c. — Larg. 27 c.

368. *Halte de Chasse près d'une fontaine.*

> Cuivre. Haut. 19 c. — Larg. 27 c.

INCONNUS

—

369. *Un Lièvre, un Canard et deux Grives.*

Toile. Haut. 51 c. — Larg. 62 c.

370. *Les Plaisirs du Carnaval.*

Bois. Haut. 62 c. — Larg. 87 c.

Le fond du tableau offre la vue d'une ville maritime. Un peuple immense forme diverses mascarades, parmi lesquelles on en distingue une qui représente le triomphe du Carême.

371. *Un Militaire flamand a quitté sa pipe pour écouler attentivement.*

Bois. Haut. 16 c. — Larg. 13 c.

372. *La Flagellation.*

Cuivre. Haut. 30 c. — Larg. 24 c.

373. *Une Femme souriant à son enfant couché devant elle.*

Haut. 38 c. — Larg. 27 c.

Ce tableau est placé dans un des salons de la Préfecture.

374. *Un Paysage.*

Bois. Haut. 35 c. — Larg. 46 c.

Scène d'hiver.

375. *Un Fumeur.*

> Bois. Haut. 13 c. — Larg. 11 c.

376. *Tête de Femme.*

> Bois. Haut. 11 c. — Larg. 8 c.

377. *Tête d'Homme.*

> Bois. Haut. 11 c. — Larg. 8 c.

378. *Tête de Femme.*

> Bois. Haut. 13 c. — Larg. 8 c.

379. *Vue d'une Rivière en Hollande.*

> Bois. Haut. 27 c. — Larg. 38 c.

380. *Un Repos de Voyageurs.*

> Cuivre. Haut. 11 c. — Larg. 19 c.

381. *Une Marine.*

> Bois. Haut. 16 c. — Larg. 21 c.

Ovale.

382. *Portrait d'Homme.*

> Toile. Haut. 72 c. — Larg. 59 c.

Buste de grandeur naturelle. Il est nu-tête, porte un vêtement noir et une collerette blanche.

383. *Un Marchand de Gibier.*

> Toile. Haut. 1 m. 19 c. — Larg. 1 m. 3 c.

Dans la notice de 1842, ce tableau était attribué à Valentin.

384. *Un Enfant qui tient une vessie.*

Bois. Haut. 19 c. — Larg. 16 c.

Tableau dans le goût d'Ostade.

385. *Un Homme jouant d'une sorte d'instrument flamand appelé* Rommel pot.

Bois. Haut. 19 c. — Larg. 16 c.

Dans le goût d'Ostade.

386. *Triptyque.*

Ecole allemande.

Milieu : l'Adoration des Mages.

Haut. 1 m. — Larg. 58 c.

Volet de gauche : l'Adoration des Bergers.

Haut. 1 m. — Larg. 28 c.

Volet de droite : la Présentation au Temple.

Haut. 1 m. — Larg. 28 c.

Acquisition de la Ville en 1854.

387. *Un Paysage.*

Toile. Haut. 49 c. — Larg. 62 c.

La Matrone d'Ephèse écoutant les doux propos d'un homme, en dépit du vœu qu'elle avait fait de se laisser mourir sur la tombe de son mari.

388. *Un Paysage.*

Toile. Haut. 46 c. — Larg. 62 c.

Le bon Samaritain secourant l'homme blessé, qu'il se dispose à conduire dans une hôtellerie.

389. *Etude d'un jeune homme coiffé d'une Mitre.*

Bois. Haut. 55 c. — Larg. 45 c.

Offert par M. Célestin Nanteuil en 1868.

ÉCOLES D'ITALIE

ALBANE (Francesco-Albani), né à Bologne en 1578, mort en 1660 ; élève de Carrache. (Ecole bolonaise.)

390. *La Sainte Famille*.

Toile. Haut. 3 m. 25 c. — Larg. 1 m. 68.

La Vierge tient sur ses genoux l'enfant Jésus, qui quitte son sein pour tourner les yeux vers le ciel. Il fixe ses regards sur la croix et le calice du salut, qui lui sont présentés par des anges, et contemple avec une douceur et une résignation célestes le symbole de ses souffrances et de la rédemption de l'homne. D'autres anges et saint Joseph, tenant un livre ouvert, contemplent cette scène divine.

ANDREA DEL SARTO (Andrea-Vannuchi, dit), né à Florence en 1488, mort en 1530. Il eut pour maître Gio Barile, peintre médiocre ; mais il se forma par l'étude de Masaccio, Ghirlandajo, et surtout des fameux cartons de Léonard de Vinci et de Michel-Ange. (Ecole florentine.)

391. *Saint Jean*.

Bois. Haut. 62 c. — Larg. 49 c.

Demi-figure.

Attribué à Andréa del Sarto.

Envoi du Gouvernement avant 1814.

BAROCHE (Frederigo-Barocci, ou Fiori), né à Urbin en 1528, mort en 1612. (Ecole romaine.)

392. *Le Triomphe de l'Amour*.

Toile. Haut. 1 m. 30 c. — Larg. 1 m. 8 c.

Copie par Bénigne Gagnereaux, élève de l'Ecole de Dijon. Voir ce nom à l'école française.

393. *L'Education de l'Amour*.

Toile. Haut. 97 c. — Larg. 1 m. 35 c.

Copie faite à Rome par J.-Cl. Naigeon. Voyez le n° 406.

BASSAN (Jacopo da Ponte, dit il Bassano ou le), né à Bassano en 1510, mort dans la même ville en 1592 ; élève de son père. (Ecole vénitienne.)

394. *Noé fait entrer les animaux dans l'arche*.

Toile. Haut. 1 m. 33 c. — Larg. 1 m. 68 c.

Envoi du Gouvernement avant 1814.

395. *La Flagellation*,

Toile. Haut. 1 m. 30 c. — Larg. 97 c.

Envoi du Gouvernement avant 1814.

396. *Les Disciples d'Emmaüs*.

Toile. Haut. 3 m. 95 c. — Larg. 2 m. 60 c.

Envoi du Gouvernement avant 1814.

BASSAN (Léandre), né à Bassano en 1558, mort en 1623 ; élève de Jacques Bassan, son père. (Ecole vénitienne.)

397. *Le Martyre de saint Sébastien*.

Toile. Haut. 62 c. — Larg. 73 c.

Envoi du Gouvernement avant 1814.

BATTONI (Cav. Pompeo), né à Lucques en 1708, mort à Rome en 1787. (Ecole romaine.)

Il fut elève de Gio. Domenico Drugieri, de Gio. Dom. Lombardi, et se perfectionna en étudiant les ouvrages de Raphaël.

398. *Cléopâtre fait voir à Auguste le buste de César.*

Toile. Haut. 95 c. — Larg. 1 m. 30 c.

Envoi du Gouvernement avant 1814.

CARRACHE (Annibal Carracci), né à Bologne en 1660, mort à Rome en 1609 ; disciple de Louis Carrache, son cousin. (Ecole bolonaise.)

399. *La Chananéenne.*

Toile. Haut. 2 m. 60 c. — Larg. 1 m. 68 c.

Une femme chananéenne demande à Jésus de guérir sa fille, qui était possédée du démon, en lui disant : « Seigneur, secourez-moi. — Il n'est pas raisonnable, répondit-il, de prendre le pain des enfants et de le jeter aux chiens. — Non, Seigneur, répliqua t-elle, mais encore les petits chiens vivent-ils des miettes qui tombent de la table. » Alors Jésus répartit : « O femme ! votre foi est grande, que ce que vous souhaitez s'accomplisse. » (*Saint Mathieu*, chap. xv.)

Envoi du Gouvernement avant 1814.

CORRÈGE (Antonio Allegri, dit il Corregio ou le), né à Corregio dans le Modénais en 1494, mort au même lieu en 1534. (Ecole de Parme.)

400. *La Madeleine.*

Bois. Haut. 27 c. — Larg. 35 c.

Copie réduite à une petite proportion d'un des tableaux les plus estimés du Corrège. L'original est placé dans la galerie de Dresde.

DOLCI (Carlo), né à Florence en **1616**, mort en **1686**; élève de Jacopo Vignali. (Ecole florentine.)

401. *La Sainte Famille.*

Toile. Haut. 97 c. — Larg. 1 m. 30 c.

Copie.

La Vierge tient sur ses genoux l'enfant Jésus, à qui saint Jean présente un agneau. Sainte Elisabeth et saint Joseph sont en arrière de ce groupe, fixant leur attention sur cette scène intéressante.

Dans la notice de 1842 ce tableau était porté comme original de Carlo Dolci.

DOMINIQUIN (Domenico Zampieri, dit le), né à Bologne en 1581, mort en 1641. Il passa de l'école de Denis Calvart, peintre flamand, dans celle de Carrache. (Ecole bolonaise.)

402. *Saint Jérôme.*

Toile. Haut. 1 m. 6 c. — Larg. 76 c.

Le saint en prière dans sa retraite, agenouillé devant un crucifix et une tête de mort, se frappe la poitrine d'un caillou.

Demi-figure.

Ce superbe morceau, dont l'originalité n'est pas suspecte, est un des plus beaux que possède le Musée.

403. *Judith.*

Toile. Haut. 1 m. 33 c. — Larg. 98 c.

Collection Campana.

Donné par l'Empereur.

ESPAGNOLET (Josef ou Jusepe de Ribera, dit l'), né en 1588, à Xativa, aujourd'hui Saint-Felipe, près Valence, mort à Naples en 1656. Il étudia en Espagne sous François Ribalta, et à Rome sous Michel-Ange de Caravage. (Ecole espagnole.)

404. *Les Apprêts de la Sépulture.*

Toile. Haut. 2 m. 68 c. — Larg. 1 m. 84 c.

Copie par G. Lethière du tableau original qui est à Naples.

Envoi du Gouvernement avant 1814.

405. *Le Martyre de saint Barthélemy.*

Toile. Haut. 1 m. 70 c. — Larg. 1 m. 19 c.

Cette copie passe pour être faite par Salvatore Rosa, élève de l'Espagnolet.

Envoi du Gouvernement avant 1814.

406. *Saint Jérôme.*

Toile. Haut. 1 m. 38 c. — Larg. 1 m. 49 c.

Copie.

407. *La Mort de Sénèque.*

Toile. Haut. 1 m. 62 c. Larg. 2 m. 27 c.

Copie.

GAULI (Gio. Batista, dit le Bachiche), né à Gênes en 1639, mort à Rome en 1709. (Ecole génoise.)

Le Bachiche, assisté des conseils du cavalier Bernin, passe pour être le premier qui ait allié avec succès la peinture à l'architecture.

408. *La Prédication de saint Jean.*

Toile. Haut. 1 m. 84 c. — Larg. 1 m. 73 c.

GIORGION (Giorgio Barbarelli, dit le), né à Castel-Franco en 1477, élève de Giovanni Bellini ; il surpassa son maître, et devint le chef d'une nouvelle école. (Ecole vénitienne.)

409. *Gaston de Foix faisant lacer son armure par son écuyer.*

Bois. Haut. 24 c. — Larg. 19 c.

Copie d'après un tableau de l'ancienne galerie du Palais-Royal.

GIOTTESQUES SIENNOIS ET FLORENTINS.

410. *La Vierge avec l'Enfant.*

Triptyque.

Panneau. Haut. 49 c. — Larg. 55 c.

Collection Campana.

Donné par l'Empereur.

GUASPRE (Gaspre ou Guasure Dughet, dit Gasparo Poussin ou le), né à Rome en 1613, mort dans la même ville en 1675. (Ecole romaine.)

411. *Paysage. — Alphée et Aréthuse.*

Toile. Haut. 38 c. — Larg. 49 c.

Aréthuse, poursuivie par le fleuve Alphée, invoque le secours de Diane, qui la métamorphose en fontaine.

412. *Paysage.*

Toile. Haut. 38 c. — Larg. 49 e.

La sibylle de Cumes demande à Apollon de vivre autant d'années qu'elle tient de grains de sable dans sa main.

413. *Un Paysage*.

Bois. Haut. 35 c. — Larg. 60 c.

Saint-Pierre marchant sur les eaux.
Dans le goût du Guaspre.

414. *Un Paysage*.

Bois. Haut. 35 c. — Larg. 59 c.

Les disciples d'Emmaüs.

Dans le goût du Guaspre.

GUERCHIN (GIO. FRANCESCO BARBIERI, dit le), né à Cento en 1591, mort en 1666 ; élève de Cremonini et de Benedetto. (Ecole bolonaise.)

415. *Saint Sébastien*.

Toile. Haut. 1 m. 23 c. — Larg. 1 m.

Attribué au Guerchin.

Acquisition de la Ville en 1854.

416. *Une Sibylle*.

Haut. 1 m. 30 c. — Larg. 1 m. 14 c.

Copie. Forme ovale.

Ce tableau est placé dans la grande salle de l'Ecole d'enseignement mutuel.

417. *La Mort de Cléopâtre*.

Toile. Haut. 81 c. — Larg. 68 c.

Copie d'après le Guerchin.

GUIDE (GUIDO RENI, dit le), né à Calvenzano, près Bologne, en 1575, mort en 1642 ; élève de Denis Calvaert, puis des Carrache. (Ecole bolonaise.)

418. *Adam et Eve.*

Toile. Haut. 2 m. 76 c. — Larg. 1 m. 95 c.

Ève, séduite par les discours insidieux du serpent, présente à Adam le fruit de l'arbre de la science du bien et du mal.

Envoi du Gouvernement avant 1814.

419. *Le Père éternel donnant sa bénédiction au Monde.*

Toile. Haut. 76 c. — Larg. 87 c.

Figure à mi-corps.

Envoi du Gouvernement avant 1814.

420. *La Vierge soulevant un voile qui découvre Jésus endormi.*

Haut. 1 m. 95 c. — Larg. 1 m. 38 c.

Copie.

Ce tableau est placé dans la grande salle de l'Ecole d'enseignement mutuel.

421. *L'Hymen brûlant les flèches de l'Amour.*

Toile. Haut. 97 c. — Larg. 1 m. 35 c.

Copie faite à Rome par J.-Cl. Naigeon. Voyez le n° 406.

JULES ROMAIN (Giulio Pippi, dit), né à Rome en 1499, mort en 1546 ; élève de Raphaël. (Ecole romaine.)

422. *Les noces de Psyché et de l'Amour.*

Bois. Haut. 84 c. — Larg. 1 m. 14 c.

Copie.

LANFRANC (Giovani Lanfranco), né à Parme en

1581, mort en 1647 ; élève des Carrache. (École lombarde.)

423. *Saint Pierre repentant.*

Toile. Haut. 65 c. — Larg. 54 c.

Envoi du Gouvernement avant 1814.

LUINI ou LOVINI DA LUINO (BERNARDINO), né en 1460 à Luino ; vivait encore en 1530. Il passe pour avoir été élève de Léonard de Vinci et son meilleur imitateur. (École lombarde.)

424. *L'enfant Jésus debout sur les genoux de sa mère.*

Bois. Haut. 81 c. — Larg. 68 c.

Envoi du Gouvernement avant 1814.

MANTEGNA (ANDREA), né à Padoue en 1431, mort en 1506. (École vénitienne.)

Il gardait les moutons dans sa jeunesse. Ses premiers essais ayant été remarqués, il fut mis en apprentissage chez Francesco Squarcione, qui, charmé de ses progrès, l'adopta pour son fils et le fit son héritier.

425. *La Vierge et l'enfant Jésus.*

Bois. Haut. 1 m. 67 c. — Larg. 71 c.

Attribué à Mantegna.

La Vierge est assise. Des anges sont à ses côtés. Au bas du tableau, dont le fond est doré, on voit un paon.

Acquisition de la Ville en 1855.

PARMESAN (FRANCESCO MAZZOLA, dit il PARMIGIANINO ou le), né à Parme en 1503, mort en 1540. (École lombarde.)

Il commença ses études sous ses oncles Michele et Pierre Ilaris
Mazzuola ou Mazzola, et dut ses progrès et sa réputation à l'é-
tude des ouvrages du Corrège.

426. *La Sainte Famille et un Ange.*

Toile. Haut. 51 c. — Larg. 41 c.

Ecole de Parmesan.

PASSARI (Giuseppe Passeri ou), né à Rome en
1654, mort 1714 ; élève de Carle Maratte. (Ecole romaine.)

427. *La Cessation du Schisme d'Anaclet.*

Toile. Haut. 97 c. — Larg. 73 c.

En 1130, le Concile d'Etampes étant assemblé pour dé-
cider lequel d'Innocent II ou d'Anaclet serait pape, saint
Bernard fut choisi d'un consentement unanime pour être
l'arbitre de ce différend. Il se déclare pour Innocent ; toute
l'asemblée applaudit à ce choix, excepté une femme qui,
se moquant de cette décision par des grimaces et des con-
torsions, est renversée à la vue des anges qui couronnent
le jugement de saint Bernard.

428. *Saint François de Paule.*

Toile. Haut. 97 c. —Larg. 73 c.

Le saint fondateur des Minimes rend miraculeusement
la vue à un enfant aveugle de naissance qui lui est amené
par ses parents.

429. *Entrée de saint Bernard à Citeaux.*

Toile. Haut. 97 c. — Larg. 73 c.

Saint Bernard, âgé de 22 ans, et plus de trente de ses
compagnons qu'il avait persuadés de se vouer à la vie monastique, se présentent à la porte de l'abbaye de Citeaux.
L'abbé Etienne les reçoit tous, et bénit le ciel de ce qu'il a
conduit tant de saints dans son désert.

Esquisse du tableau qui était anciennement dans l'église de l'abbaye de Citeaux.

PAUL VÉRONÈSE (Paolo Caliari, dit), né à Vérone en 1528, mort en 1588. (Ecole vénitienne.)

Il apprit d'abord à modeler sous le sculpteur Gabriel Calieri, son père, puis à peindre sous Antonio Badile.

430. *Moïse sauvé des eaux.*

Toile. Haut. 1 m. 22 c. — Larg. 1 m. 68 c.

Envoi du Gouvernement avant 1814.

431. *La Vierge entourée de la gloire céleste.*

Toile. Haut. 3 m. 41 c. — Larg. 2 m. 19 c.

Marie tient l'enfant Jésus sur ses genoux. Un Ange leur présente une couronne de fleurs. D'autres Anges chantent les louanges du Seigneur, et joignent les accords d'une musique instrumentale à leurs cantiques divins. Dans la partie inférieure du tableau, on distingue saint Ambroise, saint Jérôme, saint Pierre et saint Paul, en contemplation devant la Vierge et le Sauveur.

Ecole de Paul Véronèse.

Envoi du Gouvernement avant 1814.

432. *Jocabed se présente devant Thermutis pour étre nourrice de Moïse, son fils, nouvellement sauvé des eaux par la fille de Pharaon.*

Haut. 1 m. 73 c. — Larg. 2 m. 54. c.

Copie d'après le tableau de l'ancienne galerie du Palais-Royal.

433. *Deux petites Filles et un Chien.*

Toile. Haut. 1 m. 14 c. — Larg. 1 m. 46 c.

Copie. Fragment du tableau des disciples d'Emmaüs.

434. *Deux petits Garçons et un Chien.*

Toile. Hant. 1 m. 14 c. — Larg. 1 m. 46 c.

Copie. Autre fragment du même tableau des Disciples
d'Emmaüs.

PERUGIN (Pietro Vannucci ou Perugino, dit le),
né à Castel della Pive di Perugia en 1446, mort en
1524 ; élève de Nicolo Alunno de Pietro della Frances-
ca et d'Andrea vel Verrocchio. (Ecole romaine.)

435. *La Vierge et l'enfant Jésus.*

Bois. Haut. 73 c. — Larg. 57 c.

L'enfant Jésus cherche à prendre un livre que sa mère
tient à la main. Saint Jean, du côté opposé, soulève le
manteau de Marie. On voit en arrière de ce groupe saint
Bonaventure tenant une patène d'or.

Ecole du Perugin.

Envoi du Gouvernement avant 1814.

436. *La Vierge contemplant son fils.*

Bois. Haut. 73 c. — Larg. 57 c.

La Vierge tient sur ses genoux l'enfant Jésus qui la regarde avec une douceur céleste. Saint Jean, l'œil fixé sur
le spectateur et la main dirigée vers le ciel, semble an-
noncer au monde que Jésus est le fils de Dieu descendu sur
la terre pour la rédemption de l'homme.

Ecole du Perugin.

Envoi du Gouvernement avant 1814.

PIETRE DE CORTONE (Pietro Berretini, dit), né
en 1596, mort en 1669. (Ecoles florentine et romaine.)

Voir Proud'hon pour le plafond de la salle des statues.

437. *L'Enlèvement des Sabines.*

Toile. Haut. 2 m. 90 c. — Larg. 4 m. 22 c.

Copie par Naigeon (Jean-Claude), élève de François Devosge; né à Dijon en 1753, mort dans la même ville en 1832.

Jean-Claude Naigeon, âgé de vingt-neuf ans, remporta le grand prix de peinture fondé par les Etats de la province de Bourgogne, et fut pensionné à Rome, où il fit sa belle copie de l'Enlèvement des Sabines, et d'autres ouvrages d'après le Barroche et le Guide, qui font l'ornement de notre Musée.

De retour en France, Naigeon travailla avec ardeur à se perfectionner dans son art; et, sans la révolution de 89, qui suspendit le cours de ses études, il aurait acquis la haute réputation à laquelle l'appelaient ses dispositions et son assiduité. Des talents dus à une grande persévérance le firent nommer, en 1812, à la place de professeur de dessin à l'Ecole de Dijon, dont il remplit les fonctions pendant vingt ans avec une capacité attestée par le nombre de sujets distingués qui sont sortis de son école. Il a laissé, d'ailleurs, d'autres preuves de son mérite dans un portefeuille plein de dessins qui annoncent que l'art de la composition ne lui était pas étranger, et que celui de l'enseignement n'est pas le seul qu'il ait possédé à un degré éminent.

438. *La Réconciliation de Laban et de Jacob.*

Toile. Haut. 1 m. 70 c. — Larg. 1 m. 22 c.

Copie par un peintre inconnu.

439. *Laban cherchant ses idoles.*

Toile. Haut. 1 m. 70 c. — Larg. 1 m. 22 c.

Copie par un peintre inconnu.

PLANTILLA NELLY.

440. *La Sainte Famille.*

Panneau. Haut. 64 c. Larg. 50 c.
Collection Campana. — Donné par l'Empereur.

PONTORMO (Jacopo Carruci da), né en 1493, mort en 1558. Successivement élève de Léonard de Vinci, d'Albertinelli, de Pietro di Cosimo et d'Andréa del Sarto, sous lesquels il fit de grands progrès. La versatilité de son génie l'entraîna à s'attacher aux principes de l'école d'Albert Durer. C'est sans doute ce qui a fait attribuer au Pontormo le tableau suivant, du genre demi-gothique, qui porte la date de 1521.

441. *Présentation de la Vierge*.

Bois. Haut. 1 m. Larg. 81 c.

Après avoir déposé l'offrande des colombes et des deniers, Marie, suivie d'un nombreux cortége où l'on distingue sainte Anne et saint Joachim, monte seule les quinze marches du temple, à l'entrée duquel elle est attendue par le grand pontife et les autres membres du sacerdoce.

Ce tableau, acheté à vil prix, a été donné et restauré par M. de St-Mémin, conservateur du Musée en 1822.

RAPHAEL (Raffaello Sanzio, dit), né à Urbin le vendredi saint 28 mars 1483, mort le vendredi saint 6 avril 1580. (Ecole romaine.)

Le nom de Sanzio, consacré par l'usage, n'est pas le véritable nom de famille de cet artiste célèbre. Son père s'appelait Giovanni Santi ou Santo (1). Giovanni enseigna les éléments du dessin à son fils; mais il ne put diriger longtemps son éducation, étant mort le 1er août 1494, lorsque Raphaël n'avait que onze ans et quatre mois. En 1495 ou en 1496, il entra à l'atelier de Pierre Perugin, établi alors à Pérouse, et qui avait un grand nombre d'élèves.

Raphaël fut le chef d'une école fameuse où se formèrent plus de cinquante peintres habiles. Parmi eux il faut surtout distinguer Jules Romain, Polidore de Caravage, Pierino del Vaga, Andrea Sabattini, Giovani da Udine, artistes célèbres qui ne tra-

---

(1) M. Villot, *Notice des Peintures du Musée impérial du Louvre*, 1857. Ce savant ouvrage nous a souvent servi de guide dans les articles biographiques.

vaillèrent pour leur propre compte et ne consentirent à être gravés qu'après la mort du maître auquel ils s'étaient entièrement dévoués.

Le Musée de Dijon ne possède point de tableaux originaux de Raphaël; mais entre les copies que l'on y voit d'après les ouvrages de ce grand maître, il en est deux très remarquables : ce sont celles de l'*Ecole d'Athènes* et du *Parnasse*, qui furent faites à Rome pour l'abbé Nicaise du temps du Poussin. (N⁰ˢ 410 et 415 du Livret.)

442. *L'Ecole d'Athènes.*

Toile. Haut. 2 m. 60 c. — Larg. 3 m. 44 c.

Copie faite à Rome par Carlo Napolitano pour l'abbé Nicaise.

443. Même sujet que le numéro précédent.

Toile. Haut. 2 m. 3 c. — Larg. 2 m. 27 c.

Copie par Bénigne Gagnereaux, placée au parquet de la Cour impériale.

444. *La Sainte Famille.*

Toile. Haut. 1 m. 30 c. — Larg. 95 c.

Cette copie du tableau que Raphaël fit en 1518, deux ans avant sa mort, pour François Iᵉʳ, roi de France, est d'une dimension moins grande que l'orginal. Elle est du pinceau d'un artiste italien dont on ignore le nom.

445. *La Vierge tenant l'enfant Jésus, que saint Jean embrasse respectueusement.*

Toile. Haut. 1 m. 52 c. — Larg. 97 c.

Copie par un artiste inconnu.

Le tableau original faisait partie de l'ancienne galerie du Palais-Royal.

446. *La Transfiguration.*

Toile. Haut. 1 m. 62 c. — Larg. 1 m. 14 c.

Copie par dom René, religieux de la Chartreuse de Dijon.

447. *Le Parnasse.*

Toile. Haut. 1 m. 46 c. — Larg. 2 m. 22 c.

Copie faite à Rome pour l'abbé Nicaise.

448. *Adam et Eve.*

Cuivre. Haut 22. — Larg. 16 c.

Copie.

449. *La Sagesse et la Volupté.*

Cuivre. Haut. 22 c. — Larg. 16 c,

Copie.

450. *L'Echelle de Jacob.*

Haut. 2 m. 27 c. — Larg. 1 m. 62 c.

Copie par Seber, placée dans une des salles du Palais épiscopal.

451. *La Sainte Famille, connue sous le nom de la Belle Jardinière.*

Toile. Haut. 38 c. — Larg. 27 c.

Copie.

452. *La Vierge et l'enfant Jésus.*

Toile. Haut. 81 c. — Larg. 65 c.

D'après un tableau de l'ancienne galerie du Palais-Royal.

453. *L'Ecole d'Athènes.*

Haut. 2 m. 60. — Larg. 3 m. 30 c.

Cette copie a été léguée à la ville de Dijon par M. Meney en 1844.

Elle est placée dans un des salons de la Préfecture.

454. *Vénus, l'Amour et les Grâces.*

Toile. Haut. 2 m. 20 c. — Larg. 3 m. 10 c.

Cette copie d'une partie de la décoration d'un palais de Rome dit la Farnesina, a été exécutée par Paul Jourdy, peintre né à Dijon. Voir ce nom à l'Ecole française.

455. *Le Triomphe de Galathée.*

Toile. Haut. 2 m. 92 c. — Larg. 2 m. 23 c.

D'après la fresque qui est au palais dit la Farnesina, à Rome.

Cette copie a été exécutée par M. William Bouguereau, né à la Rochelle. Voir ce nom à l'Ecole française.

Donné par l'Empereur en 1856.

456. *La Transfiguration.*

Toile. Haut. 2 m. 55 c. — Larg. 1 m. 30 c.

Copie ancienne.

ROSALBA (Carriera, dite la), née à Chiazza près de Venise en 1675, morte en 1755 ; élève de Diamantini.

457. *La Femme à la Colombe.*

Haut. 54 c. — Larg. 43 c.

458. *Le Printemps.*

Haut. 54 c. — Larg. 43 c.

Ces deux pastels précieux ont été donnés au Musée par Claude Hoin, ancien conservateur de cet établissement.

SPAGNUOLO (GIOVANNI CRESPI, dit le), peintre et graveur, né à Bologne en 1665, mort le 17 juillet 1747. (Ecole bolonaise.)

459. *L'Assomption de la Vierge.*

Panneau. Haut. 1 m. 30. — Larg. 1 m. 34 c.

Collection Campana. — Donné par l'Empereur.

STROZZI ou STROZZA (BERNARDO, dit il CAPUCINO), né à Gênes en 1581 mort à Venise en 1644. (Ecole génoise.)

460. *Sainte Cécile.*

Toile. Haut. 73 c. — Larg. 1 m. 81 c.

Accompagnée d'un ange qui soutient son luth, sainte Cécile chante les louanges du Seigneur.

Envoi du Gouvernement avant 1814.

SURCHI (LORENZO.)

461. *Descente de Croix.*

Panneau. Haut. 38 c. — Larg. 31 c.

Collection Campana. Donné par l'Empereur.

TINTORET (JACOPO ROBUSTI, dit le), né à Venise en 1512, mort en 1594; élève du Titien. (Ecole vénitienne.)

462. *L'Assomption de la Vierge.*

Toile. Haut. 1 m. 70 c. — Larg. 1 m.

Envoi du Gouvernement avant 1814.

TITIEN (Tiziano Veccellio), né à Cadore en 1477, mort en 1576 ; élève des frères Bellini. (Ecole vénitienne.)

463. *La Toilette de Vénus.*

Toile. Haut. 1 m. 30 c. — Larg. 95 c.

Copie.

L'Amour soutient un miroir dans lequel se répètent les traits de la déesse de la beauté.

VELASQUEZ (Don Diego Rodriguez de Sylva y), né à Séville en 1599, mort à Madrid en 1660.

464. *Les Forges de Vulcain.*

Toile. Haut. 2 m. 15 c. — Larg. 2 m. 85 c.

Cette copie a été exécutée par M. Porion (Charles), d'Amiens (Somme), élève de Drolling et de M. Ingres.

Tableau donné au Musée par l'Empereur en 1856.

INCONNUS

465. *Sainte Catherine.*

Toile. Haut. 76 c. — Larg. 1 m. 14 c.

Ecole vénitienne.
Sainte Catherine est à genoux devant la sainte Vierge et l'enfant Jésus qui lui apparaissent. Un ange lui présente une grappe de raisin. Un autre ange soutient une couronne sur ce groupe, en arrière duquel on voit saint Joseph. Le fond du tableau représente un paysage.

Dans l'ancienne Notice ce tableau était attribué à Parmesan.

Envoi du Gouvernement avant 1814.

466. *Intérieur d'une Eglise.*

Haut. 46 c. — Larg. 62 c.

Ce tableau est placé dans les salons de la Préfecture.

467. *La Vierge tenant l'enfant Jésus endormi.*

Toile. Haut. 89 c. — Larg. 73 c.

468. *Deux Saints Evéques.*

(Epoque de Giotto.)

Panneau en forme de triptyque. Haut. 1 m. 14 c. — Larg. 53 c.

469. *Paysage.*

Toile. Haut. 60 c. — Larg. 91 c.

Collection Campana. — Donné par l'Empereur.

INCONNUS

DES

DIVERSES ÉCOLES

---

470. *Portrait de Charles-le-Témézaire, duc de Bourgogne.*

Bois. Haut. 97 c. — Larg. 73 c.

Ce prince couvert de son armure, est assis dans sa tente. Son air sombre et mélancolique, sa barbe croissante sont les signes des revers qu'il éprouva à Granson et à Morat. Sa physionomie, son teint, sa complexion robuste portent les caractères tracés par ses historiens (1). Le fond du tableau montre Gédéon, lorsque, à sa prière, s'effectue le miracle de la Toison. Le libérateur d'Israël tient un étendard décoré de la Croix de Saint-André, dite aussi la croix de Bourgogne, parce que le duc Philippe-le-Bon prit saint André pour patron de l'ordre de la Toison-d'Or dont il fut fondateur, et que Charles, son fils, avait décoré sa bannière de cette enseigne (2).

On peut penser que la figure de Gédéon a été placée dans

---

(1) Après le sac de Nesle en 1472, Charles fut surnommé le *Terrible;* plus tard, les historiens le nommèrent le *Belliqueux*, le *Guerrier*, le *Hardi*, le *Victorieux*, le *Téméraire*. Ses sujets, moins recherchés dans leur manière de s'exprimer, l'appelèrent le *Bataillard*. (Voy. la *Statistique générale du Jura;* Lons-le-Saunier, 1838, p. 50.)

« Quant à la figure, Charles était d'une taille moins avantageuse que « Philippe, son père; il avait le front grand, l'œil dur, le menton long, le « teint basané, les cheveux et les sourcils noirs. Il était d'un tempérament « robuste, souffrant la faim, la soif, la chaleur avec la plus grande patience. « L'habitude de marcher à la tête des armées l'avait endurci à la fatigue; « mais dans le gouvernement de ses peuples rien ne se sentait de la dureté « avec laquelle il se traitait lui-même. » Voy. *Histoire générale du duché de Bourgogne*, par dom Plancher, t. IV, p. 466.)

(2) Voy. Paillot, *Vraie science des Armoiries*, au mot Croix de Saint-André, et l'*Histoire générale du duché de Bourgogne*, t. IV, p. 257.

cette composition par le peintre, parce que Charles, dans le temps de ses succès, était qualifié du titre de *Gladius Domini et Gedeonis* (1).

Le caractère de ce portrait était trop fortement accentué pour le supposer inexact, quoique l'on puisse présumer, d'après la manière habile dont il est exécuté, qu'il n'aura été peint que quelque temps après la mort du prince. Ce qui porte à croire à la vérité de la ressemblance, est la répétition de cet ouvrage de peinture accompagnée des mêmes accessoires que l'on voit dans la collection historique de Versailles. C'est le seul portrait ancien de Charles-le-Téméraire qui y soit exposé. Il est placé dans la première salle de l'attique du nord, sur le trumeau qui sépare les deux premières fenêtres à main droite et occupe cette place avec plusieurs autres portraits de personnages célèbres de mêmes dimensions.

Quelques années avant 1836, époque à laquelle ce portrait est entré dans la collection du musée de Dijon, il dépendait du cabinet que M. Perchet avait formé à Gray (Haute-Saône).

471. *Un Aveugle sur le point de se heurter contre un âne qui s'abat sous un enfant.*

Bois. Haut. 65 c. — Larg. 49 c.

Envoi du Gouvernement avant 1814.

472. *Paysage avec Figures.*

Bois. Haut. 73 c. — Larg. 65 c.

473. *Des Fleurs.*

Toile. Haut. 49 c. — Larg. 38 c.

474. *Des Fleurs.*

Toile. Haut. 49 c. — Larg. 38 c.

---

(1) Quand le duc Charles fit son entrée à Dijon, en 1473, on dressa sur la place Saint-Jean, vis-à-vis l'hôtel du prince d'Orange, un théâtre sur lequel était une figure de Gédéon « revêtue d'une cotte d'armes semée de têtes « d'or et environnée de gens d'armes portant des bannières chargées des » mêmes pièces que le vêtement de Gédéon, et à l'opposite d'autres gens « d'armes qui paraissaient fuir. Les gens de Gédéon avaient pour épigraphe : « *Gladius Domini et Gedeonis.* Dans le fond du théâtre paraissait un ange « avec un rouleau ainsi inscrit : *Dominus tecum, virorum fortissimus.* »

D. Plancher, t. IV, p. 422.

475. *Des Roses.*

Bois. Haut. 16 c. — Larg. 19 c.

476. *Le Pillage du Temple de Jérusalem.*

Cuivre. Haut. 22 c. — Larg. 27 c.

477. *La Piscine de Bethsaïde.*

Cuivre. Haut. 22 c. — Larg. 27 c.

478. *La Visitation.*

Toile. Haut. 62 c. — Larg. 43 c.

479. *Gibier mort, Légumes et Ustensiles de cuisine.*

Toile. Haut. 22 c. — Larg. 16 c.

480. Même sujet.

Toile. Haut. 22 c. — Larg. 16 c.

481. *Le Jeune Tobie et l'Ange.*

Bois. Haut. 16 c. — Larg. 22 c.

482. *Bacchanale.*

Toile. Haut. 97 c. — Larg. 1 m. 38 c.

483. *Le Père éternel et l'enfant Jésus portés sur
les nues au-dessus d'une côte maritime
qu'ils semblent prendre sous leur protection.*

Cuivre. Haut. 32 c. — Larg. 24 c.

484. *Un Vase et un Bassin d'or.*

Toile. Haut. 38 c. — Larg. 76 c.

485. Même sujet.

Toile. Haut. 38 c. — Larg. 76 c.

486. *Un choc de Cavalerie.*

Bois. Haut. 13 c. — Larg. 16 c.

487. Même sujet.

Bois. Haut. 13 c. — Larg. 16 c.

488. Même sujet.

Toile. Haut. 30 c. — Larg. 41 c.

489. *Le Mariage d'un Prince.*

Toile. Haut. 1 m. 18. — Larg. 1 m. 62 c.

Les recherches qui ont été faites sur le sujet précis de ce tableau ont été sans résultat.

Envoi du Gouvernement avant 1814.

490. *Un Portrait d'Homme.*

Toile. Haut. 62 c. — Larg. 46 c.

491. *Portrait du grand Condé.*

Toile. Haut. 59 c. — Larg. 46 c.

492. *La Cène.*

Cuivre. Haut. 49 c. — Larg. 65 c.

493. *Des Ruines.*

Bois. Haut. 22 c. — Larg. 30 c.

494. Idem.

Bois. Haut. 22 c. — Larg. 30 c.

495. *Un Paysage.*

Toile. Haut. 16 c. — Larg. 22 c.

496. *La Vierge au pied de la Croix et Jésus étendu mort devant elle.*

Cuivre. Haut. 35 c. — Larg. 30 c.

497. *Le Bon Pasteur.*

Haut. 1 m. 89 c. — Larg. 1 m. 57 c.

Ce tableau est placé dans la chapelle du Lycée.

498. *Saint Pierre.*

Haut. 81 c. — Larg. 65 c.

Forme ovale.

Ce tableau est placé dans la grande salle de l'Ecole d'enseignement mutuel.

499. *Saint Joseph.*

Haut 81 c. — Larg. 65 c.

Forme ovale.

Est placée dans le même lieu que le précédent.

500. *Apparition de Jésus à la Madeleine.*

Haut. 2 m. 27 c. — Larg. 1 m. 79 c.

Placé dans la chapelle du Lycée.

501. *Saint Jean écrivant l'Apocalypse.*

Haut. 2 m. 60 c. — Larg. 1 m. 95 c.

Placé dans la chapelle du Lycée.

502. *Une Femme tenant des fleurs.*

Toile. Haut. 89 c. — Larg. 73 c.

503. *Un Paysage.*

Toile. Haut. 22 c. — Larg. 30 c.

Effet du matin.

504. *Un Paysage.*

Toile. Haut. 22 c. — Larg. 30 c.

Effet du soleil couché.

505. *La Résurrection de Lazare.*

Haut. 3 m. 90 c. — Larg. 2 m. 60 c.

Ce tableau est placé dans la chapelle du Lycée.

506. *Réunion des Musiciens les plus célèbres du temps de Louis XIV.*

Toile. Haut. 1 m. 16 c. — Larg. 68 c.

Donné par M. Bertholomey en 1842.

507. *Un Pape.*

Bois. Haut. 64 c. — Larg. 50 c.

École française.

Buste avec les deux mains.

DEUXIÈME PARTIE

SCULPTURE

ATTIRET (CLAUDE-FRANÇOIS), né à Dole en 1728, mort dans la même ville en 1804 ; élève de Pigal.

508. *La Chercheuse d'Esprit.*

Buste en terre cuite.

Modèle du buste en marbre qui appartient à M. Marielle, à Paris.

509. *Bénigne Legouz de Gerland, né à Dijon en 1695, mort en 1774.*

Buste en plâtre.

B. Legouz de Gerland prit une grande part à la formation de l'Ecole gratuite de dessin dont François Devosge fut le premier fondateur, en 1765, et le fut lui-même du Jardin Botanique en 1772.

510. *Le Printemps.*

511. *L'Été.*

512. *L'Automne.*

513. *L'Hiver.*

Bas-reliefs en pierre de Tonnerre, donnés au Musée en 1827 par M. de Boisville, évêque de Dijon. Ces bas-reliefs avaient été exécutés pour la maison épiscopale de Plombières-les-Dijon.

Haut. 97 c. — Larg. 1 m. 11 c.

BERTRAND (Antoine-Henri), né à Langres en
1759, mort dans la même ville en 1834 ; élève de
François Devosge à l'Ecole de Dijon.

Pensionné à Rome par les Etats de Bourgogne en 1781 ; il fut,
en Italie, l'ami intime de Prud'hon, et se lia avec Quatremère de
Quincy et Canova. En 1796, se trouvant dans un château, aux
environs de Florence, quand Bonaparte vint s'y installer, Bertrand fut chargé d'exécuter son buste en marbre. Il ne quitta
l'Italie qu'en 1798, et revint se fixer à Langres. Les églises et le
musée de sa ville natale possèdent de lui quelques ouvrages.

514. *Junon* dite *la Junon du Capitole.*

Copie en marbre.

Debout et dans une attitude imposante, cette figure est
enveloppée d'un manteau jeté avec grâce et traitée ainsi
que le reste de la draperie de la manière la plus large et
la plus pittoresque. A son air noble et majestueux, ainsi
qu'à sa posture, la plupart des antiquaires ont imaginé
qu'elle devait représenter *Junon*, l'épouse de *Jupiter* et la
reine des dieux. Cependant la tête, quoique antique, n'é-
tant pas celle de la statue, et les bras étant restaurés, il
n'y avait pas d'attributs qui puissent la caractériser avec
précision. Peut-être pourrait-on, avec plus de fondement,
y reconnaître *Melpomène*, que les anciens ont souvent
représentée dans une attitude imposante, et dont on connaît
des images certaines qui ont beaucoup de ressemblance
avec celle-ci ; l'épaisseur de la semelle des sandales, qui
rappelle l'idée du *cothurne tragique*, vient à l'appui de cette
opinion.

La statue originale, de marbre de Paros, était autrefois
dans les jardins du palais *Cesi*, près du Vatican, où elle
passait pour une *Amazone*.

515. *Vénus* dite *la Vénus de Médicis.*

Copie en marbre exécutée à Rome en 1787.

La déesse des Amours vient de sortir de l'écume de la
mer, où elle a pris naissance ; sa beauté virginale paraît
sur le rivage enchanté de *Cythère*, sans autre voile que

l'attitude de la pudeur. Si la chevelure n'est pas flottante sur ses épaules divines, se sont les Heures qui, de leurs mains célestes, viennent de l'arranger (*Homère* hymne IV.)

Un dauphin groupé avec une coquille, est à ses pieds; ce sont des symboles de la mer, élément natal de Vénus· Les deux Amours qui le surmontent ne sont pas les enfants de la déesse : l'un d'eux est cet Amour primitif (*Eros*), qui débrouilla le chaos; l'autre est *Himeros*, qui avait paru dans le monde en même temps que le premier des êtres sensibles. Tous les deux la virent naître, et ils ne s'écartaient jamais de ses pas.

La statue originale passe pour être l'ouvrage de *Cléomène*, athénien, fils d'*Apollodore*.

516. *Psyché*.

Buste en marbre, d'après l'antique.

517. *L'Amour*.

Buste en marbre, d'après l'antique.

518. *Bacchus*.

Buste en marbre, d'après l'antique.

519. *Ariane* (dite du Capitole).

Buste en marbre, d'après l'antique.

520. *Démosthènes*.

Buste en marbre, d'après l'antique.

521. *Alexandre mourant*.

Buste en marbre, d'après l'antique.

BOICHOT (N.), élève de l'Ecole de Dijon.

522. *Le Triomphe de la Tempérance sur la Gourmandise.*

Haut. 3 m. 57 c. — Larg. 1 m. 62 c.

Bas-relief exécuté en plâtre pour le réfectoire de la maison des Bénédictins de Dijon.

Donné au Musée par M. de Boisville, évêque de Dijon, en 1827.

BORNE (Claude-François), né au Crouzet (Doubs) en 1759, mort à Dijon en 1834 ; élève de François Devosge.

Voir l'art. François Devosge, à la Sculpture ; — Bas-reliefs qui décorent la salle de sculpture.

523. *Sujet allégorique.*

Haut. 49 c. — Larg. 35 c.

Bas-relief en terre cuite.

BORNIER (Nicolas), né à Bourberain, canton de Mirebeau (Côte-d'Or), en 1762, le 26 juillet, mort à Dijon le 18 septembre 1829 ; pensionné à Rome par les Etats de la province de Bourgogne en 1789 ; élève de François Devosge à l'Ecole de Dijon, où il fut lui-même professeur de sculpture depuis 1808 jnsqu'en 1829, année de sa mort.

524. *Mercure dit l'Antinoüs du Belvédère.*

Copie en marbre.

La statue originale, l'une des plus parfaites qui nous soient restées de l'antiquité, est en marbre de Paros de la plus belle qualité. Elle a été trouvée à Rome sur le mont *Esquilin*, près des thermes de Titus, sous le Pontificat de *Paul III*, qui la jugea digne d'être placée au Belvédère du Vatican, près de l'Apollon et du Laocoon. L'harmonie qui règne entre toutes les parties de cette belle figure est telle, que le célèbre *Poussin* a cru devoir y puiser, préférablement à toute autre, *les proportions de la figure humaine.*

525. *Le grand Condé à la bataille de Sénef.*

Haut. 51 c. — Larg. 84 c.

Groupe en terre cuite.

Donné par l'auteur en 1808.

526. *Modèle du Mausolée de Pierre Odebert et d'Odette Maillard, son épouse.*

Haut. 65 c. — Larg. 1 m. 22 c.

Plâtre couleur de terre cuite.

Pierre Odebert, président au Parlement de Dijon, fonda l'hospice Sainte-Anne en 1645. Cet établissement ayant été transféré, en 1804, à l'ancien couvent des Bernardines, M. Legouz de Saint-Seine y fit ériger un monument à la mémoire du fondateur de l'Hospice, d'après le modèle dont il s'agit.

Nicolas Bornier fut chargé de l'exécution de cet ouvrage, qu'il termina en 1812.

527. *Louis-Joseph de Bourbon, prince de Condé.*

Buste en marbre, voté à la mémoire du prince de Condé par le Conseil général du département de la Côte-d'Or, dans sa session de 1818.

BOSIO (FRANÇOIS-JOSEPH baron), né à Monaco en 1769, membre de l'Institut, mort à Paris en 1845.

528. *Denon (Vivant), ancien directeur général des Musées, (né à Givry, près Chalon-sur-Saône, en 1777, mort en 1825.)*

Buste. Copie en marbre par Camagny, élève de l'Ecole de Dijon. Voir son article.

Donné à la Ville par Camagny en 1840.

529. *L'impératrice Joséphine, première femme de Napoléon.*

Buste. Plâtre moulé sur l'original.

Donné au Musée par M. Vionnois, juge au tribunal civil de Reims, vers 1830.

530. *Louis XVIII.*

Buste en plâtre.

BOUCHARDON (Edme), né à Chaumont en Bassigny en 1698, mort à Paris en 1762 ; élèv de son père et de Guillaume Coustou, frère de Nicolas Coustou.

531. *Modèles originaux des trois Figures principales de la décoration de la Fontaine de la rue de Grenelle, à Paris.*

Proportion des figures, 65 c.

Terre cuite.

BOUHIN (Jules), né à Dijon ; élève de M. Darbois à l'Ecole de cette ville.

532. *Etude académique de jeune Homme.*

Long. 42.

Plâtre, statuette assise et à demi couchée.

Don de l'auteur en 1846.

533. *Buste de Carnot.*

Plâtre. Haut. 1 m.

Donné par le docteur Clertan.

BREUIL (Léon), né à Flavigny (Côte-d'Or) ; élève de l'École de Dijon.

534. *Vauban.*

Buste en plâtre, a figuré à l'exposition de Dijon en 1818.

Acheté par la Ville en 1859.

BRIDAN (Pierre-Charles), né à Paris en 1766, mort à Versailles en 1849 ; élève de son père Charles-Antoine Bridan, né à Ravière en Bourgogne en 1730, mort en 1805.

535. *Bossuet, né à Dijon en 1627, mort en 1704.*

Statue en marbre.

Envoi du Gouvernement en 1825.

CABET (Jean-Baptiste-Paul), né à Nuits (Côte-d'Or); élève de M. Darbois, à l'Ecole de Dijon, et de Rude.

536. *Buste de M. N.*

Plâtre bronzé. L'original est en bronze.

Donné par l'auteur en 1859.

CAFFIERI (Jean-Jacques), né à Paris en 1723, mort en 1792, fils et petit-fils de sculpteurs ; élève de Lemoyne.

537. *Piron (Alexis), né à Dijon en 1689, mort en 1773.*

Buste en terre cuite.

538. *J.-B. Joseph Languet, ancien curé de Saint-Sulpice, né à Dijon en 1675, mort dans son abbaye de Bernay en 1750.*

Buste en plâtre.

CAMAGNY (Jean-Hubert-Noel), né à Dijon en 1804, mort à Paris en 1849; élève de Bornier à l'Ecole de Dijon.

539. *Le président Jeannin.*

Buste colossal en plâtre.

Donné par l'auteur en 1847.

CARBILLET, ancien professeur de l'Ecole des Beaux-Arts de Chalon-sur-Saône.

540. *Henri IV.*

Buste en plâtre.

Offert par l'auteur.

CHAUDET (Antoine-Denis), né à Paris en 1763, mort en 1810; élève de Stouf.

541. *Denon (Vivant), ancien directeur général des Musées.*

Buste en plâtre moulé sur l'original.

DARBOIS (Pierre-Paul), né à Dijon, professeur de sculpture à l'Ecole impériale des Beaux-Arts de cette ville, adjoint au conservateur du Musée; élève de François Devosge.

542. *Turnus portant l'incendie dans la flotte des Troyens.*

Statue en plâtre.

Cette statue a été offerte à la ville de Dijon par M. Darbois en 1832.

543. *Chartraire de Montigny, trésorier des États de Bourgogne.*

Buste en plâtre.

Donné à la Ville par M. Cunes en 1838.

544. *Pécheresse pénitente.*

Statue en plâtre.

Cette figure a fait partie de l'exposition du Louvre en 1837.

La ville de Dijon en a fait l'acquisition en 1838.

545. *Un Jongleur.*

Statue en plâtre.

Donné par l'auteur à la ville de Dijon en 1840.

546. *Félix Lecoulteux.*

Mort en 1813, dans l'exercice des fonctions de préfet du département de la Côte-d'Or, par suite de son humanité qui le porta à secourir lui-même les prisonniers espagnols, parmi lesquels il s'était déclaré une maladie contagieuse.

Buste en plâtre.

547. *Pierre-Paul Prud'hon.*

Buste en marbre.

Donné par l'auteur à la Ville en 1849.

DAVID (Pierre-Jean), né à Angers en 1789, mort à Paris en 1856.

548. *M. Chevreul (E.), membre de l'Institut, professeur du Jardin des Plantes.*

Médaillon en bronze exécuté en 1833.

Donné au Musée par M. Henri Chevreul fils en 1850.

DEBAY (Joseph), né à Malines, chevalier de la Légion-d'Honneur ; élève de Chaudet.

549. *Charles de Brosses, premier président au Parlement de Dijon, né en cette ville en 1709, mort à Paris en 1777.*

Buste par Debay, d'après celui de J.-B. Lemoyne.

Plâtre moulé sur le marbre.

Donné au Musée de Dijon par les héritiers de Charles de Brosses.

DELAISTRE (François-Nicolas); élève de Lecomte et de Vassé, mort à Paris en 1832.

550. *Buffon (Georges-Louis Leclerc, si connu sous le nom de comte de), né à Montbard en 1697, mort à Paris en 1788.*

Buste en marbre.

Ce buste est placé à l'Hôtel de ville.

Envoi du Gouvernement en 1819.

DEVOSGE (François) , fondateur de l'Ecole des Beaux-Arts de Dijon.

Voir ce nom à la peinture. (Ecole française.)

Douze bas-reliefs en terre cuite, placés sur les portes et les croisées, et au-dessus des trumeaux de la salle des sculptures, ont été exécutés sous la direction de François Devosge, par MM. Bornier, Borne, Giroux, Genret et Jeanbard, ses élèves, d'après les dessins tirés de la colonne Trajane, des fresques et d'autres monuments des arts de l'antiquité. — Savoir :

551. *Les Daces vaincus par Trajan.*

Haut. 76 c. — Larg. 4 m. 38 c.

Au-dessus du groupe de Laocoon.

552. *Les Parthes vaincus implorant à genoux la clémence de Trajan.*

Haut. 76 c. — Larg. 2 m. 44 c.

En suivant à droite.

553. *L'Epithalame ou le Chant nuptiale.*

Haut. 76 c. — Larg. 2 m. 44 c.

554. *Les Arts du dessin présidés par Minerve.*

Haut. 76 c. — Larg. 2 m. 44 c.

555. *Les neuf Muses.*

Haut. 76 c. — Larg. 2 m. 44 c.

556. *Trimaltion conduit au festin.*

Haut. 76 c. — Larg. 2 m. 44 c.

557. *La jeune mariée.*

Haut. 76 c. — Larg. 2 m. 44 c.

558. *Le Mariage, et la Naissance d'un Enfant.*

Haut. 76 c. — Larg. 2 m. 44 c.

559. *Vénus sortant de la mer.*

Haut. 76 c. — Larg. 2 m. 44 c.

560. *Danses de jeunes Filles.*

Haut. 76 c. — Larg. 2 m. 44 c.

561. *L'Horoscope et la Marchande d'Amour.*

Haut. 76 c. — Larg. 2 m. 44 c.

562. *Le Sacrifice d'Iphigénie.*

Haut. 76 c.   Larg. 2 m. 44 c.

DIEBOLT (Georges), né à Dijon, premier grand prix
de Rome en 1841, chevalier de la Légion-d'Honneur
en 1853; élève de M. Darbois, à l'Ecole de Dijon, de
Ramey fils et de M. Dumont.

563. *Sapho*.

Haut. 2 m.

Statue en marbre, exécutée à Rome en 1847.

Envoi du Gouvernement en 1848.

DUBOIS (Jean), né à Dijon en 1626, mort dans la
même ville en 1694.

Nous empruntons à l'auteur des *Essais historiques et biographiques sur Dijon*, la notice suivante sur l'un des artistes les plus
distingués qu'ait produits la Bourgogne :

« Jean Dubois, né à Dijon en 1626, grand sculpteur, et non
« moins habile architecte, avait décoré de ses ouvrages la plu-
« part des églises de sa ville natale. On allait voir à Saint-
« Etienne les statues de saint Etienne et de saint Médard; à la
« Sainte-Chapelle, celles de saint André et de saint Ives; aux
« Jacobins, celles de saint Thomas et de la sainte Vierge; à
« Saint-Jean, le groupe de la Résurrection, etc., etc. »

L'on admire encore le groupe de l'Assomption, qui forme le
retable du maître-autel de l'église Notre-Dame, et le superbe retable de celle de l'hospice Sainte-Anne. « Mais c'était surtout
« au chœur de l'église de l'abbaye de la Ferté-sur-Grosne qu'il
« fallait aller pour connaître l'élégance de son ciseau et les ri-
« chesses de son génie...

« M. de Harlay, intendant de Bourgogne en 1688, proposa à
« Dubois un voyage à Paris, pour y travailler au buste du chan-
« celier Boucherat, son beau-père. Dubois l'exécuta, et son ou-
« vrage fit l'admiration de la capitale. Le chancelier voulut
« retenir cet artiste à Paris, mais Dubois s'en défendit honnête-
« ment, et termina sa réponse au ministre par cette phrase, qui
« peint la candeur de ses sentiments : *Je demande à Votre Excel-
« lence la permission de jouir du repos que l'on goûte ordinaire-
« ment dans sa patrie au milieu de sa famille.* Il y mourut,
« ainsi qu'il l'avait désiré, le 29 novembre 1694, et fut enterré à
« Saint-Philibert. Celui qui avait érigé tant de monuments fu-
« néraires n'eut pas même une épitaphe. Sa fille fut mère du
« célèbre Piron. »

564. *L'Assomption de la Vierge.*

Haut. 1 m. 22 c. — Larg. 95 c.

Modèle du retable du maître-autel de l'église Notre-Dame de Dijon.

565. *Modèles de dix Cariatides représentant des Vertus et des Perfections.*

Haut. 30 c.

566. *L'Annonciation.*

Haut. 43 c. — Larg. 30 c.

Bas-relief de décoration du chœur de l'église Notre-Dame.

567. *La Visitation.*

Haut. 43 c. — Larg. 30 c.

Bas-relief de décoration du chœur de l'église Notre-Dame.

568. *Moïse.*

Haut. 54 c.

D'après la statue exécutée à Rome par Michel-Ange.

N. B. — Tous ces modèles et plusieurs autres non mentionnés dans la liste ci-dessus, qui avaient été conservés par les héritiers de Jean Dubois, ont été acquis pour le Musée en 1828.

569. *La Fuite en Egypte.*

Haut. 70 c. — Larg. 76 c.

Bas-relief en plâtre doré.

FOYATIER (Denis), né à Bussière (Loire), chevalier de la Légion-d'Honneur ; élève de Marin et de Lemot.

570. *Diomède enlevant le Palladium.*

Haut. 2 m. 27 c. — Larg. 1 m. 54 c.

Bas-relief en plâtre.

Acquisition faite par la Ville en 1828.

571. *T. le Compasseur, marquis de Courtivron, né en Bourgogne en 1753, mort en 1832.*

Buste en plâtre moulé sur le marbré.

M. de Courtivron, nommé, à la fin de 1822, maire de la ville de Dijon, en exerça honorablement les fonctions jusqu'au commencement de 1830. Pendant l'administration de ce zélé protecteur des arts, la beauté de notre Musée s'est sensiblement accrue. La salle dite anciennement *Salle des Gardes* a été restaurée et disposée pour recevoir les magnifiques tombeaux des ducs de Bourgogne ; d'anciennes armures ont été achetées pour sa décoration. Les statues en marbre de l'*Apollon du Belvédère* et de la *Junon du Capitole*, placées anciennement dans la galerie du palais des Etats, ont été substituées aux plâtres moulés sur l'antique qui ornaient la salle des sculptures du Musée ; cette salle elle-même a été complétement décorée ; les statues, disposées plus favorablement, ont été mises sur de nouveaux piédestaux. La collection a été enrichie d'un grand nombre d'objets d'art qui étaient restés longtemps en dépôt au cabinet d'histoire naturelle de la ville ; ces mêmes objets, dits de curiosité, et d'autres du même genre que l'établissement possédait anciennement, ont été restaurés. Enfin, par suite de l'impulsion donnée au progrès et par un sentiment naturel de l'amour des arts, l'administration municipale reconnaît l'utilité des travaux projetés du temps de M. de Courtivron pour l'embellissement du Musée, et les fait exécuter.

572. *Fevret de Saint-Mémin, ancien conservateur du Musée de Dijon.*

Buste en plâtre.

Donné à la Ville par M. de Juigné en 1853.

M. de Saint-Mémin, chevalier de la Légion-d'Honneur, membre de l'Académie des sciences et belles-lettres de Dijon, né en cette ville en 1770, a rempli les fonctions de conservateur de 1817 à 1852, année de sa mort.

Homme de science et d'érudition, versé dans la connaissance des beaux-arts, M. de Saint-Mémin a toujours apporté le plus grand goût dans le classement des objets d'art confiés à ses soins; il a dirigé avec une intelligence rare la minutieuse et longue restauration des retables des Ducs; il a enrichi la Notice de documents pleins d'intérêt sur les artistes, les antiquités, et particulièrement sur les monuments historiques. On lui doit enfin plusieurs dons précieux, notamment la *Bacchanale* de B. Gagneraux, et le portrait du sculpteur Bornier par Prud'hon.

GARRAUD (GABRIEL-JOSEPH), né à Dijon ; élève de Nicolas Bornier à l'Ecole de Dijon.

573. *Orphée.*

Statue en pierre.

574. *Quatre bas—reliefs en argile crue d'après l'antique*, sous le même numéro.

Haut. 68 c. 14 mil. — Larg. 84 c.

Ces ouvrages, exécutés en 1825, ornent les quatre faces du piédestal du *Gladiateur combattant.*

GIRARD (NOEL-JULES), né à Paris, élève de David d'Angers et de Petitot.

575. *Le Vendangeur.*

Haut. 1 m. 75 c. — (Bronze.)

Donné par l'Empereur à la Ville de Dijon.

GIRARDON (FRANÇOIS), né à Troyes en Champagne le 16 mars 1628, mort à Paris en 1715.

576. *Louis XIV.*

Buste en marbre.

577. *Combat de cavalerie.*

Haut. 90 c. — Larg. 1 m. 55 c.

Bas-relief en plâtre, moulé sur le tombeau élevé par le cardinal de Bouillon à sa famille dans l'abbaye de Cluny.

Acquisition de la Ville en 1853.

HOUDON (JEAN-ANTOINE), né à Versailles en 1741, mort à Paris en 1828, membre de l'Institut.

578. *Buffon.*

Buste en plâtre.

JOUFFROY (FRANÇOIS), né à Dijon, pensionné par le département de la Côte-d'Or en 1825, grand prix de Rome, chevalier de la Légion-d'Honneur, membre de l'Institut ; élève de Nicolas Bornier à l'Ecole de Dijon et de Ramey fils.

579. *La Désillusion.*

Statue en marbre.

Donnée à la ville de Dijon par M. le Ministre de l'intérieur, à la sollicitation de M. Saunac, député, en 1841.

580. *Erigone.*

Statue en marbre.

A demi couchée et adossée à un cep de vigne, elle presse un raisin au-dessus de sa tête.

Envoi du Gouvernement en 1850.

581. *La Rêverie.*

Statue en marbre, exécutée en 1848.

Donnée à la Ville, en 1858, par M. Hernoux, ancien maire de Dijon.

582. *Gaspard Monge.*

Buste en marbre.

Accordé à la ville de Dijon par M. le Ministre de l'intérieur, en 1839, sur la demande de MM. Saunac et Muteau, députés.

583. *Bonaparte, premier consul.*

Buste en marbre.

Donné au Musée de Dijon par la Société napoléonienne en 1842.

584. *Mort d'Orion.*

Statue de demi-proportion, en plâtre.

Orion ayant osé porter une main impure sur le voile de Diane, la déesse de la Chasteté, irritée de sa témérité, fit sortir de la terre un scorpion dont il reçut la mort.

Cet ouvrage a mérité le second grand prix décerné par l'Académie de sculpture de Paris en 1826, époque à laquelle son auteur en fit hommage à notre ville.

585. *Prométhée.*

Figure d'étude. Plâtre, tiers de proportion.

Donné à la ville de Dijon par l'auteur.

586. *Figure académique d'Homme.*

Plâtre, petite proportion.

587. *Couronnement du bénitier de l'église de Saint-Germain-l'Auxerrois de Paris.*

Plâtre monté sur le marbre.

Don de l'auteur à la ville de Dijon en 1848.

588. *Le premier Secret confié à Vénus.*

Réduction en plâtre de la statue en plâtre qui est au Musée du Luxembourg.

Don de l'auteur.

589. *Philomèle et Progné.*

Haut. 1 m. 19 c. — Larg. 1 m. 54 c.

Bas-relif en plâtre.

Progné, épouse de Térée, roi de Thrace, voulant venger
la sœur Philomène des traitements atroces que ce monstre
qui avait fait souffrir après l'avoir déshonorée, tue son
propre fils Itis, fait servir dans un repas les membres de
cette innocente victime, et présente sa tête à son père au
milieu du festin.

Donné par M. de Saint-Mémin, ancien conservateur du Musée.

590. *Saint Benoit.*

Haut. 54 c.

Statuette en argile crue, imitation du style du moyen
âge.

591. *Saint Bruno.*

Haut. 54 c.

Statuette du même genre que la précédente.

LARMIÉ (Pierre-Philibert), né à Dijon en 1752,
mort en 1807.

Elève de Coustou, il avait remporté à Paris et partagé avec
Charles Renaud (voy. p. 134) le prix d'expression. Il fut nommé
conservateur du Musée de Dijon le 21 mars 1804, et professeur
de sculpture à notre Ecole le 27 mars 1806. Il remplit honorablement les fonctions de cette dernière place jusqu'au 7 août 1807,
jour de son décès.

592. *Lejolivet (Charles-Joseph), architecte di-*
jonnais.

Buste en terre cuite.

593. *Pierre-Bernard Ranfer de Bretenière, né à*
Dijon le 20 décembre 1738.

Buste en plâtre.

Maire de cette ville en 1802, il remplit cette place avec distinc-

tion jusqu'à l'année 1806, qu'il mourut victime de son zèle
envers les prisonniers de guerre, parmi lesquels une épidémie
s'était manifestée.

594. *Radet* (N.).

Buste en plâtre.

595. *Louis XVI*.

Haut. 96 c. — Larg. 49 c.

Médaillon en marbre.

Forme ovale.

LA RUE.

596. *Enfants jouant*.

Haut. 22 c. — Larg. 16 c.

Bas-relief en marbre.

Forme cintrée.

LEMOYNE (JEAN-BAPTISTE), né à Paris en 1704,
mort dans la même ville en 1778 ; élève de son père,
Jean-Louis Lemoyne.

597. *Mausolée de Crébillon (Prosper Jolyot de),*
né à Dijon en 1674, mort en 1762.

Melpomène, déplorant la mort de Crébillon, s'abandonne
à la douleur en s'appuyant contre le buste de notre poète
tragique. Louis XV avait fait les frais de ce monument, qui
devait être placé dans l'église de Saint-Gervais de Paris ;
mais, avant qu'il fût complétement achevé, on trouva
que le sujet étant traité dans un style profane, il était inad-
missible dans un temple chrétien ; il fut en conséquence
mis d'abord en dépôt, et ensuite placé au Musée des Monu-

ments français, d'où le gouvernement l'a envoyé à Dijon en 182 , après la suppression de cet établissement.

C'est à la nécessité de pourvoir au placement du mausolée de Crébillon qu'est due l'addition faite en 1820, au local du Musée de la *Salle des Gardes*, aujourd'hui des *Ducs de Bourgogne*.

LESCORNÉ (Joseph), né à Langres (Haute-Marne), élève de M. Petitot.

598. *Ariane*.

Statue en marbre.

Ariane est à demi conchée, appuyée sur un bras ; la tête est penchée sur l'épaule.

Envoi du Gouvernement en 1852.

MARLET (Henri), ancien conservateur du Musée de Dijon, nommé en 1806, mort dans les fonctions de cet emploi en 1811.

599. *Jean de Berbisey, premier président du Parlement de Dijon, né en 1663, mort en 1756*.

Buste en plâtre.

MERCEY (Bernard Lhomme de), élève de l'Ecole de Dijon, de David d'Angers et de Rude.

600. *Le Démon du jour*.

Haut. 1 m. 80 c.

Statue en plâtre.

Don de l'auteur en 1850.

MOREAU père (JEAN-BAPTISTE-LOUIS-JOSEPH), né à Dijon en 1797, mort en la même ville en 1855; élève de l'Ecole de Dijon.

601. *La Mort d'Épaminondas.*

Haut. 46 c. — Larg. 87 c.

Bas-relief en marbre appliqué sur le piédestal de la statue dite le *Jongleur*, par M. Darbois.

Donné au Musée par l'auteur.

602. *Mars et Vénus.*

Groupe en terre cuite.

Acquis par la Ville en 1849.

MOREAU fils aîné (MATHURIN), né à Dijon; élève de son père et de Ramey fils (François-Isidore).

603. *L'Elégie.*

Long. 2 m.

Statue en plâtre. Couchée.

Acquisition de la Ville en 1849.

604. *Un Exilé et son fils abandonnés sur une plage déserte.*

Haut. 52 c.

Groupe en plâtre.

605. *Diomède enlevant le Palladium.*

Haut. 1 m. 5 c.

Figure de ronde-bosse et en plâtre, qui valut à l'auteur le second grand prix de Rome en 1842.

606. *La Fée des Fleurs.*

Groupe de bronze.

Haut. 1 m. 40 c.

Donné par l'Empereur.

PETITOT (Pierre), né à Langres ; élève de François Devosge à l'Ecole de Dijon, pensionné à Rome par les Etats de Bourgogne.

607. *Héros* dit *le Gladiateur combattant.*

Copie en marbre, exécutée à Rome en 1786.

L'auteur de la statue originale est Agacias d'Ephèse : il a gravé son nom sur le tronc qui sert de support à la figure. Ce chef-d'œuvre de l'antiquité fut trouvé, au commencement du XVIIe siècle, à Antina (Capo d'Anzo), où était un palais des empereurs romains. L'*Apollon du Belvédère* avait été découvert plus d'un siècle auparavant dans les mêmes ruines.

608. *Mort de Pindare.*

Haut. 70 c. — Larg. 81 c.

Plâtre, couleur de terre cuite.

Le prince des lyriques grecs, assistant aux exercices du Gymnase dans un âge avancé, s'endort paisiblement du dernier sommeil, dans les bras du jeune Théoxène, son disciple.

Ce groupe a été exécuté en 1814. L'auteur en avait fait hommage à l'Académie des sciences de Dijon, dont il fut membre, et ce corps l'avait conservé dans la salle de ses séances particulières jusqu'à l'année 1824. Depuis ce temps, ce morceau de sculpture, remarquable par la conception et la finesse de l'exécution, a été exposé au Musée. L'Académie, en cédant aux instances qui lui ont été faites au sujet du dépôt auquel elle a consenti, a voulu, autant pour la réputation de l'auteur de ce bel ouvrage que pour la satisfaction du public, qu'il fût placé dans un lieu d'un accès facile et général.

609. *Marie-Antoinette, épouse de Louis XVI.*

Haut. 30 c.

Esquisse de la statue placée dans l'église Saint-Denis.

Ouvrage en terre cuite.

610. *Louis XVI.*

Haut. 32 c.

Esquisse en terre cuite.

RAMEY père (CLAUDE), né à Dijon en 1754, mort à Paris en 1839; membre de l'Institut et de la Légion-d'Honneur; élève de François Devosge à l'Ecole de Dijon et de Gois père.

611. *La Conviction du Crime.*

Haut. 16 c. — Larg. 32 c.

Bas-relief en terre cuite.

Donné par l'auteur.

RAMEY fils (ETIENNE-JULES), né à Paris le 24 mai 1796, mort le 29 octobre 1852; élève de son père, Claude Ramey; premier grand prix de Rome en 1815, membre de l'Institut en 1828, chevalier de la Légion-d'Honneur.

612. *Vénus Anadyomène* (1) dite *la Vénus Fal-
conieri.*

Copie en marbre d'après l'antique, exécutée à Rome en 1820.

Envoi du Gouvernement en 1825.

---

(1) Sortant des eaux.

613. *Hector soulevant un énorme rocher qu'il va lancer dans les retranchements des Grecs.*

Haut. 2 m. 27 c. — Larg. 1 m. 54 c.

Plâtre.

Ce bas-relief exécuté à Rome en 1816.

Donné au Musée de Dijon par l'auteur en 1825.

614. *Claude Ramey, père de l'auteur.*

Buste en marbre.

Donné au Musée par Madame Olivier, fille d'Etienne-Jules Ramey, en 1858.

RENAUD (Charles), né à Beire-le-Châtel, arrondissement de Dijon, vers 1756; élève de l'Ecole de Dijon, pensionné à Rome par les Etats de la province de Bourgogne en 1777.

Il fut le premier des élèves que François Devosge avait formés dans l'art de la sculpture, qui mérita le grand prix fondé en 1775 par les Etats de la province de Bourgogne. Pensionné à Rome en même temps que son émule, notre célèbre peintre B. Gagneraux, ses talents se perfectionnèrent bientôt dans la capitale des beaux-arts, et en 1779 il termina sa superbe copie de l'Apollon, l'une des plus belles imitations du chef-d'œuvre de la statuaire antique.

De retour en France, il continuait d'exercer son art avec de grands succès lorsque survint la révolution qui changea tant de destinées. Dès lors, Renaud fut contraint de restreindre l'élan de son génie et de n'exercer ses talents, pour ainsi dire, que dans le genre du buste. Son pays natal lui offrant peu de ressources, il n'y résida que momentanément, et pendant un des instants qu'il passa à Dijon il fit le buste de Claude Hoin, ancien conservateur du Musée; c'est un des plus beaux ouvrages de ce genre que possède cet établissement.

A une date qui nous est inconnue, il fit à Marseille deux figures et une cariatide de petites proportions, dont le Musée de Dijon possède les plâtres, que l'on trouvera au nombre des objets cités plus bas. Dans ces ouvrages, Charles Renaud montre comme savant anatomiste un talent qui fait honneur à l'Ecole dans laquelle il a puisé les premiers principes de son art.

615. *Apollon Pythien* dit *l'Apollon du Belvé-
     dère.*

Copie en marbre.

La statue originale, la plus sublime de celles que le temps
nous a conservées, a été trouvée, vers la fin du 15e siècle, à
Capo d'Anzo, à douze lieues de Rome, dans les ruines de
l'antique *Antium*, cité célèbre et par son temple de
la Fortune, et par les maisons de plaisance que les
empereurs y avaient élevées à l'envi, et embellies des
plus rares chefs-d'œuvre de l'art. *Jules II*, n'étant encore
que cardinal, fit l'acquisition de cette statue et la fit placer d'abord dans le palais qu'il habitait près de l'église
Santi-Apostoli, mais bientôt après, étant parvenu au pontificat, il la fit transporter au *Belvédère* du Vatican ....

On ignore entièrement le nom de l'auteur de cet inimi-
table chef-d'œuvre et le temps auquel il florissait.

L'avant-bras droit et la main gauche, qui manquaient,
ont été restaurés par *Giovanni Angelo da Montorsoli*,
sculpteur, élève de *Michel-Ange.*

616. *Prométhée.*

Haut. 87 c.

Plâtre.

Figure d'étude, exécutée à Marseille.

617. *Milon de Crotone.*

Haut. 87 c.

Plâtre.

Figure d'étude.

618. *Cariatide.*

Haut. 26 c.

Plâtre.

619. *Claude Hoin, ancien conservateur du Musée, né à Dijon en 1750, mort en 1817.*

Buste en plâtre.

Voir ce nom à la peinture (Ecole française).

ROBERT (Louis-Valentin-Elias), né à Estampes (Seine-et-Oise); élève de Pradier et de David d'Angers.

620. *Chaussier (François), médecin, né à Dijon en 1746, mort en 1828.*

Buste en marbre.

Donné au Musée en 1858 par M. Chaussier fils, après l'Exposition de Dijon, où il a figuré.

RUDE (François), né à Dijon le 4 janvier 1784, mort à Paris le 3 novembre 1855 ; élève de François Devosge à l'Ecole de Dijon et de Cartelier.

Rude, fils d'un forgeron-poêlier, travailla les premières années de sa jeunesse avec son père. Ce ne fut qu'à l'âge de 16 ans qu'il commença ses études artistiques. Le hasard lui révéla sa vocation. Une blessure au pied causée par la chute d'un fer rouge l'avait condamné pour plusieurs jours au repos; il était convalescent lorsqu'eut lieu la distribution des prix de l'Ecole des Beaux-Arts, dirigée par François Devosge; Rude s'y rendit dans un but de promenade : ce spectacle fit sur lui une profonde et décisive impression. En rentrant chez son père, il le supplia de lui laisser suivre les cours de dessin; celui-ci le lui permit à la condition qu'il ne se ferait pas artiste, mais qu'il utiliserait ses études dans sa profession. Ce ne fut qu'après de longues instances que Devosge, qui pressentait l'avenir de son élève, obtint du père qu'il le laissât se livrer entièrement à sa passion pour les arts.

En 1804, sur la recommandation de Devosge, M. Fremiet le chargea de faire le buste de son beau-père, M. Monnier, graveur distingué et premier conservateur du Musée de Dijon, qui venait de mourir; M. Fremiet s'attacha au jeune artiste et devint son protecteur. Ce fut lui qui, lors de la conscription en 1805, lui acheta un remplaçant.

Rude partit pour Paris en 1807 avec 400 fr. et une lettre de Devosge pour Denon. Il alla le voir et lui présenta une petite figure en plâtre qu'il avait exécutée à Dijon, représentant Thésée ramassant un palet. Denon crut d'abord que c'était la copie d'un antique ; détrompé par Rude, il lui offrit ses services et s'employa immédiatement pour lui. Avec ce patronage, Rude entra dans les ateliers du sculpteur Gaules, alors chargé des travaux de la colonne Vendôme, et travailla aux bas-reliefs du piédestal. Il entra en même temps comme élève chez Cartelier. Six mois après son arrivée, il était reçu le premier en loges au grand concours ; il obtint le second prix. En 1812 il remporta le premier grand prix. Mais il ne devait pas profiter de cet avantage. Les événements de 1814 ayant forcé M. Fremiet à s'expatrier, sa femme et ses filles, encore enfants, devaient aller le rejoindre à Bruxelles ; Rude les accompagna, et, sacrifiant avec bonheur son intérêt à son devoir, il resta en Belgique. Là, de 1816 à 1827, il fit de nombreux et importants travaux au palais du roi Guillaume Ier, au palais des Etats généraux et au château de Tervueren. A Bruxelles il connut David, l'illustre exilé, qui s'était lié avec la famille Fremiet. En 1821 M. Fremiet, ne pouvant reconnaître plus dignement le dévoûment de Rude, lui accorda la main de sa fille aînée, Sophie. En 1827, Roman, sculpteur, vint voir Rude ; il croyait trouver son ami bien posé, riche même : il se trompait, ses travaux ne lui avaient procuré que strictement l'existence. Quatre mois après, Roman emmena Rude à Paris. Il avait alors 43 ans ; il arrivait dans cette ville aussi inconnu que la première fois, mais avec toute l'ardeur des jours de sa jeunesse. Par l'entremise de Cartelier il obtint la commande d'une Vierge pour l'église de Saint-Gervais. En 1828, il termina la figure du Mercure rattachant ses talonnières, dont il avait commencé l'esquisse à Bruxelles. Cette statue, en bronze, est au Louvre. En 1830, il exécuta la portion de la frise de l'arc de triomphe de l'Etoile qui représente l'armée française revenant d'Egypte. Il exposa au Salon de 1833 le *Jeune Pêcheur napolitain jouant avec une tortue*. Le succès fut immense, et valut à Rude la décoration et des travaux du Gouvernement. En 1835, parut le bas-relief de droite du palais législatif, *Prométhée animant les Arts* ; en 1836, le *Départ*, ce magnifique trophée qui décore un des pieds-droits de l'arc de l'Etoile.

Nous allons citer succinctement les ouvrages que Rude a exécutés à partir de cette époque. En 1837, *Mercure*, bronze, demi-nature ; appartient à M. Thiers ; — 1838, le *Maréchal de Saxe*, marbre, galeries de Versailles; — 1839, *la Douceur*, jeune fille caressant un oiseau, marbre, demi-nature, sur le tombeau de Cartelier au Père-Lachaise; — 1840, *Caton d'Utique*, marbre, au jardin des Tuileries; — 1841, *Baptême du Christ*, marbre, à l'église de la Madeleine; — 1842, *Louis XIII*, argent, à M. le duc de Luynes; — 1847, *Godefroy Cavaignac*, bronze, cimetière Montmartre. Même année, *Napoléon*, bronze, à Fixin-lez-Dijon; appartient à M. Noisot. Salon de 1848, *Gaspard Monge*, bronze, à Beaune. Salon de 1852, *Jeanne d'Arc*, marbre, jardin du Luxembourg. Salon de la même année, *Calvaire*, bronze, maître-autel de l'église de Saint-Vincent-de-Paul; — 1853, le *Maréchal Bertrand*, bronze à Châteauroux; — 1855, *Nicolas Poussin et Houdon*, pierre, galerie externe du Louvre. Salon de 1857, exposition posthume, *Hébé*, l'*Amour dominateur*.

C'est à regret que nous omettons les beaux bustes dus au ciseau de Rude et que nous ne donnons que de courts détails sur cette existence si laborieusement et si dignement remplie. Nous renvoyons à l'intéressante et consciencieuse biographie qui a été publiée sur notre illustre compatriote (Paris, Dentu, 1856), et où l'on a puisé les éléments de cette notice.

Rude fuyait les coteries et détestait l'intrigue; dans tous ses ouvrages, il n'avait en vue que la perfection, et les abandonnait difficilement. Aussi ne laissa-t-il, à sa mort, que peu de fortune.

Il ne vit l'Italie que dans un court voyage qu'il fit en 1842, alors qu'il était âgé de 58 ans.

Lors de l'Exposition universelle de 1855, Rude fut appelé par le Gouvernement à faire partie du jury. A la suite de cette Exposition, où figuraient le Pêcheur napolitain, le Mercure et le buste de Mme Cabet, nièce de Rude, la première des quatre grandes médailles d'honneur lui fut donnée à l'unanimité des suffrages (1) par ses collègues de toutes les nations.

Rude ne survécut pas longtemps à ce beau triomphe. Il fut frappé de mort subite le 3 novembre 1855.

624. *Hébé jouant avec l'Aigle de Jupiter.*

La déesse de la jeunesse, de sa main droite élevée, éloigne autant qu'elle le peut la coupe d'ambroisie dont veut s'emparer l'aigle, qu'elle repousse en souriant et qui d'une seule de ses puissantes ailes déployée l'enveloppe presque tout entière.

Groupe en marbre, de grandeur naturelle, demandé

____

(1) 47 voix sur 50.

par la ville en 1847 et reçu au Musée en 1857, après avoir
figuré au Salon de la même année.

622. *François Devosge.*

Buste en marbre.

Donné par Anatole Devosge vers 1830.

623. *Jeune Napolitain jouant avec une Tortue.*

Bronze moulé sur la statue en marbre qui est au Musée
du Louvre.

Acheté par la Ville en 1858.

624. *Mercure.*

Bronze, grandeur demi-nature. L'original, également en
bronze, appartient à M. Thiers.

Acheté par la Ville en 1858. Voir à la collection Devosge.

625. *Le Départ.*

Modèle du trophée de l'arc de triomphe de l'Etoile, à
Paris.

Plâtre. Haut. 2 m. 15 c. — Larg. 1 m. 30 c.

Offert au Musée de Dijon par M. Rondelet.

RUTCHIEL (Henri - Joseph), né à Lierneux
(Belgique) en 1780, mort en 1837 ; élève de Houdon.

626. *Faune vidant une outre*, dit *le Petit Faune*
du Capitole.

Copie en marbre, faite à Rome.

Envoi du Gouvernement en 1820.

627. *Charles-Antoine, duc d'Angoulême.*

Buste en plâtre.

THOMAS (Eugène-Emile), né à Paris ; élève de
Pradier.

628. *Napoléon III, alors président de la République.*

Buste en plâtre.

Donné au Musée par la Société napoléonienne en 1851.

TOURNOIS (Joseph), né à Chazeuil (Côte-d'Or) ; élève de M. Darbois, à l'Ecole de Dijon, et de M. Jouffroy ; premier grand prix de Rome en 1857.

629. *Adieux d'Hector et d'Andromaque.*

Haut. 1 m. 10 c. — Larg. 1 m.

Bas-relief en plâtre.

Donné par l'auteur en 1856.

TRAVAUX (Pierre), né à Tévauche-les-Corsaint (Côte-d'Or) en 1824 ; élève de M. Darbois, à l'Ecole de Dijon, et de M. Jouffroy ; mort à Paris en mars 1869.

Cet artiste a débuté au salon en 1853. On cite parmi ses œuvres : *Thétis et Achille*, groupe ; *L'Éducation*, groupe, 1857 ; *Turgot*, au nouveau Louvre ; *L'Hiver*, statue en plâtre, 1863 ; *Bacchus enfant*, 1855 ; *Rêverie*, statue en marbre, salon de 1869.

630. *David vainqueur de Goliath.*

Plâtre.

Grandeur, demi-nature.

Donné par l'auteur vers 1852.

631. *Turgot.*

Haut. 37 c.

Réduction en plâtre de la statue qui est dans la cour du Louvre.

Donné par M. Darbois, adjoint au conservateur, en 1858.

YON (Edme-Charles), né à Dijon en 1803, mort à Paris en 1851 ; élève de Bornier, à l'Ecole de Dijon.

632. *Carnot.*

Buste en bronze.

Donné à la ville de Dijon par sa famille en 1848.

Ce buste est placé dans la salle du conseil de l'Hôtel de ville.

INCONNUS

633. *Andromède attachée au rocher.*

Haut. 81 c.

Statuette de marbre.

Ouvrage moderne.

634. *J.–Philippe Rameau, né à Dijon en 1683, mort en 1764.*

635. *Crébillon (Prosper Jolyot de), né à Dijon en 1674, mort en 1762.*

Buste en plâtre.

636. *Enaux (Joseph), docteur en chirurgie, membre de l'Académie de Dijon.*

Buste en terre cuite.

Donné par M. Lépine, docteur-médecin.

637. *Fyot de Barain.*

Buste en marbre. Ce buste, qui décorait le mausolée de Fyot de Barain, conseiller au Parlement de Dijon au temps de la Ligue, était placé dans l'ancienne église des Cordeliers de cette ville.

Donné au Musée par M. Fyot de Mimeure en 1820.

638. *Cellérier (Jacques), membre du conseil des bâtiments civils, etc., né à Dijon en 1742, mort à Paris en 1814.*

Buste en terre cuite.

C'est d'après les plans que J. Cellérier donna, vers 1810, de la façade de la salle de spectacle de Dijon, que ce superbe morceau d'architecture a été exécuté.

Le buste de cet architecte, dont le haut mérite fait honneur à notre ville, a été donné au Musée par ses héritiers, en 1832, sur la demande de M. Darbois, professeur de sculpture à l'Ecole de Dijon.

639. *Le Christ.*

Haut. 22 c. — Larg. 11 c.

Bas-relief en marbre.

640. *La Vierge.*

Haut. 22 c. — Larg. 11 c.

Bas relief en marbre.

641. *Louis XIV.*

Haut. 57 c. — Larg. 49 c.

Médaillon en marbre. Forme ovale.

642. *Marie-Thérèse d'Autriche, femme de Louis XIV.*

Haut. 57 c. — Larg. 49 c.

Médaillon en marbre. Forme ovale.

643. *Louis XV.*

Haut. 49 c. — Larg. 32 c.

Médaillon en marbre. Forme ovale.

644. *Néron.*

Haut. 49 c. — Larg. 38 c.

Médaillon en marbre. Forme ovale.

645. *Empereur romain.*

Haut. 81 c. — Larg. 38 c.

Médaillon en marbre. Forme ovale.

646. *Quatre Têtes d'Empereurs romains avec leurs noms en légende.*

Diam. 32 c.

Médaillon en marbre de forme ronde, provenant de la décoration d'une des salles de l'ancien Jardin botanique.

647. *Neuf Vases en albâtre.*

Haut. de 27 c. à 38 c.

Ouvrages modernes sous le même numéro.

648. *Monument à la mémoire de François Devosge, fondateur de l'Ecole gratuite des Beaux-Arts, et formateur du Musée de Dijon.*

Le buste de François Devosge est placé sur un cénotaphe qui porte l'inscription suivante :

A LA MÉMOIRE

DE FRANÇOIS DEVOSGE

FONDATEUR ET PROFESSEUR

DE L'ÉCOLE DE DESSIN,

PEINTURE ET SCULPTURE

DE DIJON.

LA CRÉATION DE CET ÉTABLISSEMENT,

LA FORMATION DU MUSÉE,

DUES A SON ZÈLE,

CONSERVERONT A JAMAIS SON SOUVENIR

DANS LE CŒUR

DE TOUS LES AMIS DES ARTS.

François Devosge, encouragé dans son entreprise par B. Legouz de Gerland, fonda l'Ecole gratuite de dessin, peinture et sculpture de Dijon en 1765, deux ans avant qu'à la requête de cet artiste habile et zélé, l'établissement qu'il avait institué fût pris sous la protection des Etats de la province de Bourgogne, par délibération des Elus du 30 décembre 1767.

Dijon doit également aux soins de François Devosge la formation de son Musée, ouvert pour la première fois le 20 août 1799. (*Voyez la Notice biographique au nom de François Devosge, I*re partie, *Peinture, Ecole française.*)

Le buste du monument est l'ouvrage de Rude.

649. *Statue antique d'Hercule.*

Provenant de la collection Campana.

Donnée par l'Empereur.

Marbre. Haut. 1 m. 40 c.

650. *Statue antique.*

Ce magnifique fragment de sculpture grecque, découvert à Toulon en 1860, a été offert à Dijon, sa ville natale, par M. Marchand.

Marbre. Haut. 2 m. 10 c.

651. *Buste de Levii.*

Collection Campana.

Donné par l'Empereur.

Marbre. Haut. 75 c.

652. *Buste d'Auguste.*

Collection Campana.

Donné par l'Empereur.

Marbre. Haut. 75 c.

653. *Buste de M. le marquis de Malteste, conseiller au Parlement de Dijon.*

Donné par son fils.

Sculpture italienne.

Marbre. Haut. 65 c.

654. *Buste de Victor de Lanneau de Marcy, fondateur de l'institution de Sainte-Barbe; mort à Paris en 1830.*

Donné par son fils.

Plâtre. Haut. 60 c.

PLATRES MOULÉS SUR L'ANTIQUE

Ces plâtres ont été achetés par les Elus de la province de Bourgogne en 1780, après la mort du célèbre Raphaël Mengs, à qui ils avaient appartenu.

655. *Laocoon.*

Pline nous apprend que ce groupe, trouvé en 1506 à Rome dans les ruines du palais de Titus, est l'ouvrage de trois artistes grecs, *Agésandre*, *Polydore* et *Athénodore*, qui florissaient au Ier siècle de l'ère vulgaire.

Le bras droit de Laocoon et deux bras des enfants manquent au groupe original. Ils ont été, tels qu'on les voit, restaurés par Girardon sur le plâtre qui était dans la salle de l'Ecole de peinture de Paris.

656. *Antinoüs Egyptien.*

Ce plâtre est placé à l'Ecole des Beaux-Arts.

657. *Antinoüs dit l'Antinoüs du Capitole.*

La figure originale, en marbre de *Luni*, est exposée au Musée du Capitole, où elle a passé après avoir fait partie de la collection du cardinal *Alexandre Albani*. L'avant-bras et la jambe gauche sont modernes.

658. *Adonis.*

La statue originale, en marbre grec à petits grains, a été trouvée vers la fin du XVIIIe siècle, dans un lieu nommé *Centocelle*, à trois lieues de Rome.

659. *Flore.*

Ce tableau est placé dans le vestibule du Palais des Etats, dit sale de Flore.

660. *Amazone.*

Cette belle figure, en marbre de Paros (*sur laquelle est moulé notre plâtre*), se voyait depuis deux siècles à la *Villa-Mattei*, sur le mont *Cœlius* à Rome, lorsque *Clément XIV* la fit placer au Vatican.

661. *Faune en repos.*

Il existe un grand nombre de copies antiques de cette statue qu'on croit exécutée d'après le fameux *Faune* en bronze de *Praxitèle*. Celle sur laquelle a été moulé ce plâtre diffère des autres par la couronne de branches de pin.

662. *Volumnie, femme de Coriolan.*

663. *Statue équestre de Marc-Aurèle.*

Haut. 338 mil.

Copie réduite d'après l'antique.

664. *Triumvirat de Lépide, Auguste et Marc-Antoine.*

Haut. 446 mil. — Larg. 717 mil.

Ce bas-relief et les deux suivants ont été trouvés dans la démolition de quelques édifices de l'ancien Dijon. Ils sont depuis le temps de leur découverte placés dans la partie supérieure du mur de façade d'une maison située à l'extrémité du faubourg qui aboutit à la route de Lyon.

Voy. la description qu'en donne B. Legoux de Gerland, p. 146 et suiv. de sa *Dissertation sur l'origine de Dijon*.

665. *Deux Danseuses.*

Haut. 76 c. — Larg. 51 c.

Voy. le numéro précédent.

666. Même sujet.

Haut. 76 c. — Larg. 51 c.

Voy. le numéro 664.

DIVERS

667. *Chien barbet couché.*

Long. 22 c.

Albâtre.

668. *Buste d'un personnage inconnu.*

Haut. 20 c.

Plâtre.

TROISIÈME PARTIE

———

ANTIQUITÉS ET BRONZES

ANTIQUITÉS ÉGYPTIENNES

		MATIÈRE.	HAUTEUR. millim.
669.	*Isis et Horus*	Bronze.	162
670.	*Osiris*	Id.	121
671.	*Osiris*	Id.	108
672.	*Osiris*	Id.	72
673.	*Isis*	Id.	67
674.	*Figurine funéraire.* . .	Émail bleu . . .	94
275.	Idem.	Id.	81
676.	Idem.	Émail vert. . . .	94
677.	Idem.	Id.	85
678.	Idem.	Id.	81
679.	Idem.	Id.	63

		MATIÈRE.	HAUTEUR. millim.
680.	*Figurine funéraire*. .	Terre cuite . . .	121
681.	Idem.	Id.	121
682.	Idem.	Id.	108
683.	Idem	Id.	67
684.	*Tête d'Isis*	Basalte	54
685.	*Masque de Femme*. .	Id.	54

ANTIQUITÉS ROMAINES ET GALLO-ROMAINES.

		MATIÈRE.	HAUTEUR. millim.
686.	*Jupiter*.	Bronze.	31
687.	*Apollon*	Id.	67
688.	*Isis*.	Id.	85
689.	*Diane*.	Id.	54
690.	*Minerve*	Id.	99
691.	*Mercure*	Id.	63
692.	*Amulette de Priape* .	Id.	47
693.	*Hercule*.	Id.	40

	MATIÉRE.	HAUTEUR. millim.
694. *Silène*	Bronze	135
695. *Socrate prêt à boire la ciguë*	Id.	81
696. *Femme tenant une patère*	Id.	61
697. *Danseur*	Id.	67
698. *Lutteur*	Id.	61
699. *Enfant portant des fleurs dans sa tuniq.*	Id.	94
700. *Enfant dansant*	Id.	47
701. *Cheval*	Id.	47
702. *Taureau*	Id.	49
703. *Hercule Gaulois*	Fer	162
704. *Crepitus*	Bronze	54

Ce bronze, représentant le dieu *Pet*, a été trouvé anciennement dans une vigne à l'ouest de Dijon, au-dessous du village de Talant. Les Egyptiens ont connu ce dieu, que les Romains ont révéré sous le nom de *Crepitus*.

705. *Galère.*

Long. 527 mil. — Larg. 162 mil.

Haut. de la prouc et de la poupe, 325 mil.

Haut. de la quille au pont, 162 mil.

Bronze.

Ce monument, unique dans son genre, a été trouvé en 1763 au hameau de Blessey, près les sources de la Seine, et conservé dans le cabinet de M. de Bourbonne. Le président de Ruffey (*Mémoires de l'Académie de Dijon*, tom. I, p. 74) en a donné la description, en émettant l'opinion que c'était un *ex-voto* placé dans un petit temple élevé en l'honneur de la Seine, près de sa source. Les dimensions de ce bronze, décrit dans l'*Encyclopédie méthodique*, y sont inexactement indiquées.

Des fouilles faites il y a environ vingt ans, sous l'inspection de commissaires nommés par la Commission départementale des Antiquités de la Côte-d'Or, ont confirmé pleinement l'opinion du président de Ruffey ; elles ont fait découvrir un grand nombre d'*ex-voto* en pierre, représentant des mains, des pieds, des jambes, des bras, des têtes, des torses, etc.

Ces *ex-voto*, au nombre de cinquante, font aujourd'hui partie du Musée lapidaire du la Commission départementale des Antiquités.

706. *Vénus anadyomène.*

Haut. 26 c.

Bronze.

Cette statuette a été trouvée à Pontailler-sur-Saône en 1807.

Collection léguée par le marquis de La Marche en 1842.

707. *Vénus.*

Haut. 162 mil.

Argile blanchâtre.

Cette figure a été trouvée, en 1736, dans les fondations de la maison de retraite des Jésuites, à Dijon.

BUSTES ET TÊTES ANTIQUES.

	MATIÈRE.	HAUTEUR. millim.
708. *Bacchus*	Bronze.	67
709. *Ariane.*	Id.	162
710. *Bacchus*	Yeux d'argent.	135
711. *Ariane.*	Id.	54
712. *Vitellius*	Bronze.	90
713. *Autre Empereur rom.*	Id.	90
714. Idem.	Id.	54
715. Idem.	Id.	54
716. *Jeune homme*	Id.	40
717. *Téte de Cybèle*	Id.	58
718. *Téte de Satyre*	Id.	135
719. *Téte d'un Empereur romain*	Id.	108
720. *Téte d'homme inconnu*	Id.	162
721. *Téte de Femme incon.*	Id.	108
722. *Buste d'Agrippine.*	Marbre	108

	MATIÈRE.	HAUTEUR. mill
723. *Buste d'homme* . . .	Marbre	189
724. *Buste de femme* . . .	Id.	180
725. *Buste de Théophraste.*	Marbre et albâtre	94
726. *Buste de Thémistocle.*	Id.	94

---

727. *Un Pied colossal.*

Haut. 39 c.

Plomb.

Trouvé dans la Saône, près de Pontailler, en 1807.

Collection léguée par le marquis de La Marche en 1842.

728. *Sculptures gallo-romaines.*

Les fragments de sculpture gallo-romaine, placés dans le vestibule du Musée depuis l'année 1824, appartiennent à l'Académie des sciences de Dijon. *Legouz de Gerland, Baudot, Girault, Millin* et d'autres savants les ont décrits et ont fait voir que la plupart d'entre eux sortaient des fondations des murs de l'ancien *Castrum Divionense*, comprises aujourd'hui dans l'enceinte de notre ville, et desquelles on tire journellement de semblables débris.

729. *Char triomphal monté par trois personnages et attelé de deux chevaux.*

Haut. 57 c. — Long. 63 c. — Larg. 34 c.

Petit monument de sculpture gallo-romaine trouvé dans un champ voisin du château du Rousset, canton d'Arnay-le-Duc, arrondissement de Beaune. Il est en pierre blanche tendre du pays, et a été mutilé par le soc de la charrue.

Donné au Musée par M. le marquis de Villers-la-Faye en 1849.

BAS-RELIEFS EN TERRE CUITE.

Légués au Musée par le marquis de La Marche en 1842.

730. *Une Victoire ailée et à genoux, immolant un taureau. Au-dessus, des palmettes.*

Haut. 35 c. — Larg. 34 c.

Bas-relief en terre cuite. Fragments d'une frise.

Collection de La Marche.

731. *Deux faunes.*

Haut. 22 c. — Larg. 44 c.

L'un barbu, et l'autre jeune; ils sont agenouillés et cueillent des raisins qu'ils mettent dans des paniers.

Bas-reliefs en terre cuite.

Collection de la Marche.

732. *Faunes foulant du raisin.*

Haut. 30 c. — Larg. 33 c.

Deux foulent le raisin en se tenant par les mains, un troisième apporte le fruit dans une corbeille; de celui qui est à gauche, il ne reste que les jambes.

Bas-relief en terre cuite.

Collection de La Marche.

733. *Deux Lions dévorant un taureau.*

Haut. 10 c. — Larg. 25 c.

Bas-relief en terre cuite.

Collection de La Marche.

34. *Un Quadrige guidé par un Aurige barbu.*

Haut. 10 c. — Larg. 16 c.

Le conducteur est vêtu d'une tunique courte et tourné vers la droite.

Bas-relief en terre cuite.

Collection de La Marche.

35. *Un Quadrige guidé par un Aurige barbu.*

Haut. 10 c. — Larg. 15 c.

Le conducteur est vêtu d'une tunique courte et tourné vers la gauche.

Bas-relief en terre cuite.

Collection de La Marche.

VASES GRECS OU ÉTRUSQUES

Collection léguée, avec divers autres objets d'antiquité, par le marquis de La Marche en 1842.

Ces vases avaient été achetés par le donateur à la vente des collections Durand et Canino, dont les catalogues ont été rédigés par M. E. de Witte.

Leur description pour la présente notice avait été préparée par M. de Saint-Mémin, d'après ces catalogues. La confiance qu'a toujours inspirée cet ancien conservateur nous autorise à la donner telle qu'elle nous est parvenue.

36. *Oxybaphon.*

Haut. 38 c.

Peinture rouge.

Bacchus, assis sur un ocladias, tient de la main gauche un thyrse, et de la droite une tasse. Le dieu, la tête et le corps tournés à droite, porte ses regards sur une ménade que qui fait une libation de vin sur le plateau d'un candélabre placé entre elle et lui. De la main gauche elle tient derrière elle le tympanum ; au-dessus une bandelette. On voit derrière Bacchus un jeune faune tenant un rython de la main droite, et un calathus à anses de la gauche.

Revers. — Trois éphèbes drapés ; deux d'entre eux sont appuyés sur des bâtons, l'autre personnage est tourné vers eux ; au-dessus une sphéra.

Collection de La Marche.

737. *Oxybaphon.*

Haut. 36 c.

Peinture rouge.

Un jeune faune, tenant le tympanum de la main gauche et levant la main droite, s'avance en dansant devant une ménade qui le suit. Elle est vêtue d'une longue tunique, tient le thyrse et une couronne ; ell a pour ornement des boucles d'oreilles et un bracelet au poignet droit. Le tutulus contribue à l'élégance de sa coiffure.

Revers. — Deux éphèbes drapés, séparés l'un de l'autre par une stèle. Celui de droite s'appuie sur un long bâton. Une sphéra isolée occupe l'intervalle qui se trouve entre les têtes des deux éphèbes.

Collection de La Marche.

738. *Célébé.*

Haut. 36 c.

Peinture rouge. Grande-Grèce.

Thésée et *Pirithoüs* combattant contre deux centaures. Les deux héros sont vêtus de la chlæna ; le pétasse est rejeté sur leurs épaules ; des bottines chaussent leurs pieds ; tous deux sont armés d'épées. *Thésée* tient de plus deux javelots, et enfonce son épée dans le ventre d'un des centaures, qui lève les deux bras. L'autre centaure se défend avec une branche d'arbre qu'il tient des deux mains.

Revers. — Un homme barbu et drapé s'appuie sur un bâton, et est placé entre deux femmes vêtues de tuniques longues et de péplus. L'une d'elles tient un miroir. Sur le bord du vase un lion et un sanglier deux fois répétés de chaque côté et peints en noir.

Collection de La Marche.

739. *Amphore bachique.*

Haut. 62 c.

Peinture rouge et blanche.

Une colonne à base formée de deux marches occupe le
milieu du sujet. A gauche, une femme élégammeut coiffée
et vêtue d'une longue tunique, tient de la main droite une
couronne, et de l'autre un miroir ; une bandelette isolée
est devant elle, et au-dessus de son bras droit une rosace
ou une sphéra. A droite de la colonne est un jenne homme
debout, les jambes croisées, appuyé sur un bâton et tenant
un disque de la main droite. Une bandelette, une tablette
et une petite rosace paraissent sur le fond noir du vase.

Revers. — Deux éphèbes drapés sont tournés vers une
colonne qui les sépare et qui est sans ornement ; celui de
gauche porte un vêtement qui le couvre complétement,
tandis que l'autre, qui s'appuie sur un long bâton, a le
bras droit découvert.

Collection de La Marche.

740. *Amphore bachique.*

Haut. 48 c,

Peinture rouge.

Une colonne courte, à chapiteau évasé et peu orné, est
posée sur un socle et ceinte d'une bandelette noire. A gaua
che, une femme vêtue d'une longue tunique, tient de le
main droite une grappe de raisin, et porte de la gauche
une corbeille ; le péplus pend de son bras gauche, un,
bandelette est suspendue entre elle et la colonne. A droite
une autre femme vêtue du même costume, les épaules
couvertes du péplus, a le pied droit au-dessus du socle ;
elle est penchée vers la colonne, et tient un miroir de la
main droite et un calathus de la gauche.

Revers. — Deux personnages tenant chacun un long bâton.

Collection de La Marche.

741. *Pelike.*

Haut. 42 c.

Peinture noire et blanche sur fond rouge.

Les Dioscures, Castor et Pollux, barbus, à cheval, armés chacun de deux javelots ferrés, vêtus, et la tête couverte d'un casque à aigrette, sont en marche et se présentent de profil ; deux chiens de chasse les accompagnent.

Revers. — Au milieu, deux guerriers debout, coiffés de casques à aigrettes et armés de lances ; ils sont couverts d'un bouclier rond sur lequel sont peintes en blanc la croupe et les jambes d'un cheval. A gauche, une femme dont la draperie ne laisse à découvert que la tête et les pieds peints en blanc ; à droite, un personnage barbu, vêtu d'une longue tunique, est appuyé sur un bâton.

Collection de La Marche.

742. *Pelike.*

Haut. 34 c.

Peinture rouge.

Une femme assise sur un siége à trois pieds. Elle tient un miroir de la main droite ; la gauche, appuyée sur le siége, est recouverte par un des plis de sa longue tunique ; au-dessus de sa tête une tablette et une sphéra. En avant, une autre femme debout, dont la longue tunique est en partie couverte par le péplus, tient des deux mains une bandelette. A droite est une autre femme portant une sphéra, et dont le coude gauche pose sur un cippe.

Revers. — Trois éphèbes drapés ; entre les têtes des deux premiers à gauche on voit une sphéra.

Collection de La Marche.

743. *Hydrie.*

Haut. 36 c.

Peinture rouge et blanche. Basilicate.

Au centre est un cippe orné d'une large bandelette. De chaque côté se tient une femme vêtue d'une longue tunique : l'une est munie d'une phiale et d'un miroir, un tympanum repose contre le cippe. L'autre femme tient un seau, une bandelette et le plat chargé d'offrandes ; près de sa tête est une coupe.

744. *Hydrie.*

Haut. 40 c.

Peinture rouge et blanche.

Un jeune homme qui n'a pour tout vêtement que la chlamyde jetée sur l'épaule gauche, tient de ses deux mains une guirlande de myrte qu'il présente à une jeune femme vêtue d'une tunique longue et du péplus. Celle-ci tient elle-même une couronne de myrte qu'elle présente au-dessus d'une méta peu élevée et surmontée d'une petite sphéra. De la main gauche, cette femme tient un coffret orné de palmettes et de perles. Entre elle et le jeune homme sont suspendues une tablette et une rosace. Derrière celui-ci, une autre rosace plus grande et une fleur à longue tige dont la corolle forme un cornet surmonté d'un long pistil. Sous les anses, deux têtes de femmes vues de profil.

Revers. — Une palmette et quatre rosaces ou rondelles réunies.

745. *Hydrie.*

Haut. 41 c.

Peinture noire et blanche sur fond rouge.

La dispute du trépied. Diane, vêtue d'une tunique talaire étoilée, a le carquois sur l'épaule et tient l'arc de la main gauche. Apollon vient ensuite ; il est coiffé du pétase, le carquois paraît près de sa ceinture : il est vêtu d'une chlamyde étoilée, courte et collante ainsi que les anaxyrides zébrées qui couvrent le reste de son corps ; il est chaussé de bottines à revers courbés et pendant en avant. Le dieu tient fermement d'une main le trépied, qu'Hercule s'efforce de lui arracher. Mercure, placé entre les deux antagonistes, élève la main gauche et semble leur adresser des paroles de conciliation. Le messager des dieux, muni du caducée, à la tête couverte du pétase ; il est vêtu d'une chlamyde courte, d'anaxyrides collantes, et de bottines semblables à celles d'Apollon. Hercule, barbu, saisi du trépied, armé de la massue qu'il tient levée de la main gauche, d'un arc, du carquois et d'une épée, est dans une posture menaçante ; son corps est couvert de la dépouille du lion. Minerve, placée près d'Hercule et tournée vers lui, termine le tableau. La déesse est coiffée du casque à crête (lophos), et vêtue de la tunique talaire richement brodée.

Sur la partie plate du haut de la panse du vase sont représentés sept personnages. Deux d'entre eux combattent à outrance, tandis que les cinq autres, deux femmes et trois hommes, sont témoins de la lutte.

Collection de La Marche.

746. *Hydrie percée par le bas.*

Haut. 32 c.

Peinture rouge et blanche. Basilicate.

Un cippe surmonté de la sphéra et orné de bandelettes. De chaque côté, une femme assise : l'une, tenant le tympanum et une corbeille fermée d'un couvercle, a sur ses genoux une sphéra. L'autre tient une coupe munie d'un long manche et de deux anses, et une branche de myrte.

Collection de La Marche.

747. *Hydrie.*

Haut. 38 c.

Peinture rouge. Basilicate.

Un éphèbe nu, dont la chlamyde est posée sur le bras gauche, tient la ciste et le miroir, et retourne la tête vers une femme vêtue qui porte de la main droite le tympanum et de la gauche une branche de myrte. Au-dessus, une grande couronne.

Revers. — Une grande palmette.

Collection de La Marche.

748. *Œnochoé à trois versants.*

Haut. 35 c.

Peinture rouge.

Le génie Hermaphrodite, aux ailes à demi déployées et assis sur un rocher, tient un acrostolium de la main droite. A terre, en arrière de lui, on voit deux bandelettes. Au-dessus de la panse du vase, à droite et à gauche, deux sphéras.

Collection de La Marche.

749. *Œnochoé.*

Haut. 26 c.

Ce vase, d'une forme svelte, est d'une couleur noire veinée de rouge ; sa panse, depuis le col jusqu'en bas, est striée verticalement ; le haut de l'anse est orné d'une tête de demi-ronde-bosse. Une guirlande de petites fleurs peintes en blanc entoure le col.

Collection de La Marche.

750. *Œnochoé.*

Haut. 26 c.

Couleur noire veinée de rouge.

Ce vase, qui fait pendant au précédent, en diffère seulement en ce que le haut de l'anse n'est pas orné d'une tête en relief.

Collection de La Marche.

751. *Œnochoé.*

Haut. au-dessus de l'anse, 19 c.

Peinture rouge et noire. Forme de nola.

La panse du vase forme une tête de femme ; cette tête est ornée d'une couronne de lierre ; ouverture en trèfle.

Collection de La Marche.

752. *Canthare*.

Haut. 24 c.

Peinture rouge et blanche. Basilicate.

L'Amour Hermaphrodite, assis sur un rocher, tient un cygne sur la main droite.

Revers. — Près d'un bassin est une femme vêtue, qui étend les deux mains pour recevoir l'eau d'une fontaine placée au-dessus de ce bassin. Une large bandelette est suspendue en arrière de la femme. Les anses sont décorées de têtes en relief.

Collection de La Marche.

753. *Canthare*.

Haut. 28 c.

Peinture rouge et blanche. Basilicate.

L'Amour Hermaphrodite vole et retourne la tête en arrière ; il tient le tympanum et le miroir.

Revers. — L'Amour Hermaphrodite, assis sur un rocher, tient une bandelette. Des têtes en relief aux anses.

Collection de La Marche.

754. *Lécythus*.

Haut. 20 c.

Peinture noire.

Six personnages. Au milieu, Hercule terrasse un guerrier armé d'un bouclier, qui se soumet. Des deux personnages placés à la gauche du vainqueur, l'un est vêtu d'une longue tunique et l'autre nu. A droite, un autre personnage nu se présentant à une figure drapée qui tient une plante à longue tige garnie de fleurs globuleuses.

Collection de La Marche.

755. *Lécythus*.

Haut. 19 c.

Peinture noire. Grande-Grèce.

Bacchus assis entre *Libera* et *Minerve*. Le dieu, barbu, tenant un rhyton et un cep de vigne, est placé sur un ocladias, tandis que les deux déesses sont assises sur des cubes. Aucun attribut, si ce n'est une couronne de lierre, ne désigne Libera. Minerve est armée de pied en cap ; son bouclier a pour emblème un serpent peint en blanc.

Collection de La Marche.

756. *Scyphus panathénaïque.*

Haut. 8 c.

Peinture rouge.

Ephèbe nu tenant une baguette pour le jeu de l'*æga-neum*. Auprès, une méta.

Revers. — Autre éphèbe nu, muni de deux haltères. Auprès, la méta.

Collection de La Marche.

757. *Vase rond à une anse; sorte de Lécythus ventru.*

Haut. 14 c.

Peinture noire et violette sur fond blanc. Manière phénicienne.

Un sanglier entre un lion et une panthère.

Collection de La Marche.

758. *Rhyton.*

Haut. 19 c.

Peinture rouge. Basilicate.

Tête de chien noir, voisin du lévrier. Sur le col, une femme vêtue d'une tunique talaire et assise sur un rocher se retourne à gauche ; elle tient une corbeille et une bandelette ; près d'elle est suspendue une autre bandelette.

Collection de La Marche.

759. *Rhyton.*

Haut. 19 c.

Peinture rouge. Basilicate.

Tête de taureau percée à la bouche. Sur le col est peint

le génie Hermaphrodite, qui vole tenant d'une main un miroir, et de l'autre une grappe de raisin ; à ses côtés est un flambeau. Ce rhyton a été exposé aux flammes du bûcher, ce qui a produit les écaillures et les variétés de ton dans la couleur qu'on y remarque.

Collection de La Marche.

760. *Cylix.*

Diam. 24 c. — Haut. 9 c.

Peinture rouge.

Intérieur. — Deux éphèbes drapés, en regard l'un de l'autre. Celui qui est à gauche se présente de profil ; son bras droit est couvert de la chlamyde ; de la main gauche il tient un strigille. L'autre éphèbe est vu de face ; son bras droit et son épaule sont nus ; il a la main appuyée sur la hanche. Entre les deux jeunes hommes, à la hauteur de leurs têtes, on voit deux lettres ou marques superposées.

Extérieur. — De chaque côté, trois éphèbes drapés, dont les épaules et les bras sont nus.

Collection de La Marche.

761. *Cylix.*

Diam. 34 c. — Haut. 13 c.

Peinture rouge.

Intérieur. — Un rôtisseur, devant un fourneau embrasé, tient une broche garnie d'une volaille. La face du fourneau est ornée d'une bandelette noire serpentante.

Extérieur. — Orgie animée par dix personnages, hommes et femmes, qui n'ont d'autres vêtements que la chlamyde pendante au bras et le péplus.

Collection de La Marche.

762. *Cylix.*

Diam. 25 c. — Haut. 8 c.

Peinture rouge.

Intérieur. — Une femme vêtue d'une riche tunique talaire, portant le péplus sur le bras gauche et se tenant debout, est tournée vers une autre femme nue et agenouillée, dont la face baissée annonce l'humilité. Cette dernière se soumet respectueusement à l'imposition de la main droite de la première femme.

Extérieur. — Un éphèbe nu, placé entre deux pédrotribes qui le préparent à la lutte.

Revers. — Sujet analogue à peu près semblable.

Collection de La Marche.

763. *Vase à une anse et à reliefs, ayant la forme d'un pot.*

Haut. 11 c.

Couleur noire monochrôme.

Sur une zone qui occupe le haut de la panse, un sphinx, un cerf, un lion, une lionne et une biche. Puis reviennent encore les mêmes animaux.

Collection de La Marche.

764. *Vase ayant la forme d'une coupe à pied élevée, dont l'ouverture est festonnée.*

Haut. 19 c. — Diam. 17 c.

Terre noire. Chiusi ou Volterra.

Quatre têtes de femmes également espacées décorent l'extérieur.

Collection de La Marche.

765. *Cruche à huile odorante.*

Haut. 175 mil. — Diam. 99 mil.

Ce vase, d'une terre grisâtre, a une panse sphérique à laquelle sont attachées deux anses. Le goulot qui s'élève du centre de la cruche forme d'abord un renflement, puis diminue jusqu'à son orifice, dont l'ouverture est petite. Le mot grec *Lexythos* (Lécythe) est écrit à la main sur le fond du vase.

766. *Trois Vases étrusques.*

Haut. 324 mil. — et 203 mil.

Imitation en terre noire de Wedgwood, avec figures couleur de brique sur fond noir, représentant divers sujets tirés de la fable ou de l'histoire grecque.

767. *Deux amphores gallo-romaines.*

Haut. 1 m. 80 c.

Données au Musée par Mᵐᵉ Adrien Baudot en 1857.

768. *Une cinéraire.*

Haut. 21 c.

Verre blanc, légèrement irisé.

Collection de La Marche.

769. *Lvcrymatoire.*

Haut. 15 c.

Verre irisé.

Collection de La Marche.

770. *Lacrymatoire.*

Haut. 12 c.

Verre irisé et strié.

Collection de La Marche.

771. *Lampe antique.*

Haut. 33 mil.

Terre cuite.

772. Idem.

Haut. 33 mil.

Terre cuite.

773. *Dix-neuf pièces de Poteries et Verreries de l'époque gallo-romaine.*

Découvertes dans les fouilles pratiquées dans l'emplacement qui se trouvait entre les deux portes Saint-Nicolas à Dijon, à l'occasion de la construction d'un aqueduc pour la dérivation du torrent du Suzon, en juillet 1847.

BRONZES FLORENTINS.

	HAUTEUR. millim.
774. *Vénus*	90
775. *Amour*	175
776. *Neptune*	433
777. *Antinoüs du Belvédère.*	392
778. *Mercure de Jean de Bologne*	324
779. *Hercule et Anthée.*	378
780. *Satyre enfant*	135
781. *Hercule*	121

782. *La Nuit, d'après Michel-Ange.*

Long. 21 c. 6 mil.

783. *Vénus de Médicis.* 520

Legs de M. Duxin en 1858.

HAUTEUR.
millim.

784. *Antinoüs* 520

Legs de M. Duxin en 1858.

785. *Néréide, forme de lampe* 189

786. *Lucrèce* 135

787. *Diogène* 162

788. *Enfant courant* 135

789. *Enfant armé d'un arc* 135

790. *Enfant* 135

791. Idem 135

792. *Cheval* 108

793. *Taureau* 108

794. *Vase Médicis* 622

795. *Vase de même forme* 622

796. *Buste d'Homme, costume du temps de Louis XIII* 94

797. *Portefaix* 196

798. Idem 196

MÉDAILLES ET PETITS BAS-RELIEFS EN BRONZE

ET AUTRES MATIÈRES.

	FORME.	MATIÈRE.	HAUT. mill.	LARG. mill.
814. La *Fidélité* enchaînant l'*Amour*.	Ovale.	Bronze.	82	60
815. *Combat de cavalerie*	Id.	id. . .	70	85
816. *Jésus au tombeau.*	Quadr.	Id. . .	92	70
817. *Sujet emblématique.*	Ovale.	Id. . .	40	50
818. *Chasse aux Taureaux.* -	Id.	Id. . .	70	90
819. *Saint Pierre coupant l'oreille à Malchus*	Cintrée.	Etain .	70	50

	FORME.	MATIÈRE.	DIAM. mill.
820. *Neptune*	Ronde.	Plomb.	63
821. *Vénus châtiant l'Amour*	Id.	Id.	70
822. *Saint Georges*	Id.	Id.	70
823. *Ganymède enlevé par l'Aigle*	Id.	Id. .	88
824. *Sujet emblématique.* .	Id.	Id. .	83
825. *Les douze Césars* . .	Id.	Id. .	90

	FORME.	MATIÈRE.	DIAM. mill.
826. *Têtes de douze Impératrices romaines.* .	Ronde.	Plomb.	50
827. *Trente-cinq médaillons sous le même numéro.*			
Têtes de Louis XII et d'Anne de Bretagne.	Id.	Bronze.	112
— Henri IV et de Marie de Médicis.	Id.	Id.	45
— Ferdinand d'Alcala, tête de femme.	Id.	Id.	47
— Louis XIII, Navire.	Id.	Plomb.	70
— Jean Sturmius, 1514	Id.	Id.	45
Prix de l'Académie des Sciences, etc., de Besançon.	Id.	Bronze.	55
Médaille décernée à John Soane, architecte anglais	Id.	Id.	58
Marcelius II, Pont. Max	Id.	Plomb.	75
Jean Palœologue	Id.	Bronze.	120
Têtes de Charles Ier, roi d'Angleterre, et de Marie, son épouse.	Id.	Id.	75
— Henri IV et de Marie de Médicis.	Id.	Id.	75
— Louis XIII	Id.	Id.	70
— Pierre Dumay.	Id.	Id.	70
— Marie d'Aragon	Id.	Id.	48
— Christiana. Princ. Loth. Magn. Dux. Heirur.	Id.	Plomb.	95
— Marie de Médecis	Id.	Id.	100
— François de Médicis.	Id.	Id.	93
— François Ier, roi de France . . .	Id.	Id.	100
— Jean Sigismond, roi de Hongr.	Id.	Id.	85
— Soliman, sultan.	Id.	Id.	75
— Cosme IV, grand-duc d'Etrurie.	Id.	Id.	95
— un Saint.	Id.	Id.	85
— Femme inconnne	Id.	Id.	70
— Charles-Quint.	Id.	Id.	50
— Jean Pistorius.	Id.	Id.	40
— Martin Luther.	Id.	Id.	40
— Sabella de Crillo.	Id.	Id.	70
— Jean Calvin	Id.	Id.	45
— Henri IV.	Id.	Id.	42
— Homme inconnu.			

Haut. 42 mill. — Larg. 33 mill.

Forme quadrangulaire.

828. *Cinq Médailles.*

	FORME.	MATIÈRE.	DIAM. mill.
Le cardinal de Grandvelle.	Ronde.	Bronze.	55
Chifflet, médecin de Philippe IV . .	Id.	Id.	55
Courvoisier, garde des sceaux. . . .	Id.	Id.	55
Le cardinal Rohan-Chabot	Id.	Id.	55
Marie de Bourgogne et Maximilien d'Autriche.	Id.	Plomb.	50

Données par M. Paul Mallard en 1856 et 1857.

829. *Trois Médailles.*

Inauguration du chemin de fer à Dijon, 1851	Id.	Or.	70
Idem.	Id.	Argent.	70
Idem.	Id.	Bronze.	70

830. *Douze Médailles de Papes, avec revers.*

Diam. de 35 à 45 mil.

Plomb.

Deux de Clément IX, Calixte III, Nicolas V, Sixte IV, Pie III, Innocent VIII, Martin V, Alexandre VI, Clément XI, Eugène IV, Paul II.

831. *Médaille d'or.*

Diam. 4 c.

Décernée par le Conseil général de la Côte-d'Or à M. Raillon, évêque de Dijon, lorsqu'il fut appelé au siége archiépiscopal d'Aix.

Acquise par la Ville après le décès de ce prélat en 1845.

832. *Médaille de bronze.*

Diam. 4 c.

Frappée aux frais de Legouz de Gerland à l'occasion de la fondation des prix décernés aux élèves de l'Ecole gratuite de dessin de Dijon.

Don de M. Saint-Mémin, alors conservateur du Musée en 1845.

833. *Napoléon I*ᵉʳ.

Médaille d'argent frappée en Italie.

Diam. 4 c.

Idem, en bronze.

Diam. 4 c.

Ces deux dernières médailles ont été données par M. Quentin en 1845.

834. *Trois Médailles.*

Frappées à l'occasion de l'établissement des fontaines de Dijon.

L'une est en argent.

Diam. 7 c.

Les deux autres en bronze.

Diam. 7 c.

Le grand modèle de ces médailles est en plâtre.

Diam. 19 c.

Le tout déposé au Musée par décision du Conseil municipal du 8 mai 1846.

835. *Médaille d'honneur.*

Diam. 4 c.

Or.

Obtenue par la Société d'horticulture de Dijon, à l'exposition universelle de 1855.

Déposée au Musée par la Mairie en 1858.

836. *Médaille commémroative de l'Exposition de Dijon en 1858.*

Diam. 7 c.

Bronze.

837. *Henri IV.*

Haut. 24 c. — Larg. 20 c.

Médaillon de bronze sur marbre.
Forme ovale.

838. *Sully*.

Haut. 24 c. — Larg. 20 c.

Médaillon de bronze sur marbre.

Forme ovale.

839. *Le président Jeannin*.

Haut. 489 mill.

Médaillon de bronze, par Dupré Guillaume, graveur des monnaies sous Henri IV et Louis XIII.

Forme ronde.

840. *Enfant jouant de la flûte*.

Haut. 148 mil.

Plomb.

Bas-relief sans fond.

841. *Le Christ*.

Haut. 135 mil. — Larg. 108 mil.

Bas-relief en bronze finement ciselé, avec bordure en bois de poirier délicatement ouvragée à jour.

Quadrangulaire.

842. *La Vierge*.

Haut. 135 mil. — Larg. 108 mil.

Ce bas-relief en bronze, qui fait pendant au précédent, est encadré de la même manière.

843. *Deux Médaillons en terre cuite*.

Diam. 12 c.

L'un représente le Dauphin, l'autre, Marie-Thérèse avec la date de 1770.

EMPREINTES DE PIERRES GRAVÉES ANTIQUES.

PLASTIQUE BLANCHE.

Cette collection, composée de 3,150 empreintes, est placée dans les quatre montres marquées des n⁰ˢ 844, 845, 846 et 847, et contenant chacune 15 cadres.

Les deux premières renferment les sujets mythologiques représentant l'histoire des Dieux, des Demi-Dieux, leurs attributs et des sacrifices.

Les deux dernières montres contiennent d'abord les traits historiques, comme les pierres vulgairement nommées *Pierres d'Homère*. Elles représentent l'histoire des Héros chantés par ce poète. Ces sujets sont suivis des Rois, des Généraux, des Législateurs, des Philosophes, des Orateurs, des Médecins et des Poètes de la Grèce ; des Divinités égyptiennes, des Prêtres et Prêtresses, des masques de théâtre, des animaux et des vases. — Rome, dans son origine, vient ensuite, avec les Sénateurs et les Romains illustres, les Empereurs, les Impératrices et leurs enfants ; les batailles, les triomphes ; enfin, les différents genres de courses et jeux publics.

844. *Sujets relatifs aux divinités.*

CADRE n⁰ 1. — Têtes et figures de Jupiter, Mercure, Minerve, Neptune, Danaé, Europe, Léda, Ganymède, Hébé, Argus, Io. (48 *sujets*.)

CADRE n⁰ 2. — Borée, le Temps, Prométhée, têtes de Jupiter Ammon et Sérapis, Pallas, Junon, Europe, Danaé, Léda, Ganymède, Titan, Vénus, Neptune, Cérès. (53 *sujets*.)

CADRE n⁰ 3. — Figures d'Apollon. (47 *sujets*.)

CADRE n⁰ 4. — Marsyas, Char du Soleil, têtes d'Apollon et de Diane, Corbeaux, Griffon, Pégases, Lyres, Trépieds, Biches, Diane d'Ephèse, Isis sur le bœuf Apis, Titan, Morphée et Cérès, Vulcain. (43 *sujets*.)

CADRE n° 5. — Apollon, Marsyas, culte du Soleil, Griffon, Lyre, Corbeau, Diane, Dianes d'Ephèse, Vulcain, l'Amour, Vénus, sacrifices. (57 *sujets.*)

CADRE n° 6. — Sacrifices, Mars, Castor et Pollux, Figures indiennes, Rome, Victoire, Vénus et Adonis, Chute de Phaéton, Muses, les Grâces, la Nuit, Jupiter. (52 *sujets.*)

CADRE n° 7. — Culte de Divinité, Junon, Jupiter, Neptune, la Paix, Nymphes sur des chevaux marins, Tritons, Néréides, Fleuve, Pluton, Cerbère, Caron, Cybèle, Cérès. (43 *sujets.*)

CADRE n° 8. — Dieux marins, Fleuves, Néréide, Cybèle, Psyché, Cérès, Minerve, Junon allaitant Hercule enfant. (46 *sujets.*)

CADRE n° 9. — Cérès, Minerve et ses attributs. (46 *sujets.*)

CADRE n° 10. — Vulcain, Mars et Vénus, Minerve, Jupiter et Antiope, têtes et figure de Vénus. (48 *sujets.*)

CADRE n° 11. — Amours sur des chevaux marins, l'Amour sur un lion, Amours tenant un masque, têtes et figures d'Amours. (61 *sujets.*)

CADRE n° 12. — Vénus, les Grâces, Vénus et Adonis, Hermaphrodite, têtes et figures de Mars, têtes et figures de Mercure, Mercure tuant Argus. (60 *sujets.*)

CADRE n° 13. — Vénus, Mars et Vénus, Vénus et Mercure, Mars et la Victoire, Mercure infernal évoquant les âmes. (51 *sujets.*)

CADRE n° 14. — Amours, têtes et figures de Vénus, le Génie d'une fontaine, la Victoire enchaînée, l'Hymen, l'Amour et Psyché, Jupiter, Sérapis, Apis, Osiris, Horus. (49 *sujets.*)

CADRE n° 15. — Jupiter Sérapis, Vénus, la Force, Sacrifice, Muses, le signe du Verseau, les Grâces, têtes et figures de l'Amour, Zéphyre et l'Amour, Masque. (66 *sujets.*)

845. *Dieux et Demi-Dieux.*

CADRE n° 16. — Esculape et Hygie, Télesphore entre Esculape et Hygie, têtes de la Victoire, figures et attributs de la Victoire. (61 *sujets.*)

CADRE n° 17. — Sujets bachiques, têtes et figures de Bacchus, le Génie d'une fontaine, figures de Faunes, allégories de l'Homme débauché, Bacchantes à l'autel de Priape. (46 *sujets.*)

CADRE n° 18. — Mercure et attributs de ce dieu, Vendanges, Bacchus, Pompes bachiques, Ariane sur une panthère, Bacchus et Ariane dans un char traîné par des panthères, apothéose d'Ariane. (41 *sujets.*)

CADRE n° 19. — Silène, pompes et sujets bachiques, têtes et figures de Bacchantes. (41 *sujets.*)

CADRE n° 20. — Figures et têtes de Bacchantes, Faunes, Nymphes, Satyres, Orgies, Sacrifices. (58 *sujets.*)

CADRE n° 21. — Bacchus et Ariane, figures de Priape, Bacchantes, apothéose d'Ariane, Hercule enfant étouffant des Serpents, têtes d'Hercule, Nymphes, Faunes, Satyres. (53 *sujets.*)

CADRE n° 22. — Satyres, Boucs, Trophées, Faunes, Centaures, Lycurgue détruisant les vignes de Bacchus, têtes de Priape et d'Hercule. (51 *sujets.*)

CADRE n° 23. — Traits relatifs à la vie et aux travaux d'Hercule. (47 *sujets.*)

CADRE n° 24. — Têtes et figures d'Hercule; traits relatifs à sa vie et à ses travaux. (43 *sujets.*)

CADRE n° 25. — Sujets analogues à ceux des deux cadres précédents. (56 *sujets.*)

CADRE n° 26. — Amazones, têtes et figures d'Esculape, Hygie; figures de la Victoire, de la Justice, de la Liberté, de la Bonne-Fortune; têtes de Cérès et de la déesse Rome. (60 *sujets.*)

CADRE n° 27. — Prométhée, Pandore, Persée, Andromède, têtes de Méduse, Cadmus, le Minotaure, Dédale et Icare; têtes et figures de Thésée, Ariane, Orphée. (54 *sujets.*)

11*

CADRE n° 28. — Persée, têtes de Méduse, Dircé, Procris, Mars, Mercure, Othryade, tête d'Atalante,
figure de Méléagre. (45 *sujets.*)

CADRE n° 29. — Différents Sacrifices. (60 *sujets.*)

CADRE n° 30. — Idem. (61 *sujets.*)

846. *Sujets relatifs aux Héros, aux Rois, aux*
Guerriers, aux Prêtres et Prêtresses.

CADRE n° 31. — Prêtresses portant des vases, têtes de
Prêtres et Prêtresses, Pélée, Temples, Instruments
de sacrifices. (34 *sujets.*)

CADRE n° 32. — Priam, Filles de Priam, Jugement de
Pâris, Hector, Achille, têtes de Laocoon, Enée et
Anchise, Héros grecs, Pyrrhus et Polixène, Ajax et
Patrocle, Ulysse et Diomède, Numa, tête de Péné-
lope, etc. (64 *sujets.*)

CADRE n° 33. — Figures de Diomède et traits relatifs à
la vie de ce héros, Cassandre insultée par Ajax, figures d'Ajax, têtes et figures grecques d'Hommes et
de Femmes, tête d'Alexandre. (36 *sujets.*)

CADRE n° 34. — Figures et têtes d'Atalante, de Méléagre, d'Orphée, d'Œdipe, le Sphinx, Dircé attachée
au Taureau indompté, Héros grecs, têtes et figures
inconnues. (59 *sujets.*)

CADRE n° 35. — Priam, Pâris, Laocoon, Enée, Hector ;
Achille tuant Penthésilée, reine des Amazones ;
Ulysse ; têtes de Sémiramis, de Cléopâtre, de Guer-
riers grecs et autres. (44 *sujets.*)

CADRE n° 36. — Têtes de Bérénice, de Ptolémée, de
Cléopâtre, et de personnages inconnus ; têtes d'Han-
non, capitaine carthaginois ; tête de Pyrrhus, roi
d'Epire. (56 *sujets.*)

CADRE n° 37. — Têtes de personnages carthaginois,
de Massinissa, roi des Numides, et autres têtes inconnues. Têtes de Philosophes grecs, de Socrate, de
Phocion. (64 *sujets.*)

CADRE n° 38. — Têtes de Socrate, de Platon, de Diogène et d'autres Philosophes (66 *sujets.*)

CADRE n° 39. — Têtes et figures de Femmes, de Guerriers et de Philosophes grecs. (60 *sujets.*)

CADRE n° 40. — Têtes de Poètes et de Philosophes grecs. L'Abondance, la Victoire ; Rémus et Romulus, rois de Rome. Tête trouvée dans les fouilles du Capitole, et qui a fait donner son nom à ce lieu. Autres têtes inconnues. Têtes de Curtius et de Scœvola. (59 *sujets.*)

CADRE n° 41. — Têtes de Jupiter Sérapis. Têtes d'Osiris, d'Apis, de Mithra. Figures de Divinités égyptiennes. Sphinx. (49 *sujets.*)

CADRE n° 42. — Figures de Divinités égyptiennes. (51 *sujets.*)

CADRE n° 43. — Figures emblématiques. Figures d'Histrions portant leurs masques. Masques de différents Personnages et Caractères. (55 *sujets.*)

847. *Têtes d'Empereurs et de grands personnages de l'Antiquité ; combats de Gladiateurs ; jeux publics ; batailles et sujets de trophées.*

CADRE n° 44. — Trophées d'armes. Diverses figures et animaux. Histrions, Masques, Courses de chevaux, Sujets de chasse, Animaux. (60 *sujets.*)

CADRE n° 45. — Masques, Sujets symboliques et Animaux. (55 *sujets.*)

CADRE n° 46. — Animaux et Sujets emblématiques ; têtes de Guerriers, de Poètes, d'Hommes et de Femmes. (54 *sujets.*)

CADRE n° 47. — Animaux et Vases. (60 *sujets.*)

CADRE n° 48. — Figures de Sapho et de Phaon. Têtes de grands Personnages, d'Hommes et de Femmes ; sujets emblématiques. (59 *sujets.*)

CADRE n° 49. — Têtes romaines. Massinissa amené devant Scipion. (59 *sujets.*)

CADRE n° 50. — Têtes d'Empereurs romains, de leurs femmes et de leurs enfants. (53 *sujets.*)

CADRE n° 51. — Romulus et Rémus allaités par la Louve. Têtes d'Empereurs romains, de leurs femmes et de leurs enfants. (52 *sujets.*)

CADRE n° 52. — Têtes d'Empereurs romains et de personnages de leurs familles. (40 *sujets.*)

CADRE n° 53. — Têtes romaines. (43 *sujets.*)

CADRE n° 54. — Têtes d'Empereurs romains et de personnages de leurs familles. (50 *sujets.*)

CADRE n° 55. — Têtes du même genre. (58 *sujets.*)

CADRE n° 56. — Têtes du même genre. (60 *sujets.*)

CADRE n° 57. — Têtes du même genre. (55 *sujets.*)

CADRE n° 58. — Têtes du même genre, Constantin-le-Jeune, Navires. Figures de Soldats romains. (39 *sujets.*)

CADRE n° 59. — Navires, Figures de Soldats romains. Têtes d'Empereurs, de leurs femmes st de leurs enfants. (49 *sujets.*)

CADRE n° 60. — Batailles, Trophées, Captifs, Char triomphal, Courses de chars, Gladiateurs, Combats dans les Jeux publics, Figures diverses. (45 *sujets.*)

PLASTIQUE ROUGE.

848. *Cinq cadres contenant des sujets relatifs aux Divinités et aux Héros.*

849. *Cinq cadres contenant des têtes d'Empereurs et de grands personnages de l'antiquité.*

Ces dix derniers cadres ne contenant que des répétitions des sujets précédents, on a dû se dispenser de les exposer.

QUATRIÈME PARTIE

—

MONUMENTS ET ŒUVRES D'ART

DU MOYEN-ÂGE ET DE LA RENAISSANCE

OBJETS ANCIENS ET MODERNES

MONUMENTS HISTORIQUES

TOMBEAUX DES DUCS DE BOURGOGNE.

Philippe, quatrième fils du roi Jean et frère de Charles-le-Sage, fut également brave et capable, et doué des qualités qui font les grands princes. Dès l'âge de 14 ans il reçut le surnom de Philippe-le-Hardi, pour avoir fait des prodiges de valeur à la bataille de Poitiers et avoir été blessé en défendant son père, devenu prisonnier du prince de Galles dans cette action désespérée. Quelque temps plus tard, en 1363, il reçut une récompense plus manifeste de son ardeur héroïque et de sa capacité, par la cession que le roi Jean fit, en sa faveur, du duché de Bourgogne, et par le titre de premier pair de France qui lui fut donné. Grand homme de guerre, Philippe ne fut pas moins remarquable dans les conseils, et surpassa en magnificence les princes ses contemporains. Il faudrait, pour appuyer ces faits, citer ses traités et rapporter ce que les historiens ont dit des présents qu'il fit et des fêtes qu'il donna aux souverains avec lesquels il était en relation ; mais ces détails seraient étrangers à notre sujet.

La Chartreuse de Dijon, l'un des établissements monastiques les plus splendides qui aient existé sur le sol français au moyen-âge, fut fondée en 1383 par le duc Philippe-le-Hardi. Ce prince voulut que cet acte de sa piété fût signalé non seulement par la magnificence, mais aussi par la promptitude de l'exécution. Après trois ans de travaux, l'église fut consacrée, et tous les bâtiments utiles à l'établissement du monastère furent terminés.

Les plus beaux ouvrages de la Chartreuse, dont quelques-uns subsistent encore (1), ont été exécutés sous le gouvernement de Philippe-le-Hardi. Le plus magnifique de tous ceux que renfermait l'église du monastère, le tombeau même de ce prince, fut commencé de son vivant, et était près d'être terminé lorsque la mort le surprit en 1404.

Un grand nombre de personnages distingués ont vu les tombeaux des ducs de Bourgogne dans le temps de leur ancienne existence. Entre les souverains de la France qui les ont visités, nos historiens ont cité François Ier et Anne d'Autriche, mère de Louis XIV, dont les observations ou les paroles leur ont semblé mériter un souvenir. Nous avons déjà eu l'occasion, au n° 135 de cette notice, de rapporter la réponse que fit le prieur des Chartreux à François Ier, surpris de la largeur de l'ouverture faite au crâne de Jean-sans-Peur par la hache de Tanneguy-Duchâtel : *Sire, c'est par ce trou que les Anglais sont entrés en France.* Un autre propos, mais qui est loin d'avoir autant de portée, est rapporté de la reine Anne d'Autriche, qui, en 1650, voulut observer de près le caractère de la physionomie de ses ancêtres. Ayant fait ouvrir le cercueil des ducs, et remarquant qu'ils avaient de grosses lèvres et la partie inférieure du visage fort allongée, elle dit : « *Voilà d'où les* « *princes de la maison d'Autriche ont hérité le même menton.* » Nous observons encore effectivement que les princes autrichiens descendants de l'empereur Maximilien et de Marie de Bourgogne, fille de Charles-le-Téméraire, ont des traits particuliers à leur famille.

Pendant plus de trois cent cinquante ans les mausolées des ducs de Bourgogne avaient été l'objet de l'admiration européenne lorsque, en 1793, une délibération du conseil général de la commune de Dijon du 8 août vint ordonner leur destruction ; cette délibération fut confirmée par les arrêtés du district de l'arrondissement et du directoire du département de la Côte-d'Or du 13 décembre 1793 (23 frimaire an II).

Toutefois, dans les termes de ces arrêtés on découvre

---

(1) Voy. les *Mémoires de la Commission départementale d'Antiquités de la Côte-d'Or*, tom. 1, Rapport sur les restes des monuments de la Chartreuse de Dijon.

une intention conservatrice qui témoigne des regrets que
l'administration éprouvait de cette nécessité du moment.
Il n'est point dit, par les termes de l'arrêté, que les figures
principales   seront brisées : il est recommandé qu'elles
soient réduites en blocs (ce qui n'excluait pas la possibilité
de réunir ces blocs dans des temps futurs de tranquillité),
et il est prescrit, d'ailleurs, de prendre les mesures nécessaires pour la conservation des autres parties des monuments. De quatre-vingts statuettes qui ornaient le dé des
tombeaux, soixante et dix furent déposées dans le local du
Musée ; les tables et les vases en marbre noir de Dinan res-
tèrent en dépôt à la cathédrale, où les mausolées avaient
été transportés et remontés depuis la suppression de la
Chartreuse ; les ornements d'architecture en marbre blanc
et en albâtre, qui décoraient le massif entre la table et la
base, et servaient de niches aux statuettes dont on vient de
parler, furent dispersés dans les différents édifices publics
avec les fragments des figures principales et leurs accessoires. Ces objets, négligés dans les magasins, éprouvaient
journellement des dégradations ; un grand nombre de pièces avaient même été soustraites, et tout faisait craindre
l'anéantissement du reste. Alors l'autorité prit le parti d'en
remettre les fragments à M. Saintpère, professeur d'architecture à l'Ecole de Dijon, qui conçut l'heureuse idée de
réunir les parties distraites, en les rachetant des revendeurs
entre les mains desquels elles étaient tombées, et de solli-
citer du Conseil général du département les fonds nécessaires à la restauration des tombeaux. La demande de
M. Saintpère, après plusieurs tentatives infructueuses, fut
enfin accueillie, en 1818, par le Conseil général du département, sous l'administration de M. de Girardin, préfet de
la Côte-d'Or, et environ 25,000 francs furent dépensés
pour cette restauration.

Le lieu où les monuments devaient être définitivement
remontés était, toutefois, indéterminé. Il fut proposé d'a-
bord de les placer dans l'église cathédrale ; mais cette ba-
silique n'offrant aucun emplacement convenable , on
pensa que les cendres des ducs n'existant plus, les monuments pouvaient, sans profanation, entrer dans le domaine des arts (1). Dès lors il fut décidé qu'ils seraient ex-

----

(1) On ignorait alors que les restes mortels des ducs reposaient dans des
caveaux construits sous le lieu même où l'architecte Duleu avait fait remon-
ter les tombeaux de ces princes en 1791, et sur lequel ils avaient été brisés
en 1793 ; ces restes ont été reconnus en 1841.

posés dans la salle du Musée dite anciennement *Salle des gardes*, seul reste des appartements du palais ducal. Enfin, en décembre 1827, après neuf années de travaux, cette salle fut ouverte au public.

Telles sont les circonstances favorables auxquelles nous devons que ces ouvrages admirables soient placés dans un lieu d'un accès facile et qui garantit leur conservation.

Il est donc constant que c'est à la bienveillance du Conseil général du département, aux efforts, à la persévérance et aux talents de M. Saintpère qu'est due la nouvelle existence des plus beaux ouvrages de l'art de la sculpture qu'ait produits le moyen-âge.

L'architecte qui dirigea les travaux de la restauration des tombeaux fut heureusement secondé dans son entreprise par MM. Moreau, de Dijon, et Marion, de Semur : le premier chargé de la restauration des figures, le second de celle de la partie de l'architecture et des ornements, ouvrages rétablis avec un soin, une habileté et une perfection qui ne laissent rien à désirer.

850. *Tombeau de Philippe-le-Hardi.*

	LONGUEUR.		LARGEUR.		HAUTEUR.	
	mèt.	cent.	mèt.	cent.	mèt.	cent.
Socle,	3	62	2	54	»	30
Base,	3	9	2	3	»	30
Dé,	2	60	1	49	»	65
Table,	3	20	2	6 Epaisseur	»	25
Elévation de la table au dessus du pavement,					1	50

Prix de construction : 3,612 livres, répondant aujourd'hui à environ 24,000 f.

Sur un socle et une base de marbre noir, d'un profil largement prononcé, s'élève un dé dont les quatre faces forment une suite d'arcades en ogives qui sont couronnées par une galerie découpée à jour, et soutenues par des pilastres ornés de colonettes, de chapiteaux chargés de cinquante-deux figurines d'anges, de pinacles et de clochetons, dont le style simple et nerveux rappelle, dans cet ouvrage de la fin du XIVe siècle, le beau gothique du XIIIe.

Cette architecture, exécutée en marbre blanc et projetée en avant d'un massif plaqué de marbre noir, figure un cloitre sous les voûtes duquel sont placées quarante statuettes de personnages des maisons civile et religieuse du duc et de différents ordres monastiques.

Ces ouvrages, d'une exécution admirable, parés de dorures distribuées avec intelligence et réserve, sont surmontés d'une table taillée en corniche, dont les membres de moulures, mâles et saillants, et la teinte noire, contrastent merveilleusement avec la blancheur et la finesse du travail des objets qu'elle domine. Ce qui, de tout temps, a le plus excité l'admiration, est la naïveté de l'expression des religieux pleureurs et la vérité du jet des draperies de leurs vêtements.

Sur la table est couchée la statue du duc Philippe-le-Hardi. Ses pieds reposent sur le dos d'un lion ; ils sont chaussés des soulerets ou souliers de fer, ce qui annonce que le prince est complétement armé sous les draperies qui le couvrent. Il est habillé d'une longue robe blanche à manches, parsemée de mouches d'or, et revêtu du manteau ducal bleu d'azur, doublé d'hermine, dont les larges plis s'étendent sur la table. Le collet du manteau est enrichi d'une triple frange d'or. Le duc a les mains jointes et élevées (1) ; un simple anneau d'or est à la deuxième phalange du quatrième doigt de sa main gauche. Il porte une couronne formée d'un simple bandeau à rebords, dont le champ lisse est orné de pierreries enchâssées dans des chatons très saillants.

La tête de Philippe-le-Hardi repose sur un coussin mi-partie d'étoffes bleu et rouge, décoré d'un large galon et de quatre glands d'or. Deux anges aux ailes déployées, placés en arrière de la tête du duc, soutiennent un heaume ou casque à visière conique, qui a la fleur de lis pour cimier, et dont le gorgerin est bordé d'un bourrelet de tissu de mailles.

Sur le côté, et sous le bras droit, est placé le bâton ducal, surmonté d'une espèce de pomme de pin environnée de quatre feuilles de chêne. Ce bâton s'étend jusqu'aux pieds de la statue.

Les tombeaux de Philippe-le-Hardi et de Jean-sans-Peur portent des épitaphes dont les traces ont disparu. Nous les rétablirons d'après la description des monuments funéraires de la Chartreuse qu'un sieur Gilquin, peintre, nous a laissée sous la date du 1er mai 1736 ; petite brochure imprimée à Nuits par Antoine Migneret, qui a pour titre : *Explication des dessins des tombeaux des Ducs de Bourgogne, etc..., présentés à S. A. S. Monseigneur le duc par le Sr G....*

---

(1) M. Baudot, président de la Commission d'archéologie de l'Académie des sciences de Dijon, dès le principe de la destruction des tombeaux, avait acheté les mains des statues et les avait placées dans son cabinet. Ce savant antiquaire a offert ces fragments précieux à l'administration départementale, dans le temps de la restauration des monuments.

Epitaphe du tombeau du duc Philippe-le-Hardi :

« CI GIST TREZ HAULT ET TREZ PUISSANT PRINCE
« ET FONDEUR DE L'EGLISE DE CEANS, PHILIPPE
« FILS DE TRES HAULT ET TRES EXCELLENT ET
« PUISSANT PRINCE JEHAN PAR LA GRACE DE DIEU
« ROY DE FRANCE, ET DE DAME BONNE FILLE DU
« BON ROY DE BAIGNE SA COMPAIGNE, DUC DE
« BOURGOIGNE ET DE LEMBOURG, COMTE DE FLAN-
« DRES, D'ARTOIS, DE BOURGOIGNE, PALATIN, SIRE
« DE SALINS, COMTE DE NEVERS, DE RETHEL ET DE
« CHAROLOIS ET SEIGNEUR DE MALINES, QUI TRES-
« PASSA A HALLE EN BRABANT LE XXVII\u1d49 JOUR
« D'AVRIL, L'AN DE GRACE MIL QUATRE CENT ET
« QUATRE. SI VOUS PLAISE PRIER DIEU DÉVOTEMENT
« POUR SON AME. »

Le principal artiste auteur du tombeau de Philippe-le-
Hardi, qui se nommait Claux Sluter, était originaire de
Hollande. Cet homme, d'un talent extraordinaire pour le
temps auquel il vivait, avait été nommé *ymaigier* (statuaire)
du duc de Bourgogne en 1390, et chargé de l'exécution et
de la direction des ouvrages les plus importants de la Chartreuse. On lui adjoignit dans l'entreprise du monument
dont il s'agit Claux de Vousonne, son neveu, et Jacques
de Baerze (dit de *la Barse*), autre *ymaigier* de ce prince,
moins habile comme statuaire, mais parfait dans la partie
de l'architecture et de ses ornements. Claux Sluter, artiste
aussi recommandable par ses bonnes mœurs et ses maniè-
res que supérieur dans son art, mourut au commencement
du XVᵉ siècle, comblé des témoignages, de la considération
et des bienfaits du Duc, qui, pour honorer les talents, l'a-
vait mis, ainsi que Claux de Vousonne, au nombre des
officiers de sa maison, en conférant à l'un et à l'autre le
titre de *valet de chambre* (1).

---

(1) Voy. l'appendice du rapport sur les restes des monuments de la Chartreuse de Dijon, *Mémoires de la Commission départementale de la Côte-
d'Or*, tom. 1, p. 26 et suiv., en 1832.

851. *Tombeau de Jean-sans-Peur et de Margue- rite de Bavière.*

	LONGUEUR.		LARGEUR.		HAUTEUR.	
	mèt.	cent.	mèt.	cent.	mèt.	cent.
Socle,	3	76	2	62	»	27
Base,	3	19	2	8	»	32
Dé,	2	76	2	62	»	65
Table,	3	41	2	27 Epaisseur	»	25
Elévation de la table au-dessus du pavement,					1	49

Il existe une si grande analogie entre les plans de ce monument et de celui qui vient d'être décrit, que l'on peut dire qu'ils ne diffèrent l'un de l'autre que par les détails. Le tombeau de Jean-sans-Peur, terminé vers le milieu du XVe siècle, est plus richement ouvragé que le premier ; mais les sculptures d'albâtre qui tapissent le massif sont surchargées de fleurons, de feuillages et de filets si finement découpés, que ces ornements tiennent plus du genre de la décoration d'un reliquaire que de celui de l'architecture proprement dite.

Ce qui caractérise le rapport et la différence des deux monuments est exprimé dans un ancien titre de la Chambre des comptes, dont voici l'extrait :

« Du compte de Jean Visen, pour l'année finie en 1444. « — Transcript du marché faict par Jehan de la Verta, dit « d'Aroca, du pays d'Aragon, tailleur d'*ymaiges*, demeu- « rant à Dijon, avec monseigneur le Duc (s'adressant « à la personne de messieurs les gens de ses comptes), « etc., etc.

« Pour la sépulture de monseigneur le duc Jehan et « de madame Marguerite de Bavière, sa femme, moyen- « nant le prix et somme de 4,000 liv. (1), qui seront payés « en quatre ans ; le marbre noir et six pierres d'albâtre des « perrières de Salins (fournis) ; laquelle sépulture seroit « de telle longueur et hauteur, et d'aussi bonne pierre et « matière qu'estoit celle du duc Philippe (le Hardi), ayeul « dudit duc (Philippe-le-Bon) ; et seront mises sur lesdictes « sépultures, les ymaiges et représentations des personnes « dudict duc et de la duchesse sa femme, selon le pour- « traict qui lui en sera baillé. Plus à la teste d'une chacune « desdictes ymaiges y auroit deux anges qui tiendront, « savoir : ceux qui seront au-dessus de la teste dudict duc, « un heaume, et les deux autres qui seront à la teste de

---

(1) Environ 28,500 fr.

« ladicte duchesse, un escu amorié de ses armes. Plus
« feroit autour de ladicte sépulcre, ymaiges tant pleurant
« que angelots ; sur lesquels angelots (petits anges au nom-
« bre de 28) il feroit des tabernacles (dès dais), ce qui
« n'estoit en la sépulture du duc Philippe (le Hardi). » Il
est rapporté ailleurs que Jean de Droguès et Antoine Le
Mouturier aidèrent Jean de la Verta, dit d'Aroca, dans
son entreprise.

Deux lions sont couchés aux pieds de Jean et de Marguerite. Le Duc a un manteau bleu d'azur semé du rabot
qu'on sait qu'il avait pris pour devise, en opposition à celle
du duc d'Orléans, qui était un bâton noueux. Le galon d'or
du manteau porte le même emblème qui se trouve sculpté
de ronde-bosse et groupé avec un niveau triangulaire sur
l'épaule droite du prince ; on le voit encore enlacé avec
des feuillages dans la frise de la galerie, au-dessus de chaque ogive de la décoration architecturale du dé. La clé de
ces ogives est formée d'un écu triangulaire dont le champ
uni était sans doute destiné à être orné des armoiries du
duc et de la duchesse.

Sous son manteau, Jean sans-Peur a une robe blanche
sans manches qui descend jusqu'à ses pieds, et sous laquelle
il est vêtu du harnois, ce que témoignent ses pieds armés
du soulier de fer, ses bras couverts des brassarts et son
collet tissu de mailles. Ses mains sont jointes et élevées ;
des bagues à joyaux très saillants sont distribuées sur ses
doigts d'une manière remarquable aujourd'hui, savoir :
sur les deuxièmes phalanges du doigt du milieu et du petit
doigt de la main droite, et sur la seconde phalange du
pouce, la seconde de l'index et la troisième de l'annulaire
de la main gauche.

Le heaume (ou casque) est d'une forme très différente
de celui de Philippe-le-Hardi. Ce n'est plus le heaume à
visière conique du XIVe siècle, dont le gorgerin était assez
large pour y passer la tête sans l'entr'ouvrir. C'est un casque dont la visière d'une pièce pouvait être levée au moyen
d'un mouvement de charnière, sans pouvoir être détachée
du timbre comme l'autre, et dont le col est trop étroit pour
que la tête puisse y passer sans séparer le gorgerin en deux
parties (1). La construction de ce casque se rapproche
beaucoup de celle que l'armure de la tête a prise au commencement du XVIe siècle, lorsqu'on lui a donné le nom
d'armet.

____

(1) Cette espèce de casque fermé fut appelé salade dans les trois derniers
quarts du XVe siècle. Celui du duc Philippe, dont la forme fut adoptée sous
Philippe-le-Bel, se nommait bacinet à visière.

Les couronnes du prince et de la princesse sont faites comme celle du duc Philippe-le-Hardi. La robe de l'épouse de Jean-sans-Peur est blanche et parsemée de fleurs de marguerites, faisant allusion à son nom, son manteau bleu d'azur est doublé d'hermine, comme celui de son époux. Les doigts de la duchesse sont ornés de bagues à joyaux placées sur la deuxième phalange du doigt du milieu et du petit doigt de la main droite, et sur la deuxième phalange de l'index et la troisième du petit doigt de la main gauche.

Dans le milieu de la partie supérieure, de chaque côté des socles des deux tombeaux, est intercalée une pièce de marbre blanc d'un pied de large, qui donne aux monuments l'apparence d'être posés sur un drap mortuaire. Il est probable que la croix figurée par les quatre pièces de marbre blanc incrustées dans le milieu des côtés du socle a été autrefois peinte en couleur rouge, qui aurait disparu en démontant et remontant deux fois les monuments. Ce qui ferait croire à ce changement, est ce que rapporte Gilquin (1) au sujet des obsèques de Philippe-le-Hardi. Il dit que « le cercueil fut mis sur un chariot couvert d'une « ample pièce d'étoffe noire chargée d'une croix de drap « vermeil. » L'usage qui existe encore dans le comté de Bourgogne, notamment dans la ville de Lons-le-Saulnier, de draps mortuaires coupés par une croix d'étoffe rouge, est le sujet de cette remarque.

Epitaphe du tombeau de Jean-sans-Peur et de Marguerite de Bavière, son épouse :

CY GISSENT TREZ HAULT ET TREZ PUISSANT PRINCE ET PRINCESSE JEHAN, DUC DE BOURGOIGNE, COMTE DE FLANDRE, D'ARTOIS ET DE BOURGOIGNE, PALATIN, SEIGNEUR DE SALINS ET DE MALINES. FILS DE FEU TREZ HAULT ET TREZ PUISSANT PRINCE PHILIPPE FILS DE ROY DE FRANCE, DUC DE BOURGOIGNE, FONDEUR DE CESTE ÉGLISE, ET DAME MARGUERISTE DE BAVIÈRE SA COMPAIGNE. LEQUEL DUC JEHAN TREPASSA LE Xe JOUR DE SEPTEMBRE L'AN M. CCCCXIX, ET LADITE DAME SA COMPAIGNE LE XXIIIe JOUR DE JANVIER L'AN M. CCCCXXIII. VEUILLÉS DÉVOTEMENT PRIER DIEU POUR LEURS AMES.

------

(1) Explication des tombeaux des ducs de Bourgogne qui sont à la Chartreuse de Dijon, présentée à S. A. S. Monseigneur le Duc, le 1er mai 1736, par le sieur Gilquin. A Nuys, de l'imprimerie d'Antoine Migneret.

852. *Anne de Bourgogne, fille de Jean-sans-Peur et de Marguerite de Bavière, femme de Jean de Lancastre, duc de Bedfort, née vers l'an 1404, morte en 1432.*

Long. 1 m. 65 c.

Plâtre moulé sur la statue en marbre qui est au Musée impérial du Louvre, et qui provient du couvent des Pères Célestins de Paris.

La duchesse est couchée, la tête reposant sur un coussin, les deux mains jointes et ramenées sur la poitrine. La coiffure est un bonnet dont le tour forme une couronne de pierreries ; les cheveux sont réunis de chaque côté du visage en une masse contenue dans un réseau de perles ; la robe est longue, la ceinture et une longue chaîne sont composées de pierreries ; les pieds sont appuyés sur deux petits chiens, dont l'un porte un os à sa gueule.

Musée impérial du Louvre, sculptures modernes, livret de 1855, n° 82. — Musée des monuments français, n° 83. — Musée historique de Versailles, livre de 1839, n° 158.

Envoi du Gouvernement au Musée de Dijon, en 1856.

853. *Cheminée de la grande salle de l'ancien palais des Ducs de Bourgogne.*

Cette cheminée, l'un des plus beaux morceaux de décoration de genre gothique qui aient été conservés, a été construite on 1504, après l'incendie de 1502, dans lequel les combles de l'édifice où elle est placée s'étant effondrés, tout ce qui décorait la grande salle du palais fut détruit. Alors le plancher actuel fut substitué à une voûte lambrissée, dont les traces existent encore sur la grande tour adjacente. Les poutres qui traversent l'appartement sont soutenues par des encorbellements de pierres ornés du porc-épic et des croissants entrelacés, devises de Louis XII et de Henri II. La tribune (voy. le n° 826) fut faite environ cinquante ans plus tard, et la corniche qui règne sous les encorbellements date du milieu du XVIII° siècle.

Ce monument, s'il est permis de se servir de cette expression, a 9 mètres de haut et 5 mètres 52 centimètres de large, non compris la saillie latérale de la tablette, dont le membre inférieur est élevé de 2 mètres 33 centimètres au-dessus du pavement. Les niches pratiquées au-dessus de cette tablette, à l'aplond des jambages, et l'arcade qui les séparent, sont décorées de deux armures complètes et de divers fragments composant une espèce de trophée symétrique formé de casques et d'autres pièces intéressantes par les époques variées auxquelles elles se rapportent.

On trouve aux archives du département de la Côte-d'Or (*Chambre des comptes, layette 8 des affaires mélangées*), un document assez curieux sur la construction de cette cheminée ; on ne le lira pas sans intérêt :

« L'an 1504, le 28 octobre, le président de la Chambre « des comptes fait marché avec Jean Dangers, maçon, de « faire la cheminée de la grande salle de la maison du roi « à Dijon, suivant la pourtraiture en faite, moyennant la « somme de 120 fr. et les pierres qui lui seront fournies ; « et sur ladite somme de 120 fr. sera payé à chacun ou- « vrier, par jour, 2 sols. »

Le panneau qui ferme cette cheminée est composé de diverses pièces de sculpture de genre gothique, en bois, provenant de l'église de la Sainte-Chapelle, démolie en 1803. Le centre du panneau est formé du dossier du siége du duc Jean-sans-Peur, qui était placé dans le chœur de la même église. La conservation de cette pièce est due aux soins de M. Fyot de Mimeure, qui en a fait présent au Musée en 1823. La partie supérieure du dossier, formée en ogive et bordée de festons ornés de feuillages, renferme l'écu d'armoiries de Jean-sans-Peur, ayant deux anges pour supports ; se sont ses armes comme souverain du duché de Bourgogne. Celles des comtés de Bourgogne et de Réthel, pays dépendant du même prince, sont répétées, les premières cinq fois et les autres quatre, dans le champ rectangulaire qui termine inférieurement le panneau. Ces neuf écussons, placés symétriquement, sont enlacés dans un treillis de moulures ornées de feuilles de chicorée et de quatre anges jouant de divers instruments. Au mérite d'une exécution soignée, ce morceau curieux de sculptnre en bois joint celui d'être parfaitement intact.

La principale autorité authentique qui a engagé M. de Saint-Mémin, alors conservateur, à un tel ajustement d'objets respectables par leur ancienneté, existe dans un tableau de Lucas de Leyde (*la Salutation angélique*), placé dans la galerie du Louvre en 1731, sous le n° 557. La scène se passe dans un appartement dont la cheminée est fermée de la même manière. On y voit très distinctement

les verroux, les charnières et les clous qui servaient à lier
les différentes parties du panneau, et à les retirer et les
remettre en place lorsque la circonstance l'exigeait.

854 *Retables d'autels de genre gothique, appelés vulgairement Chapelles portatives des Ducs de Bourgogne.*

Ces monuments rares et précieux de la sculpture et de
la dorure en bois du XIV⁰ siècle sont l'ouvrage de Jacques
de Baerze, sculpteur flamand; ils furent faits en 1391, par
ordre du duc Philippe-le-Hardi, pour l'ornement de l'église
de la Chartreuse que ce prince avait fondée huit ans auparavant à Champmol-lès-Dijon. Ayant subi des dégradations considérables dans le lieu de leur première destination, où ils furent exposés pendant quatre siècles, ils en
éprouvèrent de nouvelles, lorsque, après la suppression
des monastères, ils furent transportés en l'église cathédrale
de notre ville. Là, sans destination et oubliés, pour ainsi
dire, au point de vue de l'art et de l'archéologie, la pous-
sière et les éclaboussures du blanchissage des voûtes
pouvaient en altérer les restes délicats.

En 1819, l'un de ces monuments, le plus beau et le
mieux conservé, fut signalé à l'autorité municipale comme
un ouvrage digne de devenir un des objets les plus intéressants du Musée. La suite que M. Morelet, alors maire de
Dijon, donna à cet avertissement, eut l'heureux succès
d'enrichir l'établissement d'un des chefs-d'œuvre les plus
curieux des arts du moyen-âge, et d'un modèle brillant de
la magnificence du prince sous l'autorité duquel était la
Bourgogne à la fin du XIV⁰ siècle.

En 1827, M. de Boisville, évêque de Dijon, consentit à la
cession du second retable, en compensation duquel plusieurs tableaux du Musée furent placés dans le palais
épiscopal, au petit-séminaire établi à Plombières, et au
nouveau couvent des Dames de la Visitation, dont ce digne
prélat fut fondateur.

Les objets d'art provenant de la Chartreuse étaient une
propriété départementale. Le Conseil général du département fut, en conséquence, sollicité d'ordonner la restauration des retables, et se détermina dès lors à les abandonner
à la ville de Dijon, qui, peu de temps après, fit les fonds
qu'exigeait leur rétablissement complet.

Cette restauration, qui n'est pas complétement achevée,

a été dirigée par M. de Saint-Mémin, alors conservateur. Les petites figures et les parties d'ornements d'architecture qui manquaient ont été rétablies par M. Paul Buffet, sulpteur, élève de l'École de Dijon.

Ces retables portatifs, appelés dans les anciens titres tables ou tableaux d'autels, ont la forme d'armoires à deux battants. Leur hauteur est de 1 mèt. 62 cent., et leur largeur de 2 mèt. 60 cent. Ouverts, ils offrent chacun 5 mèt. 20 cent. de développement. La face extérieure de l'un des deux est ornée de peintures qui se découpent sur un fond d'or bruni enjolivé de gaufrures à petits fers, d'un dessin riche, élégant et varié. Ces peintures, attribuées à Melchior Broederlam, peintre du duc Philippe-le-Hardi, présentent quatre sujets : l'*Annonciation*, la *Présentation au Temple*, la *Visitation* et la *Fuite en Egypte*. Les tableaux extérieurs du second monument ont été enlevés, et on ne voit plus que la place qu'ils occupaient. L'intérieur de chaque battant des retables est orné de cinq figures de saints de 41 cent. de hauteur, dont les vêtements sont enjolivés de feuillage d'or bruni sur un fond rechampi de diverses couleurs.

Les sujets suivants, également en sculpture de rondebosse et décorés d'une manière aussi brillante, sont placés sous des baldaquins soutenus et couronnés par des membres de l'architecture gothique la plus riche et la plus délicate.

Ce sont, pour le premier retable :

L'Adoration des Mages.

Neuf figures.

Le Calvaire.

Vingt figures.

L'Ensevelissement.

Huit figures.

Dans le second retable :

La Décollation de saint Jean-Baptiste.

Six figures.

Scènes de Martyrs.

Sept figures.

La Tentation de saint Antoine.

Quatre figures.

Sur le soubassement du dernier retable et le recouvrement des battants du premier, on voit une suite répétée
des armoiries et des initiales des noms du duc Philippe et
de Marguerite de Flandre, son épouse.

En parcourant les comptes des dépenses relatives à la
confection des monuments qui viennent d'être décrits, on
reconnaît la grande importance que l'on attachait à la perfection de ces sortes d'ouvrages. Il est rapporté aux comptes d'Amiot Arnault que « ces deux grandes *tables d'autel,* » exécutées par Jacques de Baerze, furent amenées de
Dendermonde à la Chartreuse de Dijon en 1391, et qu'en
1392 le duc ordonna qu'elles fussent renvoyées en Artois
pour y être redorées, attendu que Jean Maluel, peintre do-
reur du duc à Dijon, chargé d'abord de l'exécution de cette
partie de l'ouvrage, n'y avait pas mis toute la perfection
désirée (1).

855. *Retable d'autel du XVe siècle, provenant de l'église de l'abbaye de Clairvaux.*

Haut. 1 m. 6 c. — Larg. 2 m. 65 c. — Prof. 22 c.

La pièce principale de ce retable, dont les volets n'existent plus, est composée de cinq tableaux peints à l'huile.
Ils sont encadrés dans une forte bordure, et séparés les
uns des autres par quatre pilastres. Les feuillages sculptés
qui ornent les moulures de ces encadrements sont largement exécutés dans un style qui ne laisse aucun doute sur
la date attribuée à ce monument de la fin du dernier siècle
du moyen-âge.

Le premier tableau à gauche du spectateur représente

---

(1) Parmi les figures qui sont placées dans les niches de l'intérieur des
battants des retables, il en est une très précieuse et très remarquable. Elle
représente *Saint-Georges terrassant le Dragon,* complétement armé comme
l'était un chevalier à la fin du XIVe siècle. Les savants qui se sont occupés
de recherches sur les armures et sur ce qui caractérise celles de cette époque,
ne seront pas étonnés de l'importance que l'on croit devoir attacher à cette
figure. Distraite longtemps avant que les monuments desquels elle dépendait n'eussent une destination définitive, elle avait passé entre plusieurs
mains et était heureusement tombée dans celles d'un archiviste lyonnais,
qui la céda pour le Musée à M. de Saint-Mémin, alors conservateur.

Ce dernier en fit tirer quelques épreuves par le sieur Jacquet, mouleur du
Louvre, à qui il fit ensuite don du moule.

Dans l'Adoration des Mages, la figure du roi qui soulève sa couronne manquait aussi ; elle a été acquise, par le même conservateur, de M. Joanne, archiviste dijonnais.

saint Bernard. Le saint fondateur de l'abbaye de Clairvaux tient entre ses mains une petite effigie de l'église du monastère. Le sujet du second tableau est le baptême de Jésus. Celui du troisième est une Trinité, c'est-à-dire le Père éternel tenant devant lui Jésus en croix et ayant le Saint-Esprit, sous la forme d'une colombe, posé sur son sein. Le quatrième tableau représente la transfiguration, et le cinquième un abbé crossé et mitré, probablement celui qui régissait l'abbaye de Clairvaux dans le temps de la confection du retable.

M. Cousturier, membre du Conseil général, sur l'invitation de M. le Préfet de la Côte-d'Or, a engagé la fabrique de la paroisse d'Ampilly, devenue propriétaire de cet ouvrage, à prendre en échange un tableau du Musée de Dijon

856. *Fragment d'un ouvrage de boiserie anciennement appelé* la Chaise.

Haut. 3 m. 68 c. — Long. 2 m. 69 c. — Larg. 96 c.

Ce que l'on voit de ce monument n'est que la partie supérieure d'un meuble de chœur qu'on appelait anciennement *la Chaise*. Sous chacun des trois clochetons ou aiguilles qui formaient le couronnement de cet ouvrage, étaient disposés des siéges destinés au prêtre officiant, au diacre et au sous-diacre. Les anciens registres de la Chambre des comptes nous offrent les documents suivants à ce sujet.

« 1395. *La Chaise* de bois pour mettre le prêtre, le dia« cre et le sous-diacre, fut faite par maître Jehan Duliége, « charpentier, moyennant la somme de 250 fr. et 100 fr. « de récompense. »

Cet échantillon remarquable de menuiserie architecturale du XIVe siècle a été donné en 1810 par Mme Cretet, alors propriétaire de l'ancienne Chartreuse, et remonté depuis au Musée par les soins de Claude Hoin, conservateur de cet établissement à la même époque. Son successeur, M. de Saint-Mémin, a fait compléter ce fragment en y ajoutant huit arcs-boutants et deux clochetons qui manquaient. MM. Conchery père et Laurot ont exécuté cette restauration.

857. *Buste du duc Philippe-le-Hardi et de Marguerite de Flandre, son épouse.*

Ces bustes sont moulés sur les figures du portail de l'ancienne Chartreuse, exécutées en 1393 par Claux Sluter, imaigier du duc de Bourgogne.

858. *Philippe-le-Bon, duc de Bourgogne.*

Haut. 81 c. — Larg. 65 c.

Portrait de profil. Bas-relief en bois peint et doré.

859. *Les quatre Ducs de Bourgogne de la deuxième race.*

Haut. 30 c.

Bas-relief d'application en albâtre colorié, sous le même numéro.

Donné au Musée par Mme Morizot.

860. *Moulage en plâtre du crâne du duc de Bourgogne Jean-sans-Peur.*

Donné par la Commission des antiquités en 1841.

861. *Les bustes des six Prophètes qui entourent le piédestal du monument dit le Puits de Moïse, à l'ancienne Chartreuse de Dijon.*

Plâtres moulés sur les originaux.

862. *Buste de Jean-sans-Peur, duc de Bourgogne.*

Plâtre moulé sur la statue du tombeau de ce prince.

863. *Buste de Marguerite de Bavière, épouse du duc de Bourgogne Jean-sans-Peur.*

Plâtre moulé sur la statue qui accompagne celle du duc sur son tombeau.

864. *Tombe de Raous Chasoz de Layer.*

Long. 2 m. 46 c. — Larg. 97 c.

Tirée de l'église de Saulon-la-Chapelle.

Sur cette pierre tumulaire, dont l'inscription et la gravure datent de 1303, est représenté Raous Chasoz, armé de pied en cap, selon l'usage du temps, c'est-à-dire du haubert complet, composé des *soullerez* ou souliers, des chausses, de la chemise ou jaque, et du chaperon de mailles ; il est revêtu de la cotte d'armes, qui descend à mi-jambes et laisse les manches de mailles à découvert ; il tient une lance de la main droite, son écu sur le bras gauche, et porte des éperons.

L'inscription tracée en caractères gothiques ronds entre les lignes de l'encadrement est en ces termes :

Ci : GIST : RAOUS : CHASOZ : DE : LAYE : LI : ESCUIERS : QUI : FUT : TRESPASSEZ : LE : LUNDI : DEVANT : LA : FESTE : DE : LA : SAINT : SYMON : A (*sic*) : JUDE : LAN : DE : LINCARNACION : NOSTRE : SEIGOUR : MIL : CCC : ET : TROIS : AIA : (*anima*) EJUS : REQUESCAT : IN : PACE : AMN : (*Amen.*)

Cette pierre est placée dans le vestibule du Musée et appliquée sur le sol.

Donné par M. le marquis de Clermont-Montoison, en 1829.

865. *Tombe de Jacques Germain.*

Long. 2 m. 16 c. — Haut. 87 c. — Épaiss. 22 c.

Bas-relief de ronde-bosse.

Ce monument, provenant de l'église du couvent des Carmes de Dijon, a été acheté en 1825. Il porte l'inscription suivante, gravée en caractères gothiques angulaires :

Cɪ ɢɪsᴛ ʜᴏɴᴏʀᴀʙʟᴇ ʜᴏᴍᴍᴇ Jᴀᴄǫᴜᴇs Gᴇʀᴍᴀɪɴ Bᴏᴜʀɢᴏʏs (*sic*) ᴅᴇ Cʟᴜɢɴʏ ᴊᴀᴅɪs ᴘᴇʀᴇ ᴅᴇ ʀᴇᴠᴇʀᴇɴᴅ ᴘᴇʀᴇ ᴇɴ Dɪᴇᴜ Jᴇʜᴀɴ Gᴇʀᴍᴀɪɴ ᴇᴠᴇsǫᴜᴇ ᴅᴇ Cʜᴀʟᴏɴ ꜰᴏɴᴅᴇᴜʀ (*sic*) ᴅᴇ ʟᴀ ɴᴇꜰ ᴅᴇ ᴄᴇsᴛᴇ ᴇɢʟɪsᴇ ǫᴜɪ ᴛʀᴇ-ᴘᴀssᴀ ʟᴀɴ M. CCCC XXIIɪɪ ʟᴇ XXIII ᴊᴏᴜʀ ᴅᴇ sᴇᴘ-ᴛᴇᴍʙʀᴇ Dɪᴇᴜ ᴇɴ ᴀɪᴛ ʟᴀᴍᴇ ᴀᴍᴇɴ.

866. *Le Père éternel entouré des symboles des quatre Évangélistes et de quatre sujets relatifs à la Passion.*

Haut. 1 m. 8 c. — Larg. 2 m. 27 c.

Bas-relief en pierre dure de Dijon, provenant de l'église de la Sainte-Chapelle. Morceau de sculpture coloriée du XIII° siècle.

Acquisition faite en 1825.

867. *Une des saintes Femmes au tombeau.*

Haut. 1 m. 20 c.

Ouvrage de sculpture du XV° siècle, provenant d'un saint-sépulcre anciennement placé dans le jardin du couvent des Carmes de Dijon.

Acquisition faite en 1825.

868. *Saint Bernard, abbé de Clairvaux.*

Haut. 54 c.

Statuette en pierre tendre.

Donnée vers 1825, par M. le curé de Quetigny, arrondissement de Dijon, qui la tenait d'un ancien religieux de la Chartreuse.

869. *Trinité.*

Haut. 1 m. 79 c.

C'est ainsi qu'on désignait anciennement un groupe composé du Père éternel ayant sur son sein la figure symbolique du Saint-Esprit, et soutenant devant lui Jésus crucifié. Cet ouvrage, en pierre statuaire, couronnait autrefois le retable du maître-autel de l'église de l'hospice du Saint-Esprit, supprimée, et réunie à l'hôpital de Notre-Dame de la Charité de Dijon en 1769. Ce morceau remarquable de sculpture coloriée avait été donné, en 1459, à la maison des Chanoines hospitaliers du Saint-Esprit par le Frère Simon Albosset, qui en était alors commandeur. Il est probable que le groupe dont il s'agit est sorti du ciseau d'un élève de Claux Sluter, *ymaigier* du duc Philippe-le-Hardi, dont il est fait mention au n° 850 de cette Notice.

Sur la plinthe de la statue on lit cette inscription écrite en caractères gothiques dans le style du temps :

TRES HONORABLE ALBOSSET ME FIST FAIRE.

Cette figure est placée à l'Eglise Notre-Dame de Dijon.

Acquisition faite en 1829.

870. *Saint Genès.*

Haut 1 m. 22 c.

De comédien qu'il était, il devint martyr sous l'empire de Dioclétien. Frappé tout à coup de la lumière divine, il se convertit sur la scène même où il était monté pour tourner en dérision la religion chrétienne. Cette figure, en pierre statuaire, anciennement coloriée, est d'un style qui marque le commencement du XVIe siècle. Elle provient de la Sainte-Chapelle de Dijon.

Acquisition faite en 1825.

871. *Le Baptême de Jésus, et la Prédication de saint Jean.*

Haut. 1 m. — Larg. 62 c.

Reliefs de ronde-bosse pris dans une pierre de 22 centimètres d'épaisseur, et formant tableaux avec encadrement.

Ces tableaux, d'un ciseau fin et spirituel, sont d'un artiste inconnu, qui les fit, en 1520, pour la maison des Chanoines hospitaliers de l'ordre du Saint-Esprit, anciennement adjacente à l'hôpital de Notre-Dame de la Charité de Dijon. Empilés négligemment l'un sur l'autre dans un angle du jardin de l'économat, ils furent réclamés et cédés au Musée en 1826. Quoiqu'ils aient été exposés aux injures de l'air depuis la démolition des bâtiments de l'hospice du Saint-Esprit, ils ont conservé des traces d'une peinture et d'une dorure primitives, qui prouvent que le goût d'enrichir la sculpture de couleurs brillantes prévalait encore dans la première moitié du XVIe siècle. Si la date de 1520, écrite en caractères dorés sur le socle d'un de ces ouvrages, ne désignait pas d'une manière précise l'époque de leur exécution, les costumes de ce temps, donnés par anachronisme aux personnages, ainsi que des arcades gothiques rapprochées d'une fontaine architecturale d'un genre qu'un goût plus pur rétablit alors, pourraient aider à fixer avec assez de justesse le moment auquel ces deux reliefs ont été faits (1). Les socles sur lesquels ils posent sont ornés de colonnes, de figures d'anges et de saints d'un bon style, et chargés de deux médaillons. Sur l'un était sans doute sculptée la tête de François Ier, qui a été effacée ; l'autre a conservé une tête de femme dépourvue d'insignes royaux, qui peut néanmoins être prise pour celle de Claude de France, épouse du monarque si justement qualifié du titre de *Père des lettres*.

L'encadrement des tableaux est composé d'une bordure de feuillages et de rubans entrelacés, travaillés à jour, sur lesquels sont sculptés en relief ces mots plusieurs fois répétés : *Ave Maria* et *Ecce Agnus Dei*.

872 *L'Ensevelissement.*

Haut. 54 c. — Larg. 65 c. — Epaiss. 10 c.

Autre bas-relief du même genre, provenant également de l'ancienne église de l'hôpital du Saint-Esprit.

873. *Armoiries de la Maison de Vienne.*

Haut. 65 c. — Larg. 57 c.

Albâtre.

Fragment provenant de la démolition de la chapelle de l'Annonciation, fondée par Girard de Vienne en 1521, à la Sainte-Chapelle de Dijon.

Ce fragment est appliqué sur le piédestal de la statue de saint Genès.

---

(1) Il ne sera peut-être pas sans intérêt de comparer à ces ouvrages de sculpture, exécutés en 1520, le tableau exposé sous le n° 441, qui est daté de 1521, et qui offre, dans le genre de la peinture à l'huile, un autre exemple de ce mélange des architectures du moyen-âge et de la renaissance des arts.

874. *Tribune*.

Henri II, environ un an après son couronnement, visita la plupart des provinces du royaume, et s'arrêta à Dijon en 1548. On croit que ce fut à l'occasion des fêtes préparées pour sa réception que l'on construisit cette tribune du côté opposé à la magnifique cheminée dont il est question au n° 853 de cette Notice.

Cet ouvrage de boiserie architecturale, qui a 9 m. 33 c. de largeur, repose sur une architrave soutenue par quatre colonnes et quatre pilastres d'ordre ionique de 3 m. 66 c. de haut. L'appui est composé de neuf panneaux sur lesquels sont sculptés les insignes royaux et des croissants entrelacés séparément ou avec la lettre H, chiffre de Henri II. Les faces des petits pilastres qui divisent les panneaux sont également décorées des mêmes chiffres entremêlés dans des listels contrariés qui forment un ornement du genre de ceux appelés *grecques*. L'escalier pris dans l'épaisseur du mur, et par lequel on monte à la tribune, a une rampe de fer dont le travail appartient au XV⁰ siècle, ce qui porte à croire que la tribune existante peut avoir été substituée à une galerie plus ancienne qui aurait été détruite dans l'incendie de 1502.

875. *Dijon assiégé par les Suisses en 1513*.

Haut. 2 m. 73 c. — Larg. 6 m. 93 c.

Tapisserie.

Le style du dessin de cette tapisserie montre évidemment qu'elle a été fabriquée peu après l'événement dont elle donne la représentation. Comme dans les belles peintures des manuscrits de cette époque, desquelles ce tableau de tenture porte le caractère, le dessin se distingue par une expression naïve et par une grande richesse de composition opposées à des fautes d'ordonnance et de perspective qui n'ont plus été tolérées depuis.

Ce fut vers les premières années de son règne que François Iᵉʳ attira près de lui Léonard de Vinci et le Primatice, dont les talents supérieurs ouvrirent pour nous, dans la carrière des beaux-arts, une nouvelle route qui fut parcourue avec le plus brillant succès par les Jean Cousin, les Jean Goujon et une foule d'artistes français du XVI⁰ siècle. Le changement extraordinaire qui s'opéra au temps même où l'ouvrage dont il s'agit était sur le métier en fait un monument précieux de comparaison. Il suffit de le rapprocher du tableau du Jugement dernier peint par Jean Cousin (le plus ancien ouvrage remarquable de la peinture à l'huile que la France ait produit et conservé), pour s'apercevoir des pas gigantesques que fit l'art du dessin dans le cours d'un petit nombre d'années.

On sait que cette tapisserie dépendait anciennement du mobilier de la fabrique de l'église Notre-Dame de Dijon, et que, vendue quelques années après la révolution de 1789, elle était tombée entre les mains d'un brocanteur, de qui elle fut rachetée par M. Ranfer de Bretenière, pendant l'exercice de ses fonctions de maire de notre ville de 1802 à 1806. Ce magistrat zélé voulut conserver ce monument, qui retrace un des événements les plus intéressants de l'histoire de notre cité, et le fit placer dans une des salles de l'ancien hôtel de ville, d'où il a passé au Musée depuis que la mairie a été transférée à l'ancien palais des Etats, en 1832.

Le tableau du siége de Dijon est divisé en trois sujets distincts et séparés par des colonnes ornées de guirlandes; au-dessus des chapiteaux sont appliqués des écussons chargés d'un chiffre que l'on croit être la marque de la manufacture où la tapisserie fut fabriquée. L'ouvrage est encadré dans une bordure de feuillage, et l'on retrouve dans le champ des tableaux, et plusieurs fois répétés, des chiffres semblables à ceux qui couronnent les chapiteaux des colonnes. On a pensé que ces ornements pouvaient être des répétitions de la marque de la manufacture d'où est sortie cette tapisserie. Un examen attentif rend, toutefois, plus probable la conjecture que c'est le chiffre du donateur, par la raison qu'il est inscrit dans un écusson d'armoiries, et que la bienséance et la modestie n'admettaient pas alors que l'ouvrier eût osé reproduire sa marque, plusieurs fois et d'une manière aussi fastueuse, sur les places les plus évidentes de son ouvrage. Le chiffre est formé d'une pièce ressemblant à un 4 dont le jambage vertical, allongé, est recroisé inférieurement par la lettre capitale C, ce qui donne à son ensemble l'apparence d'une ancre de navire. Ne pourrait-ce pas être le chiffre de l'amiral Philippe Chabot, gouverneur de la Bourgogne au temps auquel il n'est pas douteux que notre tapisserie a été exécutée?

Le premier compartiment à gauche du spectateur représente le camp des armées combinées suisse et impériale, que l'on reconnaît à une tente sur laquelle on lit : *Los* (sic) *des Suisses* (l'armée des Suisses), à l'ours de Berne et à l'aigle déployée, qui décorent deux étendards. Sur le pre-

mier plan sont les chefs de l'armée assiégeante, Jacques de
Watteville et le prince Ulric de Wirtemberg, à cheval et
couverts de leurs armures, et près d'eux le seigneur de
Vergy, commandant l'artillerie et les volontaires comtois.
Le feu des batteries est dirigé contre la place ; déjà la brè-
che est faite, et les remparts de la ville sont couverts de
ses défenseurs. Au milieu du rempart flotte l'étendard de
La Trémou lle, que l'on reconnaît à la roue, qui était sa
devise, ordinairement accompagné de cette légende : *Sans
sortir de l'ornière*. A la tête de la milice bourgeoise se trouvent les seigneurs d'Arcelot, d'Arc-sur-Tille et d'Auvillars,
sous les ordres de Jean de Bessey, grand-écuyer dont l'enseigne est déployée. Sur le dernier plan, on aperçoit l'é-
glise de Saint Bénigne et celle de Saint-Philibert, dont la
flèche de pierre de couleur blanche annonce qu'elle était
récemment construite ; le clocher de la Sainte-Chapelle et
ceux de l'église Saint-Jean terminent, à droite, le fond du
tableau.

Le sujet renfermé dans le second compartiment a rapport à la cessation des hostilités, qui fut attribuée à l'inter-
cession de la sainte Vierge. L'image de Notre-Dame de
Bon-Espoir est portée processionnellement en grande
pompe sur les remparts de Dijon ; le clergé est revêtu des
habits sacerdotaux les plus magnifiques ; les principaux
magistrats, suivis des dames de la ville et des bourgeois,
forment un cortége brillant et nombreux.

Le fond de la tapisserie offre la vue de l'église du couvent des Jacobins et celle de l'église de Notre-Dame, dont
une des tourelles du portail est couronnée du *Jaquemart*
enlevé aux habitants de Courtrai, en 1382, par le duc de
Bourgogne Philippe-le-Hardi, pour punir leur rébellion.
Plus loin, sur la droite de ce trophée, est la tour dite du
Logis-du-Roi, que le duc Philippe-le-Bon fit construire en
1443, afin de pouvoir observer les manœuvres et les excur-
sions des bandes connues sous le nom d'Ecorcheurs, qui
ravageaient nos campagnes au milieu du du XVᵉ siècle. On
voit sur le devant les armées assiégeantes commençant
leur retraite.

Le troisième et dernier sujet présente, dans le fond du
tableau, une vue de l'église Notre-Dame, dont un des pans
enlevé laisse apercevoir La Trémouille, gouverneur de la
Bourgogne, agenouillé et en prière devant l'image de la
Vierge ; son cheval est attaché à l'entrée du portail. Sur le
second plan, et en dehors des murs de la ville, sont les
chefs des armées bernoise et impériale, devant lesquels
s'offrent les otages livrés par les conditions de la capitula-

tion : on voit à leur tête René de Maisières, neveu du gouverneur ; Jean de Rochefort, bailli, et le premier président Humbert de Villeneuve. Le devant et la partie fuyante du tableau sont occupés par les troupes qui opèrent leur retraite. On distingue vers le milieu de l'élévation de la colline un cheval blanc chargé de deux coffres de fer, que l'on suppose avoir été destinés à contenir l'or qui séduisit les Suisses et sauva notre ville, dont la faible garnison, composée seulement de 500 lances et de 4,000 aventuriers, ne pouvait résister plus longtemps à une armée que l'histoire du temps porte à 60,000 hommes.

(Voy. Courtépée, *Histoire du Duché de Bourgogne*, tom. 1, p. 268, et tom. 2, p. 65.)

876 *Devant d'Autel.*

Haut. 73 c. — Larg. 1 m. 57 c.

Ce tableau, en stuc, ornait le dé de l'autel sur lequel était placée l'hostie miraculeuse à la Sainte-Chapelle de Dijon. L'ostensoir où l'on exposait cette relique y est représenté entouré d'une gloire et accompagné de deux anges adorateurs. La Sainte-Hostie, car c'est ainsi que l'on désignait cet objet de l'adoration des fidèles, fut envoyée par le pape Eugène IV à Philippe-le-Bon, en 1433. En 1454, Isabelle de Portugal, dernière épouse du duc, fit faire à ses frais le vaisseau magnifique dont notre tableau offre la représentation. Il était d'or, du poids de 51 marcs, enrichi de pierreries et surmonté de la couronne que Louis XII porta à son sacre ( ). Ce prince, après être relevé d'une maladie dangereuse, envoya sa couronne, en 1505, au chapitre de la Sainte-Chapelle de Dijon, recommandant aux chanoines en ces termes : « *De supplier le Tout-Puis-* « *sant de le maintenir en bonne santé pour faire service à* « *son peuple.* »

Le tableau, exécuté en 1674, qui fait le sujet de cet article, est la représentation la plus authentique qui soit conçue du magnifique ouvrage d'orfèvrerie du XVe siècle, qui a disparu à la suppression de la Sainte-Chapelle, après y avoir été conservé pendant trois cent soixante ans.

Acquisition faite en 1828.

---

(1) L'inventaire daté du 8 août 1790, « *pour constater l'état de situation* « *de l'Ostensoir de la Sainte-Hostie et vérifier la qualité des pierres qui le* « *décorent,* » porte le nombre de ces joyaux, tant diamants que perles et cristaux, à 281 pierres ; et « *le détail des bijoux et perles attachés à la cou-* « *ronne* » à 327 pierres, en tout 608 pierres ; sans estimation de valeur. (*Archives de Bourgogne*, salle L. P. 36 B. 8.)

877. *Monuments provenant des démolitions de la rotonde de Saint-Bénigne et d'un ancien réfectoire de cette abbaye.*

Ils ont été expliqués par dom Plancher dans son *Histoire générale et particulière de Bourgogne.*

Placés dans le vestibule du Musée à droite de l'entrée.

878. *Chapiteau-Console du grand portail de l'église Saint-Michel de Dijon.*

Haut. 80 c. — Larg. 55 c. — Long. 85 c.

Moulage en plâtre.

Donné par la Commission départementale des Antiquités de la Côte-d'Or, en 1843.

879. *Philippe-le-Hardi, duc de Bourgogne.*

Haut. 17 c.

Il est vu de profil, tourné vers la gauche, coiffé d'une espèce de toque élevée et peinte en noir, ainsi que la partie de son vêtement qui lui enveloppe le cou. Sa main, au-dessus de sa poitrine, semble jouer avec un gland doré.

Buste en albâtre, bas-relief appliqué sur un fonds de bois noir.

Donné par Mme veuve Baudot (Adrien), en 1857.

880. *Jean-sans-Peur, duc de Bourgogne.*

Haut. 15 c.

Vu de profil, tourné vers la droite, et coiffé d'un bonnet noir; il a les mains jointes. Son vêtement est semé d'ornements dorés.

Buste d'albâtre en bas-relief appliqué sur un fond de bois noir.

Donné par Mme veuve Baudot (Adrien), en 1857.

13

881. *Philippe-le-Bon, duc de Bourgogne.*

Haut. 15 c.

Il est représenté de trois quarts, la couronne sur la tête, et décoré de l'ordre de la Toison-d'Or, qui a été institué par lui. Il a une main posée sur la poitrine.

Buste en albâtre, bas-relief appliqué sur un fond de bois noir.

Donné par Mme veuve Baudot (Adrien), en 1857.

882. *Charles-le-Téméraire, duc de Bourgogne.*

Haut. 16 c.

Représenté de trois quarts, nu-tête. Il est revêtu d'une armure, et tient sa main sur sa poitrine.

Buste en albâtre, bas-relief appliqué sur un fond de bois peint en noir.

Donné par Mme veuve Baudot (Adrien), en 1857.

Les quatre petits portraits qui précèdent semblent, par leur caractère de vérité, être du temps des ducs ou d'une époque très peu postérieure.

883. *La Charité.*

Haut. 45 c.

Groupe en pierre. Mutilé.

Donné par M. N., de Langres, vers 1830.

884. *La Circoncision, l'Adoration des Mages et des Bergers.*

Haut. moyenne des figures, 45 c.

Fragments d'un retable d'autel en bois peint et doré, du XVe siècle. Sept figures, savoir : les trois Rois, isolés ; la Vierge présentant l'enfant Jésus au Grand-Prêtre, sur l'autel ; enfin, un seul des Bergers adorateurs.

Donné par M. Perrenet de Charrey, en 1848.

885. *Crosse de saint Robert.*

Haut. 255 mil. — Diam. du crosseron, 85 mill.

Robert, abbé de Molême, né vers 1024, « fut (*selon les* « *termes de la Chronique de Molême*) établi le premier abbé « de Citeaux, par la bénédiction qu'il reçut de Gauthier, « évêque de Chalon, avec le *bâton pastoral*, le 21 mars « 1098, époque de la naissance de cet ordre. »

La crosse qui est exposée sous le présent numéro avait été conservée dans le trésor de Citeaux, sous le titre de *Crosse de saint Robert*, depuis la fondation de cette abbaye jusqu'à sa suppression (par le décret du 12 février 1790), et il est très probable que ce *bâton pastoral* est le même que celui dont il est fait mention dans la Chronique qui vient d'être citée. Cet ouvrage d'orfèvrerie byzantine de la fin du XIe siècle, est en filigrane d'argent doré, soudé sur des lames perforées de même métal, et ainsi disposées pour donner de la force à l'ouvrage sans nuire à la légèreté d'un travail riche et recherché.

Cette relique du saint fondateur de l'abbaye de Citeaux ne porte pas avec elle, comme la suivante, la preuve de son authenticité, nulle inscription n'attestant son origine; mais ce que nous apprennent les titres déposés aux archives du département de la Côte-d'Or sur la formation de deux commissions des sciences et des arts établies à Dijon, le 14 pluviôse an II (2 février 1794), et le 10 nivôse an III (31 décembre 1794); la connaissance que ces titres nous donnent des délibérations de ces commissions, dont le but a été de recueillir les objet précieux restés en dépôt dans les églises et dans les maisons religieuses qui venaient d'être supprimées; enfin, la dénomination de *Crosse de saintRobert* attachée à l'objet du n° 202 de la seconde partie de la première Notice du Musée (1); ces divers motifs, disons-nous, sont des garants du fait que cette précieuse relique a appartenu à Robert, premier abbé de Citeaux et nous semblent assez puissants pour écarter ce que l'esprit de contestation pourrait opposer à cette assertion traditionnelle.

886. *Coupe de saint Bernard, abbé de Clair-vaux, né en 1091, à Fontaine-les-Dijon.*

Haut. 74 mil. — Diam. 135 mil.

Agé de vingt-deux ans, le jeune Bernard se présenta et

---

(1) Publiée en 1799.

fut reçu au monastère de Cîteaux par l'abbé Etienne, avec trente de ses compagnons d'étude que son éloquence avait persuadés de se vouer à la vie monastique.

La coupe, ou, pour employer un terme plus humble, cette tasse, de racine de buis, servit à *saint Bernard* pendant les deux années de son noviciat, expirées en 1115. Selon la coutume établie dans les monastères, d'après laquelle tout profès devait laisser au couvent les ustensiles qu'il avait apportés, cette tasse y fut conservée. Il serait difficile de préciser le temps le plus reculé auquel elle peut avoir été montée en forme de coupe sur un pied et dans des cercles d'argent doré, telle qu'elle est aujourd'hui. Ce qui est certain, c'est que les ornements n'auront été attachés à la tasse que depuis la canonisation du saint abbé de Clairvaux, qui eut lieu en 1173, vingt ans après sa mort, sous le pontificat d'Alexandre III.

Si l'on devait s'en rapporter à l'époque marquée par la forme des caractères gothiques angulaires de l'inscription gravée sous le pied de la coupe, et desquels l'usage ne s'est établi que dans la première moitié du XIVe siècle, ce vase n'aurait été garni d'argent doré qu'environ cent cinquante ans après la canonisation de saint Bernard ; mais il est à croire que l'on n'aura pas laissé tant d'années s'écouler avant que cette précieuse relique ne fût enrichie d'une monture, et que l'inscription aura été gravée depuis que la tasse aura reçu cet embellissement.

L'inscription est ainsi conçue :

Ciathus (pour Cyathus) Sancti Bernardi Abbatis Clarebailis.

Tasse (ou gobelet) de saint Bernard, abbé de Clairvaux (1).

---

(1) On lit dans l'Histoire manuscrite de l'abbaye de Cîteaux, par dom Crestin, que l'on y conservait la coupe de saint Bernard dont il se servit pendant son noviciat. (*Note communiquée par M. Baudot, directeur des Archives de la Côte-d'Or.*)

Il paraît, néanmoins, que cette relique avait été transférée au trésor de l'église Saint-Etienne de Dijon, d'après les documents suivants qui nous ont été fournis par M. Baudot.

On lit au registre de Saint-Etienne, fol. 75 v., que le 21 février 1659, le sieur Picard, orfèvre, demande onze livres pour avoir raccommodé la tasse de saint Bernard.

On voit encore au même registre, fol. 125, que « le 23 novembre 1663, deux « gentilshommes demandent la tasse de saint Bernard pour porter à la « campagne, en donnant bonne et suffisante caution. »

887. *Sceau de saint Bernard.*

Haut. 5 c. — Larg. 4 c.

Cliché en métal typographique.

Forme quadrangulaire.

Donné par M. de Clermont-Tonnerre en 1846.

888. *Ecrin d'un Abbé de Cîteaux.*

Haut. 54 mil. — Diam. 148 mill.

Etui de cuir orné de gaufrures, doublé d'étoffe bleue. L'intérieur est divisé en quatre cases : la plus grande était destinée à placer le sceau abbatial ; la seconde renferme une paix en argent doré, dépouillée de la plaque ornée d'une image qui y était enchâssée ; dans la troisième case est un anneau (1) d'argent doré, dont le chaton est privé de sa pierre ; et la quatrième offre la place d'un second anneau.

Cette pièce n'a d'intérêt que celui de la forme d'un écrin du moyen-âge (2).

BOITES

DITES DES TOILETTES DES DUCHESSES DE BOURGOGNE.

889. *Boîte cylindrique.*

Haut. 121 mill. — Diam. 121 mill.

Ivoire. (XIII⁰ siècle.)

Garnie d'une serrure, d'une charnière et de trois pieds de cuivre doré, cette boîte est ornée d'arabesques peints rehaussés d'or.

---

(1) Nᵒ 205 de la première Notice du Musée de Dijon.
(2) « Il y avait à Paris un corps de métier de gainiers-fourreliers et ou-« vrier en cuir bouilli, établi par ordonnance de l'année 1323. » *Dictionnaire de Trévoux.*

890. *Boîte cylindrique.*

Haut. 121 mill. — Diam. 121 mill.

Ivoire. (XIIIe siècle.)

Garnie comme la précédente, cette boîte a pour ornements divers oiseaux peints et rehaussés d'or.

891. *Boîte cylindrique.*

Haut. 148 mill. — Diam. 148 mill.

Ivoire. (Fin du XIVe siècle.)

Cette boîte sculptée en reliefs de ronde-bosse, peints et dorés.

Le cylindre de cette pièce est d'un seul morceau d'ivoire : il est divisé en deux zones que décorent les sujets suivants :

1° *Les Mages, à cheval, se rendant à Bethléem.*

2° *L'apparition de l'Ange aux Bergers.*

3° *Hérode ordonne de* « tuer tous les enfants de Bethléem. »

4° *Le Massacre des Innocents.*

5° *La fuite en Egypte.*

Cette scène est précédée d'un moissonneur questionné par un soldat d'Hérode sur la direction de la marche de la sainte Famille dans sa fuite en Egypte.

6° *La Salutation angélique.*

7° *La Visitation.*

8° *La Nativité.*

9° *La Présentation au Temple.*

10° *L'Adoration des Mages.*

Sur le médaillon qui forme le milieu du couvercle sont représentées *une Apparition de Jésus* et *la Résurrection des Morts.*

Ces divers sujets, travaillés avec une grande finesse, sont remarquables par la naïveté de l'expression, et précieux comme représentation des costumes du temps et du harnachement des chevaux. Les couleurs et les dorures dont ce morceau de sculpture en ivoire était encore empreint après quatre siècles d'existence ont été raccordées avec une fidélité qui ne permet pas de douter qu'il ne soit rendu à son état primitif, et qu'il ne puisse être considéré comme un modèle de cette richesse de décoration à laquelle on a renoncé depuis le milieu du XVIᵉ siècle.

892. *Boîte plaquée en jayet blanc.*

Haut. 94 mill. — Diam. 121 mill.

Le couvercle est orné d'une broderie en relief de soie et d'or représentant un panier de fleurs entre deux colombes. Cette pièce, qui est du nombre de celles qui proviennent des toilettes des duchesses de Bourgogne, a souffert des dégradations considérables.

893. *Escarcelle d'une duchesse de Bourgogne.*

Haut. 148 mill. — Larg. supér. 135 mill. — Larg. infér. angles arrondis, 162 mill.

Cette espèce de bourse, appelée aussi *Aumosnière sarazinoise* (1) en vieux langage, se portait suspendue à la ceinture, usage dont les monuments du moyen-âge présentent de fréquents exemples.

Celle-ci était conservée aux archives de l'ancienne Char-

---

(1) Livre de la taille de Paris en l'an mil trois cent treize. (Collection des *Chroniques nationales françaises*, par J.-A. Buchon, t. 9, page 305.)

Mestiers de la ville de Paris escriptz et ordonnez selon les lettres de l'ABCD, l'an M. CCC.

Art. 4. Aumosnières ou bourses sarazinoises. (Ibid., page vii.)

treuse de Dijon, sous le titre attaché au présent article, qui
nous laisse ignorer à quelle princesse de la maison de
Bourgogne elle a appartenu. Les broderies dont elle est
couverte sont formées en partie de caractères d'écriture
trop distinctement tracés pour être confondus avec des ornements ; mais jusqu'à ce moment on n'a pu reconnaître
la signification de ces caractères, bien qu'ils aient été sou-
mis à l'examen de plusieurs savants orientalistes. On est
d'autant plus étonné de ne pouvoir rien déchiffrer des
inscriptions brodées sur cette escarcelle, que le fermail,
composé d'une plaque circulaire d'argent, porte cette légende : MISERERE MEI DEUS, tracée en caractères romains des
plus lisibles.

La niellure (1), ouvrage d'origine orientale, qui remplit les gravures du fermail, de la boucle de ceinture et
des rosettes d'argent qui reçoivent l'ardillon, et plus encore
la singularité des caractères tracés en broderie, ont donné
à plusieurs observateurs l'idée que cette escarcelle pourrait
avoir été fabriquée à Constantinople, depuis la prise de
cette capitale de l'empire grec par les Turcs dans les premières années de la dernière moitié du XVe siècle. Si cette
conjecture se vérifie, il sera alors assez probable que cette
bourse aura appartenu à Isabelle de Portugal, troisième
femme du duc de Bourgogne Philippe-le-Bon. Toutefois,
ce n'est que par l'explication des caractères de la broderie
que l'on doit espérer d'obtenir les éclaircissements désirés.

La bourse, d'une forme aplatie, est faite d'un cuir fin
de couleur jaunâtre, et divisée intérieurement (comme sont
les portefeuilles modernes) en plusieurs compartiments
superposés, et ornés d'un piqué de soie formant divers
dessins symétriques. La face extérieure de la poche, le
recouvrement auquel tient le fermail et la ceinture sont de
cuir noir entièrement couvert de broderies de fil d'argent
tiré plein. Une chaine d'argent de quinze pouces de longueur, formée en gourmette, est attachée, par ses extrémités, à deux plaques de même métal qui sont cousues
aux angles supérieurs du dos de la bourse. La chaine est
suspendue par son milieu à un coulant, aussi d'argent,
dans lequel est passée la ceinture. La broderie est faite au
point de chaînette d'une manière si solide et si parfaite,
qu'après au moins trois cent cinquante ans d'existence on
aurait de la peine à découvrir une maille qui ait fléchi.

---

(1) Travail par lequel on remplit les traits de la gravure d'un amalgame
noirâtre composé d'argent, de cuivre, de plomb, de soufre et de borax. (*Nigel-
lus, lat.* Noirâtre.)

894. *Sceptre ou Bâton de commandement d'un duc de Bourgogne.*

Long. 65 c.

C'est ainsi qu'est désigné cet objet dans la Notice du Musée de Dijon publiée à l'ouverture de cet établissement par Louis-Gabriel Monnier, son premier conservateur, en 1799. Nous croyons devoir laisser cette pièce sous le même titre, quoique les ornements ciselés sur les garnitures d'argent qui la décorent n'aient aucun caractère significatif.

La poignée recouverte de velours noir, est garnie d'une virole et d'une cuvette ou talent d'argent orné de ciselures délicates. La tige, en fer mince de forme prismatique à huit pans, est surmontée d'une boule de fer creuse de 81 millimètres de diamètre. Une calotte d'argent, enjolivée de feuillages et de filets entrelacés, est rivée sous le bouton qui termine la partie supérieure de cette espèce de masse.

895. *L'Ancien et le Nouveau Testament.*

Haut. 68 c. — Larg. 97 c.

Bas-relief d'argent rehaussé d'or sur un fond de cuivre doré appliqué sur un panneau de bois de noyer.

Dans un riche encadrement sont placés, l'un à la suite de l'autre, deux médaillons ornés chacun d'un sujet composé d'un grand nombre de figures disposées avec art, et d'un dessin digne des beaux temps du siècle de la renaissance. Le premier représente la manne recueillie par les Hébreux, et l'autre le sacrement de l'Eucharistie. Vers le milieu de la hauteur, et près des bordures latérales, on voit les armoiries émaillées des donataires, Bénigne Jacqueron et son épouse.

Bénigne Jacqueron, seigneur de La Motte-les-Argilly, conseiller-maître, premier président en la Chambre des comptes de Dijon, armé chevalier, au nom du roi, par le duc de Guise, gouverneur de Bourgogne, le 8 janvier 1543, épousa Isabeau de Moreau, fille de Guy, seigneur de Souhey, etc., président au Parlement de Bourgogne.

Les vers explicatifs suivants sont écrits en lettres d'argent de relief, sur deux bandes dorées qui avoisinent les moulures supérieure et inférieure de l'encadrement ; ils sont ainsi conçus :

> La Manne en dragée : qui fut partagée : des Hébreux jadis :
> Est en chair changée : et de nous Mangée : donnant Paradis :

On rapporte que ce bas-relief, qui dépendait anciennement du trésor de la Sainte-Chappelle de Dijon, servait d'ornement à l'autel sur lequel était exposée l'hostie miraculeuse que le pape Eugène IV envoya au duc Philippe-le-Bon en 1433. (Voy. le n. 875.)

896. *Couronne donnée comme provenant du tombeau de Marguerite de Bavière, femme de Jean-sans-Peur.*

Diam. 22. c. — Haut. 15 c.

Elle est en bronze doré et formée d'un bandeau surmonté de fleurs de lis, trèfles et petites étoiles, le tout orné de pierreries de diverses couleurs.

Don de Mme veuve Baudot (Adrien), en 1857.

897. *Deux Couteaux d'un écuyer tranchant de Philippe-le-Bon, duc de Bourgogne.*

Long. 38 c. — Larg. de la lame 45 mill.

Les lames, minces et larges, ne sont chargées d'aucun ornement : l'une est arrondie à son extrémité, l'autre se termine en pointe. Les manches, en cuivre doré et orné de filets gravés, portent sur le plat des deux faces de la cuvette ou de l'extrémité inférieure les armoiries émaillées du duc. Entre l'écusson et la virole est cette devise : AVLTRE NARAI (*Autre n'aurai*), que ce prince avait prise en 1429, lorsqu'il épousa sa troisième femme, Isabelle de Portugal.

Courtépée dit (*Histoire du Duché de Bourgogne*, tom. 1, p. 227) « que ce prince (Philippe-le-Bon) avait fait graver « et peindre la même devise dans tous ses bâtiments, « meubles et tapisseries, comme on le voit aux Chartreux « et à la Sainte-Chapelle de Dijon. » Et il ajoute : « La « voici entière : *Autre n'aurai toute ma vie dame Isabelle.*»

La gaine, en cuir gaufré par incision, porte les mêmes insignes que les couteaux, et de plus le briquet à feu, accompagnés d'ornements en feuillages et de divers animaux de chasse peints et dorés. C'est un des objets de curiosité les plus remarquables de ce genre.

ARMES ET ARMURES.

Deux armures décorent les niches de la cheminée de la grande salle de l'ancien palais des ducs de Bourgogne, appelée *Salle des Ducs* (1).

898. *Une Armure dorée montée sur un mannequin.*

Cette armure est couverte de bandes qui sont chargées d'ornements dorés, et rangées parallèlement sur un fond d'acier poli. Elle est très bien conservée, à l'exception des dorures, qui ont un peu souffert. C'est une belle pièce, qui acquerrait une plus grande valeur par la connaissance du personnage pour lequel elle a été faite. On sait seulement qu'elle dépendait de la collection qui, placée au château de Lux avant l'année 1817, a été vendue après le décès de M. le duc de Saulx de Tavannes. Alors elle a passé dans le cabinet d'un antiquaire de notre ville, qui, en 1826, a bien voulu s'en défaire en faveur du Musée. Sa forme ne laisse aucun doute qu'elle ne soit du milieu du XVI⁰ siècle. Sa construction a beaucoup de rapport avec celle de l'armure du Musée royal d'artillerie (n. 45), dite de Gaspard de Saulx de Tavannes. Dans l'une et dans l'autre les cuissards sont attachés à la cuirasse, sur des boulons à charnières, par des écrous à oreilles; particularité qui ne distingue qu'un très petit nombre des armures de cette collection. La seule différence marquante entre les deux est que celle du Musée de Dijon annonce un homme svelte, tandis que l'autre a dû appartenir à un personnage d'une taille plus forte. Néanmoins, cette différence n'exclut pas l'idée que les deux armures pourraient avoir été faites pour le même individu à deux époques différentes de sa vie.

L'épée, plus moderne (probablement d'environ un siècle), et d'un temps auquel on avait quitté le gantelet de fer,

---

(1) On a pu remarquer, p. 196 de cette Notice, que sous Louis XII cette salle était dite *la grande Salle de la Maison du Roi*. Plus tard, elle a été appelée *Salle des Gardes*. Elle a pris le nom de *Salle des Pas-Perdus* dans le temps où elle dépendait du local occupé par la Cour Royale, et enfin celui de *Salle des ducs de Bourgogne* depuis que les tombeaux de deux de ces princes ont été placés dans ce seul reste des appartements de leur palais.

a une garde dont les branches couvrent la main. Près de la garde, la lame porte, sur le plat, les inscriptions : *Juan Martinez in Toledo* (1) d'un côté et de l'autre : *In te, Domine, speravi.* Sur son épaisseur, entre la coquille et la poignée, sont gravés ces mots : *Padiro i Rei.*

899. *Armure d'acier montée sur un mannequin.*

Cette armure est d'une fabrique belle, mais simple. La cuirasse est du genre de celles appelées *hallecrets*, du temps de François Ier. Alors on donnait ce nom à des cuirasses composées de lames de largeurs égales, qui, jouant les unes sur les autres, se prêtaient aux mouvements du corps. La partie des épaulières qui couvre la poitrine est formée de lames pivotantes sur un clou, comme celles d'un éventail. Cette armure dépendait anciennement du cabinet du président de Migieux ; en 1826 elle faisait partie de celui de M. Bertholomey, de qui le Musée la tient, ainsi que la précédente.

L'épée a la poignée enveloppée d'une garde qui peut couvrir la totalité de la main, ce qui fait reconnaître qu'elle est du XVIIe siècle. C'est un ouvrage de forge dont les fabricants admirent l'exécution.

900. *Casque de la fin du XIVe siècle ou du commencement du XVe.*

Cette espèce de heaume, d'une forme qui appartient au XIVe siècle (2), et quelques débris d'une armure complète,

---

(1) Au XIIIe siècle, les épées de Cologne passaient pour les meilleures ; au XVIIe siècle, celles de Tolède étaient les plus réputées. Walter Scott, dans son roman de *Woodstock*, fait parler Wildrake à Alice Lee de manière à montrer qu'alors les épées de Tolède étaient les plus estimées et préférées à celles de fabrique italienne d'Andrea Ferrara. La scène se passe vers 1650.

(2) Quelques recherches faites sur les diverses dénominations données simultanément et successivement à l'armure de tête ont fait reconnaître qu'elle a été appelée *heaume* dès l'origine de la langue romane, et que le terme *chapel de fer* y a été joint pour désigner une espèce de casque plus léger jusqu'à la fin du XIIIe siècle ; que depuis cette époque, à laquelle la forme du *heaume* a éprouvé des modifications, on a employé avec les termes primitifs ceux de *bacinet* et *bacinet à visière*, et quelquefois celui de *salade*, jusqu'à la fin du règne de Charles VI ; que du temps de Charles VII et de

ont été trouvés, en 1805, en démolissant un caveau de l'ancien château de Vincelles-sur-Seille, arondissement de Louhans (Saône-et-Loire). Les fragments qui accompagnaient ce casque sont : une cubitière ou coudière, la partie postérieure d'une jambière, un tronçon d'épée avec la garde et la poignée, un morceau de la chemisette ou cotte de mailles, et un mors de cheval assez bien conservé pour reconnaître toutes ses formes. Ces fragments, précieux par leur ancienneté, par la certitude qu'ils dépendent tous du même harnais et par la rareté des objets analogues de cette époque, ont été donnés au Musée par M. le comte de Thoisy, en 1827.

Des documents dus à l'obligeance de M. Baudot, directeur des archives du département de la Côte-d'Or, font voir que Jean de Salins, fils de Guy de Salins, qui se dit seigneur du pâquier de Vincelles en 1373, reçut l'ordre, en 1402, du maréchal de Bourgogne, de s'armer pour s'opposer à l'ennemi, et que son petit-fils, « Claude de Salins, « bailli du Charollois, écuyer tranchant et capitaine « des « archers de la garde de Philippe, archiduc d'Autriche, « entreprit le 6 du mois de mars de l'an 511, de défendre « un pas d'armes » *en la cour de son château de Vincelles*, « *contre tous ceux qui voudroient l'attaquer.* »

Ces circonstances sont rapportées pour faire voir que quelque temps avant, et pendant le XVe siècle, le château

---

Louis XI, les termes *salade* et *salade à visière* ont été plus fréquemment usités de tous, et que c'est alors que les mots *bourguignotte* et *cabasset* se sont introduits dans le langage; enfin, sous François 1er, le nom d'*armet* a été substitué à celui de *heaume*, et toutes les différentes expressions auxquelles s'étaient jointes plus tard celle de *morion* et autres ont été définitivement comprises, depuis le milieu du XVIIe siècle, sous celle de *casque*, devenue purement générique.

N. B. *Heaume* est dit *helmus* en basse latinité. (*Loix ripuaires*, titre 36, § 6.) — Guill. de Tyr et Joinville se servent du terme *heaume* pour désigner la principale arme défensive de la tête. — Aux réglements dits *Gages de bataille* (1306), on trouve employés les noms « *heaumes, bacinez, salades et chappeaulx.* » — Dans le XIVe siècle, Froissart, quelques romanciers cités par La Curne de Saint-Palaye et autres auteurs font principalement usage du mot *bacinet*. — Au XVe siècle, les ordonnances de Charles VII et de Louis XI ne renferment que les termes *salade, salade à visière* et *cabasset*. — Au XVIe siècle, les ordonnances de François 1er substituent, comme nous l'apprend Etienne Pasquier, le mot *armet* au terme *heaume*. Il est question dans ces ordonnances de *salades crestées*, du même casque dit aussi *secrettes*, de *cervelières* et d'*habillement de teste à la bourguignonne*. —Sous Henri II, François II et Charles IX, il est parlé dans les ordonnances de deux de ces princes d'*armets*, de *salades, salades à vue coupée, salades à visières*, de *cervelières*, de *cabassets*, de *bourguignottes* et de *morions*. — Plus tard, le mot *casque* est employé par François de La Noue dans son 15e *discours militaire*, écrit vers 1575, quoique cette expression ne se trouve dans aucune des ordonnances de Henri III, rendues jusqu'en 1584, et qu'elle ne soit uniquement employée que plus d'un demi-siècle après cette date.

de Vincelles fut habité par des personnages distingués par
de hauts faits militaires, et qu'il est naturel de penser que
l'armure dont les restes ont été découverts a pu appartenir
à l'un d'entre eux. On pourrait même dire qu'il est probable que ce sont des parcelles de l'armure de Jean de
Salins, la forme du casque ne laissant aucun doute qu'il ne
soit d'une époque très rapprochée de l'année 1400.

Il existe une parfaite analogie entre cette armure de
tête et celle que l'on voit sur le tombeau du duc Philippe-
le-Hardi, mort en 1404. La construction des deux est la
même : un nombre égal de pièces principales les compose.
Elles sont disposées l'une et l'autre de manière à être placées
sur la tête sans entr'ouvrir le gorgerin, l'ouverture du col
ayant naturellement une grandeur suffisante. La visière de
ces sortes de heaumes, faite d'une seule pièce, peut être
séparée du timbre à volonté, en retirant deux goujons
placés dans un nœud de charnière près du clou sur lequel
elle pivote quand on la lève. La chose la plus marquante
qui distingue ces deux casques fermés est la forme de la
partie saillante de la visière qui est conique, allongée et
pointue dans celui du duc, tandis qu'elle est arrondie dans
l'autre et représente un énorme mufle.

901. *Morion.*

C'est le morion ou le casque des arquebusiers du temps
de Charles IX. Les gravures en bois de Tortorel en représentent beaucoup d'une coupe semblable, notamment celle
qui est intitulée : *Prinse de Montbrison* (en 1562). Ce casque
étant chargé d'ornements gravés dont le trait est doré,
on doit présumer qu'il a appartenu à un officier.

902. *Pot ou Pot-en-Tête.*

C'est le nom qu'on a cru devoir donner à ce casque ouvert, à timbre arrondi, très fort en métal. Il est pourvu
d'un rebord couvrant la nuque, de jugulaires et d'une visière du genre de celles des casques modernes. Surirey de
Saint-Remy, dans ses *Mémoires d'artillerie*, donne la figure
d'un casque qu'il appelle *pot-à-tête*, qui ressemble assez à
celui-ci. Mais ce qui distingue ce dernier est une barre de
fer nommée le *nasal*, qui est glissée verticalement dans

une ouverture pratiquée sur le milieu de la base de la visière, et est arrêtée sur le timbre par une vis de pression.
Cette barre a environ deux lignes d'épaisseur, huit lignes
de largeur et descend plus bas que le nez. Elle sert à ga-
rantir cette partie du visage, et c'est de là qu'elle tient son
nom. Son extrémité supérieure est aplatie et découpée
dans la forme d'une feuille à plusieurs lobes.

L'usage d'un nasal d'une autre espèce, qui n'était qu'un
prolongement du timbre du casque, a existé dans l'antiquité et s'est renouvelé dans le moyen-âge. On voit à l'atelier de moulage du Louvre des figures étrusques qui ont
la tête armée de casques dont le timbre se prolonge sur le
nez, à peu près comme ceux des guerriers normands de la
tapisserie de Bayeux. Tout le monde sait que cet ouvrage
célèbre représente la conquête de l'Angleterre, et passe
pour être de la main de la reine Mathilde, femme de Guil-
laume-le-Conquérant.

D'autres monuments d'une date plus rapprochée que
l'année 1066, temps de la conquête de l'Angleterre, offrent
de nouveaux exemples du prolongement du timbre du
casque sur le nez : c'est ce que fait voir M. Allou par le
fragment qu'il a publié dans le 10ᵉ volume des *Mémoires
de la Société royale des Antiquaires de France*. Les observations de l'auteur sur les casques du moyen-âge sont limi-
tées entre l'an 507 et l'an 1346. M. Allou a publié dans les
mêmes mémoires un second fragment qui comprend la
description des casques depuis la dernière époque jusqu'au
commencement du XVIIᵉ siècle.

Quant au *nasal* mobile du genre de celui du *pot-en-tête*
qui est le sujet de cet article, il se rencontre, ou du moins
voit-on la place destinée à le recevoir, sur plusieurs casques du Musée impérial d'artillerie, plus ou moins anciens,
notamment sur ceux attribués à *Attila* et *Abdérame*, et sur
celui de l'armure de *Louis XIV*, faite à Brescia en 1688.
Un second casque du Musée de Dijon (nᵒ 904) offre un nou-
vel exemple de cet usage dans des temps assez modernes.
L'ouvrage de Jacob Schreneck, intitulé : *Augustissimorum
imperatorum, etc., etc.*, qui est au cabinet des estampes de
la Bibliothèque impériale, renferme des gravures où sont
représentés plusieurs casques du XVIᵉ siècle avec le *nasal*
mobile. Nous citerons encore, comme d'une date assez récente, celui qui se voit au fronti-pice d'un ouvrage de
gravures qui a pour titre : *le Cabinet du comte Bruhl*, dont
le sujet est le portrait de ce personnage mort en 1763.

903. *Casque dit Armet.*

On donne le nom d'*armet* à ce casque, parce que sa construction et sa forme font reconnaître qu'il est du temps de François Ier.

L'armure de tête, après avoir reçu diverses modifications dans le cours du moyen-âge, acquit au commencement du XVIe siècle des perfectionnements tels, que le système de sa construction n'a plus éprouvé de changements sensibles depuis ce temps jusqu'à celui où l'usage du casque a été totalement aboli.

Dans la note attachée à l'article qui porte le n° 890, une opinion a été émise sur les principales dénominations appliquées au casque avant qu'il fût appelé *armet*. Les documents à l'appui de cette opinion n'ayant pu être développés dans la Notice des objets d'art du Musée, il a fallu se borner à de simples citations. Par la même raison on n'entrera dans aucun détail sur le *casque fermé* du XVIe siècle. On supprime avec d'autant moins de scrupule les particularités qui lui sont relatives, que la construction de cette pièce est très connue, et que d'ailleurs sa description, pour être satisfaisante, exigerait des détails minutieux qui n'appartiennent qu'à un traité complet.

904. *Casque dit Armet.*

Ce casque, d'une construction moins forte et moins belle que celle du précédent, est d'une époque plus récente.

905. *Bourguignotte.*

On donne ce nom à des casques à demi ouverts, garnis de *garde-joues* attachés au timbre, vers l'oreille, par des charnières, et auxquels tient la partie antérieure du gorgerin, ainsi divisé en deux pièces munies de crochets ou de courroies qui servent à les lier l'une à l'autre. Cette *bourguignotte* a une visière fixe, du genre de celle des casque modernes, mais qui en diffère par sa coupe, qui, au lieu d'être arrondie, est contournée symétriquement, et présente un angle saillant à son milieu.

Fauchet (*Antiquités gauloises et françaises*, p. 524) dit : « Depuis quand ces heaumes ont mieux représenté la

« teste d'un homme, ils furent nommés *bourguigno ttes*
« possible à cause des Bourguignons inventeurs. »

Le timbre de la *bourguignotte* dont il s'agit porte sur
son sommet une pointe pyramidale ; le timbre, la visière,
les garde-joues et le gorgerin sont ornés de filets gravés et
d'un grand nombre de petites têtes de clous de cuivre. On
croit que ce casque est de fabrique allemande. Une barre
nasale, semblable à celle du *pot-en-tête* décrit sous le
n° 902, y est attachée.

La *bourguignotte* du temps de Charles-le-Téméraire, duc
de Bourgogne, est d'une construction analogue à celle du
casque demi-ouvert qui vient d'être décrit, mais en diffère
en ce que sa visière, du même genre, peut être élevée et
abaissée en pivotant sur deux clous placés vers le haut des
oreilles. Un bouton de la figure d'un gland, qui orne le
sommet du timbre, est formé du prolongement d'une côte
qui s'étend du front à la nuque, et sert à renforcer la
voûte du casque. On pense que les garde-joues, qui appartiennent également aux deux casques dont il s'agit, pourraient bien être ce que Philippe de Commines entend par
le mot *bavière*, lorsqu'il parle de l'accident arrivé au comte
de Charollais, fils du duc de Bourgogne Philippe-le-Bon,
à la bataille de Montlhéri. Il dit : « Le comte de Charollais
« reçut un coup en la gorge dont l'enseigne lui est de-
« meurée toute sa vie, par le défaut de sa *bavière*, qui lui
« était cheute. » Ménage croit que c'est un hausse-col. Le
père Daniel (*Histoire de la milice française*) dit qu'il pense
que la *bavière* « étoit une cornette de taffetas dont on or-
noit l'armet. » Le lexicographe Boiste et autres l'ont répété
après lui ; mais Lacombe et Jonhson disent, avec raison,
que c'est *une partie du casque qui couvre le visage.*

Une *bourguignotte* qui avait été conservée en Suisse
comme un trophée de la bataille de Morat, et qui a fait
partie du cabinet de M. Bertholomey, a servi à établir la
distinction qui vient d'être indiquée entre cette pièce et
celle du même genre qui est le sujet de cet article.

906. *Bourguignotte fermée.*

Cette bourguignotte a une visière projetée horizontalement, qui peut être levée et baissée à volonté. A cette pièce
est attachée une plaque qui couvre le visage. Cette espèce
de masque a trois ouvertures : deux pour la vue, et l'autre

pour la respiration. Les cordons qui bordent la visière, le masque et le gorgerin, montrent à découvert le fer dont ils sont formés. Le reste est peint en noir.

907. *Morion.*

Ce casque ressemble beaucoup à celui des arquebusiers et des mousquetaires du temps de Henri IV, que l'on voit dans un ouvrage de gravures connu sous le nom de *Soldats de De Ghein*, publié en 1608.

Le graveur De Ghein, dans un chapitre d'observations placé à la suite de la planche 42e, ligne 34, dit : « Les ar- « quebusiers y sont représentés avec *morions.* » C'est par cette raison que nous avons donné le même nom à l'armure de tête dont il s'agit.

Ce casque et le hausse-col au-dessus duquel il est placé, joints au dos et au devant de cuirasse (n° 910), forment la totalité des pièces qui composaient, au commencement du XVIIe siècle, l'armure des mousquetaires et des arquebusiers. Elles sont toutes ornées de gravures disposées par bandes, qui laissent entre elles un champ poli. Les objets que représentent les ornements sont des figures et des trophées d'armes. La bande gravée au milieu du devant de la cuirasse renferme un compartiment où l'on voit un crucifix et les saintes femmes au pied de la croix.

908. *Casque, Cuirasse, Hausse-Col et Brassards.*

Ce sont des fragments d'une armure peu ancienne et de fabrique commune.

909. *Brassard complétement fermé.*

Le travail de ce brassard est analogue à celui de la bourguignotte n° 904. On pourrait croire que ces deux pièces ont dépendu de la même armure,

910. *Dos de cuirasse.*

Cette pièce n'est remarquable que par sa force, sa pesanteur et sa grande dimension. Des bandes peintes en noir sont sa seule décoration.

Donné au Musée par M. Bertholomey.

911. *Devant et Dos de cuirasse.*

Ces deux pièces, réunies au morion et au hausse-col qui sont décrits au n° 906 de cette Notice, formaient, comme nous l'avons déjà dit, la totalité des armes défensives des arquebusiers et des mousquetaires du temps de Henri IV.

912. *Cuissot ou Demi-Cuissard.*

Cette partie de l'armure était attachée au rebord du devant de la cuirasse et appliquée sur le haut du cuissard. Elle est composée de plusieurs lames, et ornée de bandes gravées qui étaient dorées anciennement.

Donné au Musée par M. Bertholomey.

913. *Manteau d'Armes.*

Sous ce titre sont désignées des pièces de même forme que celle-ci qui font partie de la collection du Musée impérial d'artillerie. La construction de ces espèces d'écus ou de boucliers fait voir qu'ils étaient destinés à couvrir la poitrine, l'épaule et le bras gauche.

Le manteau d'armes était attaché sur le côté gauche du devant de la cuirasse par des boulons à écroux. Il était disposé de manière à laisser au bras droit et à la main gauche la liberté nécessaire au maniement de l'épée et de la bride. Cette arme défensive, à laquelle on doit assigner une époque peu postérieure à celle de l'usage de la mousqueterie, ne se rencontre qu'en petit nombre dans les collections. Elle est probablement du temps de François Ier.

914. *Hallebarde du XVIᵉ siècle.*

On voit une hallebarde semblable dans un ouvrage de

sculpture du Musée de Dijon (n° 871), qui porte la date
de 1520, et dans un tableau de Paul Véronèse (n° 430), qui
doit avoir été peint cinquante ans plus tard.

915. *Hallebarde de la fin du XVII° siècle.*

La partie dorée du fer de cette hallebarde est ornée de
gravures représentant un soleil et d'autres attributs de
Louis XIV.

916. *Hallebarde du XVIII° siècle.*

Le fer doré de cette hallebarde porte d'un côté les armes,
damasquinées en argent, de la ville de Dijon, et de l'autre
les lettres M. A. L. formant un chiffre surmonté d'une couronne de roses. On pense que c'est un présent qui fut fait
à l'église Notre-Dame de notre ville à l'occasion du mariage
de Louis XVI et de Marie-Antoinette d'Autriche.

917. *Pertuisane du XVI° siècle.*

La figure de Thémis et un vaisseau gravés sur les côtés
plats du fer de cette arme font reconnaître qu'elle a appartenu aux gardes du Palais de Justice de Paris.

918. *Pertuisane de fabrique étrangère.*

Les crochets de cette arme, formés en têtes d'oiseaux,
sont finement ciselés.

919. *Pique à large fer nommé Langue-de-Bœuf.*

C'était une arme de chasse.

920. *Epée du temps de Charles VII.*

Long. de la lame, 825 mill.
Larg. près de la garde, 49 mill.

Cette épée, dont une description détaillée se trouve dans

les Mémoires de l'Académie de Dijon de l'année 1831, est
remarquable par son état de conservation et par l'intérêt
qui se rattache à des inscriptions qui avoisinent des armoiries et deux cartouches gravés sur le plat de la lame, près
de la poignée, et qui servent à constater l'ancienneté de
cette arme.

On distingue de chaque côté de la lame les armes royales
accostées de celles de la ville d'Orléans. Ces armoiries sont
surmontées d'un cartouche qui renferme les traces, encore
très visibles, d'une figure armée agenouillée au pied d'une
croix dans les branches de laquelle est entrelacée une couronne de fleurs. Une autre partie de la gravure, qui est
restée plus distincte, est composée des noms : CHARLE.
SEPTIESME et VAVCOVLEV, placés, les deux premiers
d'un côté de la lame dans la bande montante de la droite
de l'encadrement du cartouche, et l'autre sur la face oppo-
sée, dans la bande correspondante. Près de la partie supérieure des cartouches est répétée cinq fois, et gravée
plus profondément que le reste, la date 1419, qui est celle
de l'année de l'assassinat de Jean-sans-Peur. Cette date,
placée si près du nom de Charles VII, qui n'est parvenu
à la couronne qu'en 1422, est un anachronisme évident ;
aussi a-t-on voulu l'expliquer en supposant que l'épée était
tombée entre les mains d'un ennemi du roi, il aura voulu
rappeler la scène sanglante du pont de Montereau, avec
autant d'affectation pour faire une épigramme à l'honneur
de Charles VII et à la gloire dont le dévoûment de Jeanne
d'Arc avait illustré son règne.

Outre le motif de la date surchargée, il est une autre
chose plus intéressante que l'on ignore complétement :
c'est l'occasion à laquelle cette arme peut avoir été faite.

921. *Dague.*

Espèce de poignard. Cette pièce porte des marques faites
au poinçon, qui font croire qu'elle n'est pas de fabrique
européenne.

922. *Eperon de la fin du XVIᵉ siècle.*

Cet éperon, qui se chaussait sur la botte, diffère de ceux
qui ont été portés plus tard, en ce que ses branches passaient au-dessus du talon, au lieu de l'envelopper. Plusieurs monuments du moyen-âge dépendants du Musée

offrent des exemples de semblables éperons, notamment
les sculptures de la boîte d'ivoire n° 891, et celle du tableau
ou retable de l'autel portatif n° 854 de cette Notice.

923. *Une paire d'Éperons du temps de Louis XIII.*

Les branches et les boucles de ces éperons d'acier sont
ouvragés à jour. La grandeur de leurs molettes n'a rien
d'extraordinaire.

924. *Autre Éperon du même temps et de même genre.*

Cet éperon, moins finement travaillé que les précédents,
porte encore quelques traces de dorure.

925. *Poire à poudre dite Fourniment.*

Partie de l'équipement des arquebusiers du temps de
Henri IV. Corne blanche avec gravures représentant une
bataille. La garniture en fer est ornée de feuillages gravés.
La charge est garnie à sa base d'une pièce appelée *le coupe-
charge,* et à son orifice d'un *couvercle à bascule.*

926. *Poire à poudre.*

Corne de buffle terminée par une tête de dragon et fermée par un bouchon vissé. A sa base, qui est plate, est attaché un tube de la contenance d'une charge de mousquet,
garni d'un *coupe-charge.* Cette espèce singulière de poire
à poudre ou de fourniment, comme on l'appelait anciennement, disposée à l'une de ses extrémités comme un
cornet à amorce, pouvait également servir à un canonnier
et à un arquebusier.

627. *Poire à poudre de chasse.*

Corne blanche ornée de gravures. Un chasseur tenant
son huchet, et ses chiens poursuivant un cerf. Cette pièce
porte la date de 1607.

928. *Canon de fer forgé du XVIIe siècle.*

Long. 1 m. 60 c. — Calibre 10 c.

Provient des magasins de la ville. Déposé en 1845.

929. *Un fusil à vent et ses accessoires.*

Donné à la Ville par M. C. Jourdan, étudiant en droit, en 1850.

ORFÈVRERIE.

930. *Hanap.*

Haut. 324 mill.

Terme usité au XIIIe siècle, et peut-être plus anciennement, dont l'emploi s'est perpétué jusqu'à la fin du XVIe, pour signifier un grand vase à boire.

Coupe composée d'une noix de coco enrichie de cercles et d'un couvercle d'argent doré et monté sur un pied de même matière. Les ciselures qui couvrent ces ornements sont d'un dessin digne du célèbre Benvenuto Cellini. On ignore d'où provient ce bel ouvrage d'orfèvrerie du XVe siècle.

931. *Petite Coupe en argent.*

Haut. 95 mill. — Diam. 59 mill.

Le renflement du pied est orné de trois têtes de béliers ciselées et dorées. Les ornements du bord et de la base du vase sont, de même, enrichis de dorures, ainsi qu'une partie de l'extérieur et de l'intérieur de la coupe. Cette pièce d'orfèvrerie du XVIe siècle peut avoir servi de coquetier.

COUTELLERIE DU XVIe SIÈCLE.

932. *Quatre Couteaux de table et une Fourchette à découper.*

Long. 338 mill.

Manches de cuivre doré présentant d'un côté le torse d'un homme, et de l'autre celui d'une femme. Près de la virole les lames sont ciselées et dorées. La tige de la fourchette à deux fourchons est composée d'un pilastre surmonté d'une colonne d'ordre corinthien, unis l'un à l'autre par un médaillon ovale ciselé et doré sur ses deux faces.

933. *Deux Couteaux de table et une Fourchette à découper.*

Long. 306 mill.

Les manches, garnis de bois de fer, se terminent par un culot en forme d'olive allongée et pointue. Le plat des lames est doré vers le dos et près de la virole. La fourchette, emmanchée de même, a deux fourchons à la base desquels des feuilles d'ornement sont ciselées en relief.

934. *Deux petits Couteaux et un Poinçon.*

Long. des couteaux, 162 mill.
Idem du poinçon, 121 mill.

Ces couteaux, dont la lame est en partie dorée, sont marqués sur le dos de la date 1573, de l'année qui a suivi celle du massacre de la Saint-Barthélemy et a précédé celle de la mort de Charles IX. Les manches des trois pièces sont garnis de corne de cerf blanchie, et terminés par un culot de fer doré, enjolivés de filets en relief sur un noyau allongé et pointu.

La gaîne, de cuir noir, est gaufrée par impression; elle a deux coulisses disposées pour l'attacher à un fourreau d'épée. C'était un moyen que les *maîtres-fourbisseurs* avaient trouvé d'éluder les prescriptions d'une ordonnance rendue par Henri II en 1556, par laquelle il leur était défendu de vendre des épées sur le fourreau desquelles était appliquée une gaîne renfermant un couteau et un poinçon. Il est à croire que cette ordonnance était encore en vigueur à la fin du règne de Charles IX.

935. *Une Fourchette à deux fourchons.*

Long. 279 mill.

Le manche, d'ivoire, représente un homme barbu tenant un petit pain rond et une banderole sur laquelle est gravé ce mot : *Manduca.*

936. *Un Couteau.*

Long. 23 c.

Le manche, d'ivoire, a la forme d'un lion debout appuyé sur une planchette destinée à recevoir une devise ou des armoiries. La lame n'a rien de remarquable.

937. *Pied de Biche en cuivre rouge doré.*

Cette pièce, ornée de gravures, paraît avoir servi de cuvette au manche d'un grand couteau de table.

Ouvrage du XVIe siècle.

QUATRE PIÈCES DE LA TROUSSE D'UN ÉCUYER.

Carré, dans sa *Panoplie* (1), donne la description d'ustensiles tout à fait semblables qu'il met au nombre des instruments de guerre ; mais il sera difficile de leur accorder exclusivement cette attribution, quand on aura observé attentivement leurs formes et la petitesse de leurs dimensions. On croira plutôt devoir comparer cet assortiment à nos couteaux de plusieurs pièces dont l'usage est commun à ceux qui ont l'habitude du cheval, soit pour la promenade, le voyage, la chasse ou la guerre.

Des quatre pièces de la trousse de l'écuyer, Carré n'en

______

(1) Paris, Fuchs, libraire, quai des Augustins, n° 28, 1795 ; pag. 198 et planch. Ire.

décrit que trois. Celle appelée plus bas le *passe-corde* manquait à sa collection, et le tourne-vis qui termine la lame de notre *couteau* dit *rogne-pied* n'existe pas dans le dessin qu'il donne de cet ustensile. Toutefois, s'il y a manque ou défectuosité à l'assortiment que présente l'auteur de la *Panoplie*, ces pertes sont compensées par l'intérêt qui se rattache aux armes des Montmorency et à un chiffre, qui sont ciselés sur deux des instruments dont il parle.

Le premier que nous décrivons est appelé par Carré : *Hachereau.*

938. *Hachereau.*

Long. 23 c.

Le tranchant de la lame de cette pièce est droit dans presque toute sa longueur et se termine en pointe crochue qui peut servir à atteindre une branche qu'on veut tirer à soi pour la couper.

939. *Rogne-pied.*

Long. 24 c.

La lame de ce couteau, très courte, tronquée et terminée par un tourne-vis, a un dos fort et assez large pour recevoir le coup d'un marteau, de manière à pouvoir l'employer à couper un corps dur tel que la corne. La tige qui réunit la lame au manche est carrée et taillée comme une râpe, ce qui indique que cet instrument est destiné à parer le pied du cheval.

940. *Couteau de pié.*

Long. 21 c.

C'est ainsi que les bourreliers nomment un instrument dont le tranchant a la forme d'un segment de cercle, et qui sert à couper le cuir en lanières ou autrement. Celui-ci peut se renverser à volonté par un mouvement de charnière, de sorte que quand le tranchant d'une des extrémités de la lame est émoussé, on peut se servir de l'autre.

941. *Passe-corde*.

Long. 22 c.

Poinçon percé près de sa pointe, que les bourreliers emploient, comme une sorte de grosse aiguille, à faire des coutures avec de la ficelle ou des lanières de cuir. — Les lames des quatre spièce sont ciselées et dorées partiellement. Les manches, garnis en os gravé, sont terminés par un culot de forme de vase renversé.

SERRURERIE.

942. *Serrure du XVIᵉ siècle*.

Long. 23 c. — Larg. 162 mill. — épaiss. 54 mill.

Cette serrure, qui garnissait une des portes de l'escalier de la tour du palais ducal, est d'une construction remarquable. Elle du genre de celles appelées aujourd'hui serrures *bénardes*.

943. *Deux Clefs*.

L'une, de fer, a appartenu à la serrure d'un bahut du XVᵉ siècle. L'autre, en cuivre jaune, est une de ces clefs dites anciennement *loquets à cordelières* ou *loquets à vielle*.

IVOIRES.

944. *Diptyque*.

Tablettes ou tableaux de deux pièces.

Chacun des morceaux d'ivoire qui composent cet ouvrage de sculptures a les dimensions suivantes :

Haut. 263 mill. — Larg. 137 mill. — épaiss. 13 mill.

Ce diptyque, remarquable par la finesse de l'exécution, l'état parfait de sa conservation et la beauté de la matière, est divisé en six compartiments renfermant sept sujets.

Premier compartiment :

*La Résurrection du Lazare et l'Entrée de Jésus-Christ
à Jérusalem.*

Deuxième compartiment :

Jésus lavant les pieds à ses Apôtres.

Troisième compartiment :

La Cène.

Quatrième compartiment :

Jésus au Jardin des Oliviers.

Cinquième compartiment :

La Trahison de Judas.

Sixième compartiment :

Le Crucifiement.

Le Musée possède cet objet rare depuis l'année 1814. Avant
que M. Hoin, alors conservateur du Musée, en fit l'acquisition, il était tombé entre les mains de quelque amateur
qui crut l'embellir en le privant des teintes brillantes qui
le décoraient primitivement, et dont il reste encore assez
de traces pour prouver que la couleur et la dorure étaient
appliquées à ce diptyque, comme à la plus grande partie
des ouvrages de sculpture du moyen-âge. (XV⁰ siècle.)

945. *Buste d'ivoire pris dans une plaque.*

Haut. 58 mill.

Costume du temps de Louis XIV.

946. *Deux Boîtes d'ivoire, dites Boîtes à mouches.*

Les couvercles de ces boîtes rectangulaires sont chargés
d'ornements finement sculptés.

947. *Une petite Vierge en ivoire.*

Haut. 95 mill.

948. *Une petite Tête de mort en ivoire.*

Haut. 44 mill.

Sur cette tête est sculpté un crapaud.

Ces deux objets proviennent du legs fait à la Ville par M. Puxin en 1857.

—

BOIS SCULPTÉS.

949. *Etui de Livre de prières.*

Haut. 162 mill. — Larg. 81 mill. — Epaiss. 49 mill.

Bois de buis. Fin du XVe siècle.

Cet étui a l'apparence d'un livre dont le plat serait formé
d'un réseau finement ouvragé. A l'imitation des feuillets,
les tranches sont striées, et l'une des trois est façonnée en
coulisse pour ouvrir et fermer l'étui à volonté.

950. *Peigne.*

Haut. 18 c. — Larg. 203 mill.

Bois de buis. XVe siècle.

Des dents très fines, taillées sur l'un des longs côtés de
ce peigne gigantesque, et de très grosses sur l'autre, laissent entre elles un champ dont les deux faces sont sculp-
tées ; l'une présente un sujet tiré d'une pièce de poésie du
XVe siècle, intitulée : *le Lai d'Aristote* ; l'autre un épisode
du roman *du Renard*, par Pierre de Saint-Cloud.

14*

951. *Autre Peigne.*

Haut. 115 mill. — Larg. 142 mill.

Buis. Fin du XVᵉ siècle.

Les deux extrémités du champ qui reste entre les dents de cet ustensile de toilette sont composées d'ornements finement découpés à jour. Au centre d'une des faces est sculptée cette devise en caractères gothiques : SAN MAL PANSER (*sans mal penser*). Sur l'autre face du peigne sont disposées des coulisses qui découvrent deux petits miroirs circulaires.

952. *Une Croix dite Croix-d'Ywan.*

Haut. 2² c. — Long. des bras 8 c. — Larg. du bois 33 mill.

Ouvrage de sculpture en bois d'une seule pièce.

Sur les deux faces principales sont sculptés et travaillés à jour douze sujets relatifs à la vie de Jésus-Christ et de la Vierge Marie. L'épaisseur de ce petit monument et les faces de son piéde-tal hexagone sont ornées de vingt figures de saints et d'un même nombre de bustes et d'emblêmes en médaillons. Une légende en langue et en caractères russes, placée au-dessus de chaque tableau, en explique le sujet. Le style du dessin et des diverses compositions de cet ouvrage, d'une délicatesse surprenante, ne porte pas à croire qu'il soit très ancien.

Iwan IV (Vassiliévitch), surnommé le Terrible, premier des empereurs de Russie qui prit le titre de czar (en 1533), introduisit dans ses Etats l'usage de ces sortes de croix, dont les faces et les épaisseurs sont ornés de sujets tirés du Nouveau-Testament. Depuis le règne de cet autocrate, ces croix ont conservé la même dénomination de croix d'Iwan. On voit aujourd'hui dans la plupart des familles russes des ouvrages de sculpture de ce genre (*Information communiquée par M. Adelbert de Bornstedt*) (1).

Don fait au Musée de Dijon en 1834, par M. Perriquet, officier en retraite.

---

(1) Un savant voyageur, récemment revenu de Grèce, rapporte que les moines du mont Athos se sont occupés de temps immémorial de l'exécution de semblables ouvrages. Il pense que la Croix du Musée de Dijon, quoique chargée d'inscriptions en langue russe, pourrait, d'après l'analogie du travail et de la composition des sujets, être sortie du ciseau des religieux qu'il vient de visiter. Il a vu dans leurs ateliers un ouvrage inachevé du même

953. *Deux petits Médaillons en bois de poirier*.

Diam. 4 c.

Tête d'homme vue de face et couverte d'une toque ; ce personnage est barbu et porte le collier d'un ordre étranger. — Deux têtes de femmes vues de profil et superposées dans le même médaillon.

Cette sculpture appartient à l'école allemande. XVI⁰ siècle.

OBJETS MOBILIERS.

954. *Tablier*.

Long. 182. mill. — Larg. 146 mill. — Haut. 61 mill.

Au XIII⁰ siècle ce mot signifiait un damier, un tric-trac, un échiquier. L'usage de ce mot s'est perpétué longtemps ; mais aujourd'hui, sans être entièrement banni du langage, il n'est plus guère employé que dans les cabinets de curiosités et dans les fabriques de tabletterie.

Ce *tablier* est une boîte carrée plaquée en marqueterie d'os et de bois de couleur; le couvercle est extérieurement divisé comme la table d'un tric-trac ; l'intérieur, destiné à renfermer un cornet, des dés, des dames et un jeu d'échecs, est doublé de toile rouge. La face inférieure est distribuée en carrés de deux couleurs comme nos échiquiers modernes. La petite dimension de cet objet porte à croire qu'il était plus propre à servir de jouet aux enfants d'un seigneur châtelain qu'à exercer la tactique des Calabrois et des Philidor des siècles passés.

955. *Table du XVI⁰ siècle*.

Haut. 89 c. — Long. 1 m. 70 c. — Larg. 89 c.

Table à coulisses et à estrade en bois de noyer, ornée de

---

genre, qui devait être livré au prix de 2,000 fr., et il estime la valeur de celui que Dijon possède à 1,200. — Le même voyageur donne l'explication d'un des nombreux reliefs qui décorent les faces de notre petite croix, dont le sujet est difficile à trouver, parce que les artistes d'Occident ne sont pas dans l'usage de le représenter : Jésus-Christ marche sur une croix couchée horizontalement en travers d'une fosse profonde, ce qui désigne sa descente aux limbes.

sculptures et d'incrustations en os. Quelques parties de cet ouvrage remarquable par la richesse et l'élégance du travail avaient été dorées primitivement; mais il ne reste plus que de faibles traces de cette demi-magnificence dont beaucoup d'autres meubles du XVIe siècle offrent l'exemple.

Cette superbe table a été achetée d'un habitant du village de Tart, canton de Genlis, et restaurée en 1829.

956. *Cabinet d'ébène.*

Haut. 1 m. 96 c. — Larg. 1 m. 90 c.

Ce meuble, porté sur douze colonnes, est orné de figures en bas-relief d'un beau style.

Légué au Musée en 1835, par M. Poncet, professeur à la Faculté de droit de Dijon.

957. *Cabinet d'Allemagne.*

Plaqué en écaille.

958. *Deux petites Consoles.*

Haut. 20 c.

Bois sculpté et doré, époque Louis XV.

Legs de M. Duxin en 1857.

ÉMAUX

ÉMAUX PEINTS DE LA FABRIQUE DE LIMOGES (1).

Dès le XII⁰ siècle, Limoges jouissait d'une grande réputation pour ses cuivres émaillés et répandait ses produits dans toute l'Europe. Cette manufacture ayant survécu aux guerres qui désolèrent la France pendant les siècles suivants, François Iᵉʳ la prit sous sa protection immédiate et en confia la direction à Léonard Limousin; elle subsista jusqu'au milieu du XVIIIᵉ siècle, époque à laquelle l'introduction en France de l'art de peindre sur porcelaine et la création de la manufacture royale de Sèvres contraignirent les artistes de Limoges à fermer leurs ateliers. Les émailleurs limousins ne sont guère connus que par leurs œuvres; leurs noms ne sont pas même venus toujours jusqu'à nous ; plusieurs monogrammes restent encore inexpliqués, et on ne connaît rien ou presque rien de la vie de ces hommes qui parfois furent de grands artistes, et qui ont illustré leur art ainsi que la ville où ils l'ont exercé.

PENICAUD (Jean), le troisième. Première moitié du XVIᵉ siècle.

959. *Combat de Samson contre les Philistins.*

Haut. 61 mill. — Larg. 81 mill.

Grisaille teintée sur fond noir. Plaque rectangulaire.

Vers la gauche, Samson, brandissant la mâchoire d'âne avec laquelle il vient de frapper un homme étendu à ses pieds, s'élance au-devant de cavaliers dont les montures se cabrent et reculent effrayées.

---

(1) Les documents d'après lesquels a été rédigée la partie de la Notice relative aux émaux et à l'art céramique nous ont été communiqués en grande partie par M. Tainturier, membre de la Commission archéologique de la Côte-d'Or.

M. Capmas, dont le nom fait autorité en pareille matière, et dont la belle collection atteste le goût le plus pur, a bien voulu aussi nous prêter l'appui de ses précieuses connaissances; nous lui devons notamment des détails pleins d'intérêt sur l'émailleur Colin.

960. *Samson et Dalila.*

Haut. 61 mill. — Larg. 81 mill.

Grisaille teintée sur fond noir. Plaque rectangulaire.

Le sujet est divisé en deux parties : dans l'une on voit Samson à demi couché, et Dalila qui lui coupe les cheveux ; dans l'autre, les Philistins entraînent Samson dépouillé de sa chevelure.

Au revers de ces deux plaques se voit, quatre fois répété sur chacune, le poinçon des Pénicaud, formé des lettres P. et L. liées et surmontées d'une couronne. Ces deux admirables grisailles, d'une finesse d'exécution vraiment remarquable, peuvent être citées parmi les plus parfaites et rangées au nombre des plus savants produits de l'art de l'émaillerie au XVIᵉ siècle. Elles sont mentionnées avec éloge dans la Notice des émaux du Louvre, de M. de Laborde, qui, en parlant de leur auteur, Jean Pénicaud III, dit qu'il fut « un grand artiste, un dessinateur plein d'esprit, un coloriste rempli de ressources, et, dans quelques productions, le talent supérieur et la gloire de Limoges. »

COURTOIS (Jean). Première moitié du XVIᵉ siècle.

961. *Adam et Eve dans la Paradis terrestre.*

Haut. 162. mill. — Diam. 175 mill.

Coupe à pied, en grisaille sur fond noir, les chairs colorées, avec rehaut et filets d'or, marque I C.

La partie extérieure de cette coupe est ornée de masques en tons de chairs reliés par des enroulements en grisaille ; autour du pied, des Termes et des griffons également en tons de chair ; le dessous du pied est semé de fleurs de lis d'or.

Anonyme. XVIᵉ siècle.

962. *Hercule et Antée.*

Diam. 81 mill.

Plaque ronde en grisaille teintée et rehaussée d'or sur fond noir.

Hercule et Antée, nus et à cheval, combattent des hommes

également nus et armés de massues ; les héros paraissent
sortir d'un fleuve dans lequel baignent encore les pieds des
chevaux. Les terrains du premier plan sont teintés de vert,
les chevaux des personnages sont dorés. En haut et circu-
lairement se lit cette inscription en lettres d'or :

LES : NOBLES : ET : PVISAN : ERCVLES : ET : ANTÉE.

Cette plaque n'est pas signée : mais nous croyons qu'elle
peut être justement attribuée à Pierre Raymond, émailleur
célèbre du XVIe siècle.

COLIN (PIERRE). XVIe siècle.

963. *Josué à cheval.*

Diam. 20 c.

Plaque ronde en émaux de couleur sur fond noir, détails
dorés. Au bas se voit la marque C N.

Josué est représenté à cheval, de profil, en costume
oriental, un turban sur la tête ; un cimeterre pend à son
côté ; de la main gauche il tient un sceptre. Le cheval, qui
est blanc, est couvert d'un caparaçon bordé de bleu, retenu
sur le devant par une écharpe de même couleur et orné
d'un griffon également bleu. Par côté se lit le nom de Josué
en lettres d'or, et en haut la lettre D, indiquant une suite.

La marque C N, qui se trouve sur la plaque que nous
venons de décrire, se rencontre sur un grand nombre d'émaux
du XVIe siècle, tantôt seule, tantôt accompagnée d'une date.
On ignore assez généralement que cette marque est celle de
Pierre Colin, émailleur du XVIe siècle, plus fécond qu'habile. Le nom de Pierre Colin est cependant resté dans l'histoire de l'émaillerie ; il est cité dans plusieurs ouvrages
anciens. Quant à sa marque, formée de la première et de
la dernière lettre de son nom, elle n'est point douteuse :
en effet, il existe dans des collections particulières deux
coupes d'un travail identique, représentant toutes deux le
même sujet, Goliath tué par David, et sur l'une desquelles
on voit en toutes lettres le nom de Colin, tandis que sur
l'autre on voit simplement la marque C N.

Donné au Musée par M. Ligeret du Croizot, de Semur, en 1835.

Anonyme. XVIe siècle.

964. *Le mois de Novembre.*

Diam. 208 mill.

Assiette ronde peinte en grisaille sur fond noir, filets dorés.

Cette pièce a fait partie d'une suite des douze mois de l'année; le sujet est imité d'une gravure d'Etienne de Laune. Au centre de la composition, une femme tond une brebis; à droite, un homme s'avance vers elle en portant une seconde brebis, pendant qu'une femme placée de l'autre côté broie du chanvre. On voit au fond deux hommes battant du blé dans une grange, et dans le haut le signe du Sagittaire entouré de nuages.

L'encadrement est orné de quatre petits médaillons oblongs, dans lesquels des figures sont peintes en or sur émail blanc; une frise en grisaille et une vignette dorée complètent ce décor. Le revers est orné de mascarons et d'arabesques.

Cette pièce ne porte par de marque particulière; néanmoins elle peut être attribuée à Pierre Pénicaud, dont le talent fut bien inférieur à celui de son frère Jean Pénicaud III, dont nous avons parlé plus haut.

LAUDIN (Jean), né en 1616, mort en 1688.

Les émaux de Jean Laudin dont on va lire la description méritent d'être cités parmi les œuvres les plus remarquables de cet émailleur chez lequel, au milieu d'une époque de décadence; on est comme étonné de retrouver parfois quelques-unes des qualités précieuses des artistes éminents qui illustrèrent au XVIe siècle l'art de l'émaillerie.

M. de Laborde, dans sa Notice des émaux du Louvre, mentionne avec éloge la plaque sur laquelle l'émailleur a représenté saint Martin partageant son manteau avec le pauvre, et les quatre plaques représentant les quatre points du jour. Quant à la sixième pièce de J. Laudin que possède le Musée de Dijon, la coupe, c'est une œuvre charmante, et il n'en existe peut-être pas dans ce genre, du même maître, qui lui soit supérieure.

965. *Saint Martin partageant son manteau avec un pauvre.*

Haut. 17 c. — Larg, 23 c.

Plaque rectangulaire en émaux de couleur sur fond noir, avec détail doré. Marque I L.

Au centre de la composition, saint Martin, monté sur un beau cheval blanc, coupe son manteau avec son épée; près de lui, le mendiant s'appuyant sur une béquille; vers la gauche, le portrait du donateur à genoux et en costume d'ecclésiastique du XVIIe siècle. La tête du saint est entourée d'une auréole dorée; il porte une cuirasse bleue et une toque à plumes blanches; son manteau est de couleur violette, ainsi que la housse du cheval. Dans le fond, un paysage qui se termine par la vue de la ville d'Amiens.

Donné au Musée par M. Ligeret du Croizot, de Semur, en 1835.

966. *Les quatre points du jour.*

Haut. 149 mill. — Larg. 180 mill.

Quatre plaques rectangulaires émaillées en grisaille, avec filets dorés. Marque I L.

Scènes rurales, avec légendes explicatives du sujet.

Le matin est accompagné de cette inscription :

> Dès la pointe du iour ie sors de mon village
> Pour porter au marché volailles et feuillage.

Un jeune homme se repose au milieu de la campagne; près de lui, un panier renfermant des fruits, une cruche et de la volaille; à droite, un village dans le lointain.

Les trois autres pièces, de disposition semblable, représentent des sujets analogues.

967. *Coupe basse à deux anses.*

Diam. 142 mill. — Haut. 43 mill.

Email en grisaille, avec détails dorés. Marque I L.

Le sujet peint au centre de la coupe représente Angélique et Médor. Autour, on voit le festin des dieux de l'Olympe et les noces de Psyché. Le revers est décoré d'arabesques entourant un écusson armorié.

15

EMAUX-PORCELAINE DU XVIIIe SIÈCLE.

On appelle ainsi des pièces émaillées dans lesquelles on a cherché à imiter les peintures sur porcelaine des manufactures de Saxe et de Sèvres. Ces objets se fabriquaient en France et en Allemagne dans la seconde moitié du XVIIIe siècle.

968. *Paysage avec figures.*

Haut. 92 mill. — Diam. 122 mill.

Plaque rectangulaire, avec encadrement de similor.

Sur le bord d'une rivière plusieurs personnages, entre autres un chasseur conduisant des chiens.

969. *1° Une tabatière carrée.*

Elle est montée en similor, avec paysages en camaïeu bleu sur fond blanc.

2° Une petite boîte à mouches.

Egalement carrée, elle est montée en similor; fond bleu avec bouquets coloriés, mouchetures et encadrement suré-maillés de blanc.

3° Un Moutardier à couvercle.

Il est cerclé de similor, et sa coupe a une anse; fond couleur de rose, orné comme l'objet précédent.

ART CÉRAMIQUE

TERRE ÉMAILLÉE, FABRIQUE DE BERNARD PALISSY.

Bernard Palissy naquit à Lachapelle-Biron vers 1510. Après vingt années d'épreuves, d'essais, de labeurs ruineux, *après un millier d'angoisses cuisantes*, il réussit à trouver la composition des émaux dont il recouvrit ses admirables poteries. Parti d'une position infime, il sut, par sa persévérante énergie et son savoir prodigieux, eu égard à l'époque à laquelle il vivait, acquérir une grande réputation qui lui valut la protection du roi et de la reine mère; ce qui ne l'empêcha pas de mourir à la Bastille, en 1589, victime des persécutions religieuses.

970. *Plat de forme ronde, sur lequel est représenté en relief Persée délivrant Andromède.*

Diam. 243 mill.

Belle épreuve, sans bordure, d'une des plus remarquables compositions de Palissy.

971. *Plat de forme ovale avec bordure.*

Dimensions, 257 mill. sur 203 mill.

On y a représenté en relief Jupiter qui a pris la figure de Diane pour séduire la nymphe Calysto.

972. *Plat de forme ronde avec encadrement.*

Diam. 27 c.

Sujet tiré de la Fable, également exécuté en relief sur le fond du plat.

FAIENCE DE NEVERS DU XVIe SIÈCLE.

973. *Aiguière d'une forme élégante.*

Haut. 266 mill.

Fond bleu sur lequel se détachent en blanc et jaune des fleurs et des feuillages.

Imitation de l'ancienne faïence de Perse.

———

FAIENCE DE DELFT (Hollande) DU XVIIe SIÈCLE.

974. *Deux vases de forme octogone avec leurs couvercles.*

Haut. 22 c. — Diam. 162 mill.

Formes et peintures imitées des porcelaines chinoises. Riche décoration en couleur où dominent un bleu et un rouge d'un grand éclat.

———

FAIENCE DE FABRIQUE FRANÇAISE DU XVIIIe SIÈCLE.

975. *Deux Brûle-Parfums avec couvercles percés.*

Haut. 293 mill.

Ornés de branchés et de feuillages en reliefs coloriés sur un fond blanc.

Imitation de la porcelaine de Saxe.

976. *Un Vase de forme ovoïde.*

Haut. 45 mill.

Ce vase et son couvercle sont ornés de peintures de couleur bleue.

———

GRÈS DE FLANDRE DU XVIIe SIÈCLE.

977. *Une canette en grès gris.*

Haut. 27 c.

Ce vase, qui a un couvercle à charnière en étain, est orné de trois figures dessinées en relief: le roi David, le roi Artus et sainte Hélène. Cette dernière tient une banderole sur laquelle est inscrite la date de 1569.

PORCELAINES DE SÈVRES.

978. *Deux Vases avec peinture du style Louis XV.*

Haut. 50 c. — Circonf. 75 c.

Le fond est bleu et orné de feuillages jaunes en relief encadrant deux médaillons dans lesquels sont peints les sujets suivants :

Sur l'un de ces vases on voit un jeune homme à genoux devant une jeune femme qui lui abandonne sa main. Du côté opposé, l'Amour s'élève dans les airs, portant son flambeau et une guirlande de fleurs.

Sur le second : un jeune homme et une jeune femme sont assis en se détournant l'un de l'autre ; le côté opposé représente un amour qui se repose sur son arc au milieu des nuages.

Ces vases ont été donnés à la Ville par l'Empereur en 1854.

979. *Vase avec peinture et à anse de cuivre doré.*

Haut. 1 m. 20 c. — Circonf. 1 m 75 c.

D'un côté est représenté Louis XIV. A ses pieds, sa couronne et son sceptre sont posés sur un coussin et protégés par un aigle ; à côté de lui, et plus bas, est assis Colbert tenant un livre sur lequel est écrit : *Marine.* Plusieurs autres personnages illustres les entourent. A gauche, sur un rouleau de papier, on lit : Th. Fragonard, 1853.

De l'autre côté, la France appuyée sur un aviron, et à laquelle des génies apportent les riches produits du commerce maritime.

Ce vase a été donné à la Ville par M. le maréchal Vaillant, après l'Exposition de Dijon de 1858.

980. *Un petit Vase avec fleurs en relief et dorures.*

Haut. 9 c.

PORCELAINE DE SAXE DU XIIIe SIÈCLE.

981. *1° Quatre boîtes rectangulaires.*

Avec sujets et bouquets peints sur un fond blanc.

2° Un bouquetier avec couvercle percé.

Il est chargé d'ornements en relief, composés de fleurs
et de feuillages coloriés sur fond blanc.

3° Deux petits Vases de formes différentes.

982. *Divers objets.*

Tour les objets compris sous ce numéro n'exigent point
de description.

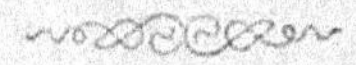

MOSAIQUES.

983. *Mosaïque de fabrique italienne.*

Haut. 18 c. — Larg. 23 c.

Un oiseau sur une branche, et des insectes.

Ouvrage sur fond noir dans une bordure de bronze doré.

984. *Deux Mosaïques de même fabrique que la précédente.*

Haut. 243 mill. — Largeur 189 mill.

Le sujet de ces pièces, qui font pendants, est un oiseau perché sur une branche. Le fond blanc est bordé d'une bande de marbre veiné rouge et blanc.

————

MOSAIQUES DITES DE FLORENCE.

Ces ouvrages de marqueterie en pierre diffèrent des mosaïques ordinaires en ce qu'ils sont faits de grandes pièces de dimensions et de formes variées, tandis que les autres sont composées de petites parcelles de grandeurs à peu près égales.

985. *Un paysage avec fabriques et figures.*

Haut. 155 mill. — Larg. 23 c.

Forme carrée sur un fond de schiste arborisé.

Placé dans les salons de la Préfecture.

986. Même sujet.

Même forme, mêmes fond et dimensions.

Placé dans les salons de la Préfecture.

987. *Une Marine.*

Haut. 135 mill. — Larg. 162 mill.

Forme ovale.

Placée dans les salons de la Préfecture.

CAMÉES ET PIERRES GRAVÉES.

988. *Adam et Eve tentés par le Serpent.*

Diam. 18 mill.

Les figures, prises sur la couche grisâtre de l'onyx, se détachent sur le fond brun de la sardoine. On voit, gravées en creux sur le revers, les têtes, en regard, de saint Jacques et de saint Philippe.

Sardonyx orientale à deux couches, montée en argent, forme ronde. Ouvrage du XVIe siècle, monture du XVIIe.

989. *Tête de Méduse.*

Haut. 22 mill. — Larg. 18 mill.

Elle est prise sur la couche blanche de l'onyx et se détache sur le fond brunâtre de la pierre.

Sardonyx semblable à la précédente et montée de même. Forme ovale.

990. *Tête de Nègre.*

Haut. 29 mill. — Larg. 22 mill.

Prise dans la couche noire de la sardoine, elle se détache sur le fond brunâtre de l'onyx.

Sardonyx orientale à deux couches. Forme ovale.

991. *La Vierge et Jésus enfant.*

Haut. 29 mill. — Larg. 15 mill.

Ces figures sont prises dans la couche blanche de la pierre.

Agate onyx à deux couches. Ouvrage du XVe siècle. Forme d'amande.

992. *Tête casquée.*

Haut. 36 mill.

Agate orientale. Gris laiteux. Fragment d'un buste.

993. *Saint Georges à cheval terrassant le Dragon.*

Haut. 61 mill. — Larg. 49 mill. — Epaiss. 7 mill.

Au centre de cette stéatite verdâtre on voit la figure du saint. Elle est environnée d'un encadrement composé de douze sujets relatifs à sa vie et à son martyre. On reconnaît, au costume militaire et aux caractères grecs tracés au-dessus de l'ouvrage, qu'il n'est pas d'une date plus ancienne que le XIIe siècle.

994. *Deux Têtes de personnages de l'antiquité.*

Long. 5 c.

Sculptée sur un caillou blanc. Forme ovale.

995. *Plusieurs autres Pierres gravées.*

OBJETS DIVERS.

996. *Vitrail.*

Haut. 68 c. — Larg. 51 c.

Il représente saint Georges à cheval, terrassant le dragon.

Dans des compartiments réservés au bas de ce sujet, se trouvent une inscription en langue allemande avec la date de 1661, et un petit bâtiment accompagné de tours carrées au-dessus duquel sont représentées deux clefs et une tiare.

Ce vitrail a été acheté par la Ville en 1854.

997. *Tableau en tapisserie.*

Haut. 92 c. — Larg. 77 c.

Il représente les ruines d'une chapelle gothique sous les voûtes de laquelle on aperçoit une tombe.

Ouvrage exécuté par Mme Caroline Berthot, de Dijon.

Donné par l'auteur en 1856.

998. *Tableau avec encadrement architectural.*

Haut. 433 mill. — Larg. 243 mill.

Ce tableau, représentant la Madeleine repentante, est peint sur une plaque de prime d'améthiste et enrichi d'une bordure dont la forme se rapproche de celle d'un retable d'autel. Deux pilastres de jaspe vert sont ornés de chapiteaux et de vases d'argent. L'entablement et le fronton qui les couronnent, le socle en cul-de-lampe et les piliers qu'ils décorent sont finement exécutés en ébène, ornés de filets d'argent et d'autres incrustations de lapis, de jaspe et d'agate de diverses couleurs.

Ce tableau est signé Laura Campana.

999. *Deux Manches de cachets avec monture en bronze sans gravures.*

L'un est de prime d'améthyste, avec filets et ornements en relief. — L'autre, de jaspe vert, est taillé à facettes unies.

1000. *Quatre Vases d'Albâtre d'un travail recher-*
ché.

Albâtre gypseux.

Deux de ces vases, de forme ovale, sont montés en cuivre
doré.

Haut. 324 mill. — Diam. 216 mill.

Les deux autres vases, de forme ronde, ont pour anses
des serpents enlacés.

Haut. 189 mill. — Diam. 135 mill. et 243 mill.

1001. *Une cassolette de poudingue siliceux.*

Haut. 108 mill. — Diam. 175 mill. et 124 mill.

Cette pièce, de forme ovale, est richement montée en
similor.

1002. *Une cassolette de serpentine.*

Haut. 135 mill. — Diam. 17 c.

Ce vase ventru, de forme ronde aplatie, est décoré de
cercles et d'un couvercle d'or moulu chargé d'ornements.

1003. *Une coupe de pierre siliceuse rouge et*
blanche.

Haut. 54 mill. — Long. 135 mill. — Larg. 108 mill.

Ouvrage de fabrique allemande, extérieurement orné de
cannelures, d'enroulements et de filets.

1004. *Une petite châsse de nacre.*

Long. 69 mill. — Larg. 56 mill. — Epaiss. 11 mill.

Elle est composée de deux pièces Celle qui forme le devant est percée d'une ouverture qui suit parallèlement la
coupe des bords Tout l'ouvrage est extérieurement gravé
et enjolivé de petits clous d'or.

OUVRAGES DE FABRICATION ORIENTALE.

1005. *Tableau chinois composé de huit feuilles.*

Haut. 1 m. 35 c. — Larg. 3 m. 46 c.

Anciennement monté en paravent. Vernis de laque noir sur bois, avec sujets coloriés.

Au milieu de la partie supérieure du tableau, dans un pavillon ouvert dont la tenture est ornée du dragon impérial à quatre griffes (1), est représenté l'empereur de la Chine entouré de sa cour. En avant sont des danseuses et des musiciennes. Sur la droite, on voit arriver à cheval, et accompagné d'une suite nombreuse, un grand personnage couvert d'un vaste parasol. On le reconnaît à son étendard et à la réception qui lui est préparée par des musiciens placés dans un orchestre à l'entrée du palais.

La gauche du tableau est occupée par diverses fabriques environnées de jardins et de pièces d'eau. Ce quartier est habité par l'épouse de l'empereur et ses femmes, livrées à différentes occupations. Quelques-unes d'entre elles surveillent les enfants et partagent avec eux les plaisirs de la pêche.

Tout ce qui, dans un dessin ordinaire, forme le trait et le fond du sujet, est composé ici de laque noir, appliqué en saillie du plan des objets coloriés. Par ce moyen, le lustre peut être rendu aux parties vernies, sans que le frottement endommage la peinture. Quelques dorures et une bordure de feuillages coloriés décorent ce tableau, dont les détails sont un modèle de patience et d'adresse. Cette espèce de laque est appelée laque de Coromandel.

1006. *Tableau composé de six feuilles.*

Larg. 3 m. 25 c. — Haut. 1 m. 57 c.

Ouvrage du même genre que le précédent, verni de laque noir sur bois.

Les peintures dorées de ce tableau représentent un pay-

---

(1) Le dragon, enseigne de l'empire, a cinq griffes à chaque pied. Il est défendu aux sujets de l'empereur de la Chine de le représenter sur les objets à leur usage autrement qu'avec quatre griffes, et cela sous peine de mort. (*Coutumes religieuses de tous les Peuples du Monde*, tom. V, pag. 338.)

sage orné de fabriques et d'arbres finement exécutés. Sur ses larges bordures sont peintes, de la même manière, diverses espèces d'oiseaux posés sur des branches et autrement. Un encadrement formé de rinceaux dorés règne autour de l'ouvrage.

VIEUX LAQUES.

On appelle ainsi certains ouvrages vernis, fabriqués par les Chinois, dont le lustre est magnifique et le travail de la plus grande recherche. Ceux du même genre qui ont un moins grand mérite d'exécution et sont moins brillants s'appellent simplement laques de la Chine.

1007. *Une boîte octogone, fond aventuriné.*

Haut. 36 mill. — Diagon. 92 mill.

Sur le couvercle, à gorge ronde, sont représentés trois personnages portés dans les airs sur le dos d'un oiseau du genre du héron. Les faces latérales de la boîte et le fond sont chargés chacun d'une petite fleur. Ces ouvrages, d'une belle conservation, sont un chef-d'œuvre de ce genre de laque.

1008. *Six Boîtes et autres pièces de vieux laque.*

Une boîte rectangulaire, avec paysages et fabriques. — Deux petites boîtes sphériques, avec fleurs et paysages. — Une boîte, forme d'un cœur, fond brun rougeâtre aventuriné, avec fleurs et feuillages d'un relief très prononcé. — Deux boîtes ovales chargées de quelques fleurs. — Une soucoupe, fond rouge orné de fleurs et d'oiseaux d'un travail fin et recherché. Ouvrage d'une parfaite conservation. — Une soucoupe semblable moins bien conservée. — Autre soucoupe, fond couleur de fer orné d'oiseaux.

1009. *Une Boîte à main, de forme rectangulaire avec ventail à coulisse.*

Haut. 108. mill. — Larg. 86 mill. — Prof. 67 mill.

Le ventail porte le dragon impérial à quatre griffes. La face supérieure de la boîte et la main qui y est attachée sont ornées de rinceaux. Sur les trois autres faces on a représenté des paysages.

1010. *Une Boîte à couvercle.*

Diam. 148 mill. — Haut. 67 mill.

Forme d'écuelle à rebords festonnés ; ornements de fleurs dorés et coloriés sur un fond imitant le bois veiné.

1011. *Un Cabinet à deux ventaux, avec monture en cuivre ornée de gravures.*

Haut. 46 c. — Larg. 622 mill. — Prof. 351. mill.

Ouvrage chinois.

Sur les ventaux de ce meuble sont représentés un paysage et des fabriques, peints de relief et dorés sur un fond de vernis de laque noir. Les autres faces du cabinet sont ornées de branches chargées de fleurs, également dorées sur un même fond. Le tout est encadré dans une large bordure rougeâtre aventurinée et des filets d'étain.

INCRUSTATIONS EN BURGAU (1) ET AUTRES MATIÈRES
SUR VERNIS DE LAQUE.

1012. *Boîte rectangulaire.*

Cette petite boîte est vernie de laque noir avec incrustations en or et burgau représentant des fleurs, des plantes

---

(1) Espèce particulière de coquillage qui fournit la plus belle nacre. On l'appelle aussi *golfiche*, de l'anglais *gold*, or, et *fish*, poisson.

et diverses espèces d'oiseaux ; chef-d'œuvre de délicatesse
et de finesse d'exécution. — Trois petites tablettes de 135
mill. de large sur 216 mill. de hauteur Laque noir sur bois
avec incrustations en burgau, représentant des vases de
fleurs avec filets d'encadrement en étain. — Quatre fonds-
de-sacs de forme ronde, d'environ 94 mill. de diamètre.
L'un verni de laque noir, a pour ornement un bouquet en
burgau, des couleurs les plus brillantes. Un second, fond
vert aventuriné, avec incrustations représentant un berger
et des moutons. Les deux autres sont simplement semés de
parcelles de burgau sur fond noir. — Une coupe doublée
de cuivre argenté, une petite boîte ronde, une navette et
une soucoupe ornées de la même manière. — Un couvercle
de boîte auquel on a donné la forme d'un papillon, avec
les plus riches incrustations en or, en argent et en burgau.
Cette plaque, vernie de laque noir, a 81 mill. sur 43 mill.

1013. *Un Cabinet à deux ventaux, avec monture en cuivre.*

Haut. 433 mill. — Larg. 622 mill. — Prof. 354 mill.

Cet ouvrage, de fabrique chinoise, est orné d'incrustations en burgau de la plus grande richesse, sur un fond
verni de laque noir entouré d'une bande aventurinée.

OUVRAGES DE JADE ET DE CRISTAL DE ROCHE.

1014. *Un Vase de jade.*

Haut. 148 mill. — Diam. de l'orifice 99 mill.

Il a la forme d'un cornet ou d'un bouquetier à orifice
évasé, tels que ceux dont nous faisons usage sur nos che-
minées. Le corps du vase, renflé au milieu de sa hauteur,
est chargé de quatre côtes saillantes qui s'étendent du pied
à l'orifice, et entre lesquels sont gravés des ornements en
relief d'un travail recherché. Sa couleur est grisâtre tirant
sur le vert.

Le jade est fort estimé à cause de sa dureté, qui surpasse
de beaucoup celle du porphyre, de l'agate et du jaspe. Les

peuples orientaux et les naturels de l'Amérique méridionale lui attribuent des vertus médicales. On en a même imprimé un traité à Paris où on l'appelle *pierre divine*. (*Dictionnaire de Trévoux*.)

1015. *Une coupe de jade à deux anses.*

Haut. 31 mill. — Diam. 81 mill.

La surface extérieure de ce petit vase est chargée de mouchetures en relief. Sa couleur est jaunâtre.

1016. *Un plateau de jade de couleur grise.*

Haut. 1 c. — Long. 171 mill. — Larg. 117 mill.

Les bords de ce plateau, de forme carrée, sont ornés de filets gravés en creux. Son fond est chargé de fleurs travaillées de la même manière.

1017. *Plaque de jade.*

Haut. 76 mill. — Larg. 94 mill. — Epaiss. 4 mill. 5/10.

Elle est percée à sa partie supérieure de deux trous pour passer un cordon. Sa couleur est jaunâtre pâle.

1018. *Une Théière de jade gris veiné de noir.*

Haut. 12 c. — Long. 14 c. — Larg. 6 c.

Sur le couvercle de ce vase est taillé, en bas-relief, un chat dont les yeux sont formés de deux grenats.

1019. *Une coupe à deux anses.*

Haut. 47 mill. — Diam. 67 mill.

Imitation du jade en pâte de verre. Ouvrage chinois.

1020. *Deux Tasses de jade blanc et rouge.*

Haut. 45 mill. — Larg. 72 mill. — Long. 99 mill.

Ces tasses ont la forme de la moitié d'un fruit évidé, et des anses formées de feuillages découpés à jour.

1021. *Un Magot en cristal de roche.*

Haut. 18 c.

On prétend que les Chinois, pour se raffraîchir les mains, y tiennent de ces figures, ou d'autres objets de même matière convenablement taillés pour cet usage.

OUVRAGES EN STÉATITE (1).

1022. *Plateau de stéatite jaunâtre.*

Long. 25 c. — Larg. 162 mill. — Epaiss. 23 mill.

Le fond de cet ouvrage chinois et ses bords sont ornés de fleurs, de feuillages et de dragons sculptés en plein relief et découpés à jour. Dans la corolle de chaque fleur est ménagée la place du fond d'une tasse. Les tasses de stéatite rouge et blanche, au nombre de six, sont festonnées et ouvragées de gravures dorées.

1023. *Vase de stéatite rouge marbrée de jaune.*

Haut. 135 mill. — Diam. 9 c.

Ouvrage siamois.

Ce vase, d'une forme à peu près cylindrique, est composé de branches et de feuillages entrelacés dans lesquels on distingue : d'un côté un tigre, et de l'autre un dragon. Cette pièce pourrait également recevoir la dénomination de corbeille, tout l'ouvrage étant découpé à jour. Le couvercle d'émail sur cuivre, qui en bouche l'orifice, est un morceau dépareillé d'un ouvrage de fabrique orientale.

---

(1) La matière nommée ici *stéatite*, que l'on a appelée longtemps *pierre de lard*, est celle que Werner a classée sous le nom de *bild stein*, c'est-à-dire pierre à image. Elle ne contient point de magnésie et n'est point réellement une stéatite. Ce n'est donc, si nous désignons cette substance sous ce nom, que pour nous conformer à un usage défectueux, mais généralement établi aujourd'hui.

1024. *Deux Théières de stéatite rouge marbrée de blanc.*

Haut. 18 c. — Diagon. 81 mill.

Ces vases, de fabrique chinoise, sont d'une forme carrée. L'anse et le goulot sont ajustés dans le sens de la dia-
gonale. Les panneaux renfoncés, formés sur les quatre faces,
sont ornés de branches chargées de fleurs du plus précieux
travail rehaussé d'or. Le couvercle, qui est rond, a un
bouton de la forme d'un chien.

1025. *Bouquetier en stéatite jaunâtre demi-trans-
parente.*

Ouvrage de fabrique chinoise.
Ce vase ventru a un goulot peu élevé et légèrement évasé,
dans lequel se trouve un diaphragme. De petits trous per-
cés dans cette cloison, dont le plus grand, qui a à peine
5 mill. de diamètre, est au centre, sont les seuls passages
par lesquels le creusement a pu se faire sur le tour. Il a
fallu mettre de l'adresse dans ce travail pour ne pas agran-
dir d'aussi étroites ouvertures pratiquées dans une matière
tendre et fragile. Quoique ce vase de pierre ait 16 centimètres 7 mill. de hauteur et 12 centimètres 6 millim. de diamètre, il ne pèse que 306 grammes.

1026. *Une grande Théière de stéatite grise.*

Haut. 12 c. — Larg. 8 c.

Ce vase est orné de branches et de feuillages en relief.
Le couvercle manque.

1027. *Six Tasses d'une espèce de stéatite par-
faitement blanche.*

La capacité de chacune de ces tasses est prise dans la corolle d'une fleur environnée de feuilles détachées et de branches dont le tronc saillant forme l'anse de ces petits vases.
Les tasses sont dans six soucoupes rondes. Quatre de ces
soucoupes sont vernies de laque noir; leurs fonds sont
chargés de paysages et leurs bords d'ornements dorés. Les
deux autres, vernies de même, sont décorées de fleurs et
de personnages en incrustations de burgau.

1028. *Deux petites Tasses à anses.*

L'une, de stéatite jaunâtre, a un bord festonné; l'autre, de même matière, marbrée de rouge et de blanc, a la forme d'une fleur concave.

1029. *Dix figures chinoises dites Magots, posées debout dans diverses attitudes.*

Haut. moyenne, 19. c.

Stéatite grise coloriée.

1030. *Figures du même genre que les précédentes.*

Haut. 148 mill.

Stéatite jaunâtre.

1031. *Figurine de Femme assise sur une rocaille vernie de laque noir.*

Haut. 135 mill.

Cette petite figure, exécutée en stéatite blanche, tient à la main droite un objet qui ressemble à un livre. Ses cheveux sont peints en noir, et sa robe est bordée d'un liseré rouge.

———

OUVRAGES ÉMAILLÉS DE FABRIQUE CHINOISE.

1032. *Une Boîte à thé avec son plateau.*

Haut. 115 mill. — Long. 94 mill. — Larg. 54 mill.

Forme rectangulaire à angles tronqués et filets de cuivre doré.

1033. *Quatre Boîtes non montées, à couvercles plats et à cinq pans.*

Haut. 22 mill. — Long. 63 mill. — Larg. 47 mill.

Les peintures représentent des oiseaux et des rinceaux de feuillages exécutés avec une recherche et une finesse remarquables.

PORCELAINE, TERRE VERNIE ET TERRE CUITE

DE FABRIQUES CHINOISE ET JAPONAISE.

1034. *Quatre vases de porcelaine de la Chine.*

Haut. moyenne, 284 mill.

Deux de ces vases, de forme quadrangulaire avec renflement, sont ornés de peintures rehaussées d'or. Les deux autres ont plusieurs étranglements.

1035. *Neuf petits Vases de porcelaine grise craquelée, dite du Japon.*

Haut moyenne, 108 mill.

L'un de ces vases est à deux anses, les autres n'en ont point.

1036. *Deux Vases de porcelaine de la Chine, de couleur blanc sale.*

Haut. 148 mill.

Goulots et pieds de cuivre verni.

1037. *Deux Vases à couvercles.*

Haut. 76 c. — Diam. 46 c.

Ces vases, de porcelaine de la Chine, ont des ornements bleus peints sur un fond blanc. Les couvercles sont surmontés d'un bouton de cuivre doré formé d'une grappe environnée de feuillages.

1038. *Vingt Vases de porcelaine de diverses formes et couleurs.*

Haut. moyenne, 148 mill.

Fabrique chinoise.

1039. *Deux Bouquetiers.*

Haut. 243 mill.

Ces vases, de porcelaine de la Chine, sont formés de troncs d'arbres ornés de branches et de feuilles en relief.

1040. *Deux Vases de porcelaine dite du Japon.*

Haut. 148 mill. — Diam. 203 mill.

Monture européenne en or moulu.

1041. *Un Vase.*

Haut. 142 mill. — Diam. 63 mill.

Fond vert pistache, orné de méandres tracés en creux et de fleurs coloriées.

1042. *Une Fabrique chinoise.*

Haut. 175 mill. — Larg. 155 mill. — Prof. 94 mill.

Ouvrage en porcelaine coloriée.

Devant cette fabrique, accompagnée d'arbres sous lesquels se présente un personnage, est un bassin propre à contenir de l'eau, qui renferme des poissons fixes et mobiles.

1043. *Deux Tasses de porcelaine d'un travail recherché.*

L'une de ces tasses a la forme d'une fleur; l'autre, qui a une anse, est chargée d'ornements en relief et de dorures sur fond blanc.

1044. *Un petit Flacon.*

Haut. 63 mill.

Cet ouvrage de porcelaine, de fabrique chinoise, est orné de branches en relief et monté en or. — *Forme aplatie.*

1045. *Huit figures de porcelaine de la Chine dites Magots.*

Haut. moyenne, 189 mill.

Deux de ces figures sont remarquables par le fini du modelé et la finesse des peintures de l'émail qui les recouvre.

1046. *Homme monté sur un animal chimérique dont les yeux sont mobiles.*

Haut. 162 mill.

Cette figure tient à la main un tube propre à recevoir la tige d'une fleur ou un pinceau.

1047. *Le dieu Fo.*

Haut. 33 mill.

Faïence coloriée.

1048. *Deux figures accroupies de porcelaine de la Chine dites Magots.*

Haut. 24 c. et 22 c.

Léguées par M. Duxin à la Ville en 1858.

FABRICATIONS INDIENNE ET CHINOISE.

1049. *Chapelet d'un Religieux chinois.*

Long. 1 m. 35 c.

Cet ouvrage est composé de cent six grains faits de noix de coco d'une petite espèce, qui ont environ six lignes de diamètre. Sur chacun de ces grains sculptés et découpés à jour, sont représentés quatre et le plus souvent cinq personnages, On est d'abord tenté de prendre cette pièce pour un collier; mais un examen plus attentif ne permet pas de se méprendre sur son véritable usage. On reconnaît bientôt que c'est un petit meuble de dévotion, les acteurs qui ferment les différentes scènes étant tous du sexe masculin, et pour la plupart dans l'attitude de la prière, de la lecture et de la méditation ( ). A peu près cinq cents personnages figurent dans cet ouvrage d'adresse et de patience. Il y a lieu de croire que rien ne manque à ce chapelet, attendu que le premier grain et le dernier diffèrent des autres par leurs formes et par les objets entièrement composés de fleurs et de feuillages, qu'ils représentent.

1050. *Trois Magots à têtes mobiles.*

Proportion des figures, 35 c.

Ouvrage en cartonnage d'une exécution soignée.

Deux femmes assises et un homme debout.

1051. *Huit Cuillers de fabriques indienne et chinoise.*

Long. moyenne, 22 c.

Deux de ces cuillers, faites d'ivoire, ont des manches très ouvragés. Deux autres, moins travaillées, sont en bois de fer et de buis. Une cinquième est de bois peint et vernis en vert, avec ornements en couleurs et dorés. Les trois dernières sont formées de coquilles emmanchées de nacre et de corail.

Plusieurs petits bâtons qui ont la forme d'une rame et dont on se sert dans l'Inde pour manger le riz.

1052. *Une Cantine.*

Haut. 216 mill. — Long. 216 mill. — Larg. 108 mill.

Ouvrage de fabrique chinoise.

Cette cantine, de forme rectangulaire, est composée de deux compartiments superposés, qui renferment plusieurs

---

(1) *Cérémonies, mœurs et coutumes religieuses de tous les peuples du monde.— Coutumes religieuses des Chinois,* tom. V, pag. 338.

tasses doublées d'une feuille de cuivre argenté ou vernies de laque. Elle est surmontée d'une main, et peut être fermée au moyen d'une clavette de cuivre jaune et d'un cadenas singulier de même matière.

La cantine et les objets qu'elle contient sont revêtus extérieurement d'un natté en canne, dont la finesse surpasse tous les objets de ce genre fabriqués en Europe.

1053. *Carquois Chinois.*

Haut. 38 c. — Larg. 22 c.

Cette sorte d'étui de cuir, d'une forme oblongue, plate et contournée, a une couverture de velours vert ornée d'une broderie représentant un combat entre un aigle et un dragon.

A sa courroie, garnie d'une boucle de cuivre, est attachée une *coche*, espèce d'anneau de bois dur, dont la forme crochue annonce qu'il est destiné à être mis au doigt qui bande l'arc et décoche la flèche.

1054. *Mentonnière d'un Casque chinois.*

Cette pièce faite de tôle vernie de laque noir, a un gorgerin dont les lames sont attachées l'une à l'autre par des tresses plates de soie blanche qui ne laissent aucun intervalle entre elles. Ce moyen de lier ensemble les parties de l'armure nous semble, sous certains rapports, préférable aux rivets de métal, dont l'usage n'a jamais varié en Europe.

1055. *Ceste indien.*

Diam. 175 mill. et 144 mill.

Espèce d'arme offensive et défensive destinée à couvrir la main. Elle a la forme d'un petit bouclier ovale dont la bordure festonnée, faite d'une lame de fer ornée de caractères et de rinceaux dorés, se relève en pointe aux extrémités de son long diamètre. Le champ du ceste, dont le centre est garni d'une plaque de fer relevée en bosse, est revêtu de velours cramoisi. Une poignée solide est attachée au revers de cette arme. Sur des peintures indiennes qui sont dans le portefeuille de notre Cabinet d'Estampes, on voit des armes de cette forme aux mains des lutteurs qui y sont représentés.

1056. *Un Fourreau de poignard.*

Long. 23 c.

Jaspe verdâtre, avec gravures et incrustations de petits clous d'or.

Ouvrage de fabrique indienne.

1057. *Quatre Théières.*

Un de ces vases en terre rouge, dite *Bocaro*, dont le couvercle porte un cerf conché, a la panse ornée de panneaux détachés du fond et découpés en feuillages. — Une autre théière, d'une terre semblable à la première, est ornée de fleurs en relief. — La troisième, en terre émaillée vert sur jaune, est chargée d'ornements en relief et surmontée d'une anse attachée comme celle d'un panier. — La quatrième théière, qui est en terre jaune, est décorée de fleurs et de feuillages en relief et coloriés.

1058. *Vase à anse et goulot.*

Haut. 135 mill.

Terre grisâtre ornée de peintures de couleur bleue. La forme et la légèreté de ce vase sont remarquables.

Ouvrage de fabrique indienne.

1059. *Bidon de fabrique indienne ou chinoise.*

Diam. 108 mill.

Ce vase, d'une légèreté et d'une force surprenantes, a une forme aplatie et divisée par côtes concentriques. La terre cuite dont il est composé a une couverte brune qui lui donne l'apparence du cuir bouilli. Une chaînette de cuivre sert a le suspendre. Son couvercle manque.

1060. *Cassolette ornée de têtes d'éléphants et d'un de ces animaux couché sur le couvercle.*

Diam. 121 mill. — Haut. 243 mill.

Bronze indien.

1061. *Autre Cassolette réprésentant un animal fantastique.*

Diam. 81 mill. — Haut. 135 mill.

Bronze indien.

1062. *Pendant d'oreille d'une femme de l'Algérie.*

Diam. du croissant, 9 c.

Ce pendant d'oreille, en argent, que portait une des femmes du bey de Constantine lors de la prise de cette ville, était probablement garnie d'une chaînette passée par des trous pratiqués aux extrémités de l'espèce de croissant que forme sa courbure.

1063. *Cuiller à encens.*

Cette cuiller, en bois de fer, a été trouvée près d'un encensoir, dans un marabout (*chapelle mahométane*), sur les frontières du désert de la province de Constantine ; c'était sans doute l'ustensile dont on se servait pour répandre l'encens sur les charbons ardents. Des traces empreintes sur l'extrémité du manche garni en nacre de perles, montrent que cette partie de la cuiller a servi à attiser le feu.

1064. *Un petit Cylindre persépolitain en os, sorte d'amulette.*

Long. 23 mill.

Il est entouré de signes ou caractères relatifs à la théogonie persane.

Collection Duxin, léguée en 1857.

1065. *Collier arabe ou Collier jumeau.*

Chaque Arabe était muni d'un collier semblable. On le passait au cou des prisonniers mis deux à deux, et on l'attachait à la queue du cheval.

Ce collier est formé de petites lames de fer jointes ensemble par des crochets, et garni d'espace en espace de pointes recourbées extérieurement.

Donné au Musée en 1857 par M. Joseph Laurent, maire de Sidi-Ferruch (Algérie).

CINQUIÈME PARTIE

COLLECTION

léguée en 1850 à la ville de Dijon

PAR ANATOLE DEVOSGE

Cette collection, cataloguée séparément suivant les intentions du testateur, se compose d'abord des objets décrits dans cette notice, puis de quelques belles estampes encadrées, d'environ deux mille gravures en portefeuille, de quarante-trois volumes ou recueils de gravures, de huit cartons contenant des dessins, dont quelques-uns de divers maîtres, mais qui, pour la plupart, sont de François et d'Anatole Devosge et de leurs élèves; et enfin de vingt-une études d'après le modèle vivant, par Prud'hon. Avec cette collection d'objets d'art, Anatole Devosge légua à la ville, pour le musée, sa bibliothèque composée de six cents et quelques volumes.

Nota. — Par respect pour la mémoire d'Anatole Devosge, on a cru devoir conserver aux œuvres d'art dont est formée cette collection les attributions d'auteurs données par lui-même dans les inventaires qu'il a laissés.

PEINTURE.

—

ANDRÉ DEL SARTE (Vannucchi Andrea, dit), né à Florence en 1488, mort dans la même ville en 1530; élève de Gio Barile et de Piétro di Cosimo. (Ecole florentine.)

1066. *Etude d'Homme vu de dos et coiffé d'une toque.*

Haut. 41 c. — Larg. 24 c.

Dessin à la sanguine.

1067. *Une Femme et quatre Enfants nus.*

Haut. 29 c. — Larg. 21 c.

Première pensée du tableau de la Charité qui est au Musée du Louvre.

Dessin au crayon rouge.

BOURDON (Sébastien), né à Montpellier en 1616, mort à Paris en 1671 ; élève de Barthélemy. (Ecole française.)

1068. *Tobie faisant enterrer les morts.*

Haut. 20 c. — Larg. 28 c.

Dessin à la plume, lavé au bistre et rehaussé de blanc.

CARAVAGE (Michel-Angiolo-Amerighi, dit le), né à Caravaggio, près de Milan, en 1569, mort en 1609. (Ecole lombarde.)

1069. *L'Amour tenant des flèches.*

Toile. Haut. 31 c. — Larg. 93 c.

Copie.

Il paraît descendre de sa couche, tenant des flèches de la main droite. A ses pieds sont des instruments de musique, une armure, un compas, etc.

CARRACHE (Annibal Carracci, dit), né à Bologne en 156), mort à Rome en 1609 ; élève de Louis Carrache, son cousin. (Ecole bolonaise.)

1070. *La Vierge, l'enfant Jésus, un Moine en adoration.*

Toile. Haut. 30 c. — Larg. 26 c.

A gauche, l'enfant Jésus est assis près de sa mère, qui tient un livre. Devant eux un moine agenouillé et en adoration. Sur le second plan, à droite, saint Pierre, saint Paul et saint André. Au fond, deux figures de femmes.

1071. *Une Néréide assise sur un Triton.*

Haut. 20 c. — Larg. 26 c.

Dessin à la plume.

1072. *Mercure et Apollon.*

Haut. 31 c. — Larg. 38 c.

Mercure, sur des nuages, apporte une lyre à Apollon transformé en berger.

Dessin à la plume.

1073. *Jésus couronné d'épines.*

Haut. 28 c. — Larg. 24 c.

Un soldat, pour poser la couronne, incline brutalement la tête du Christ, à qui un homme accroupi présente le roseau. Un jeune homme tenant un flambeau s'avance pour regarder cette scène.

Dessin à la plume lavé à l'encre.

CHAMPAIGNE (PHILIPPE DE), né à Bruxelles en 1602, mort à Paris en 1674; élève de Fouquières. (Ecole flamande.)

1074. *Deux Têtes d'hommes à barbe.*

Toile. Haut. 42 c. — Larg. 54 c.

De grandeur naturelle.
L'une est vue de face, un peu inclinée; celle de droite est de profil, regardant à gauche, et porte une couronne.

COUSIN (JEAN), né à Soucy, près de Sens, vers 1600, mort vers 1689. (Ecole française.)

1075. *L'Adoration des Bergers.*

Haut. 16 c. — Larg. 21 c.

Dessin à la plume et lavé à l'encre.

16*

DANIEL DE VOLTERRE (Ricciarelli Daniele, dit), né à Volterra (Toscane) en 1509, mort en 1566 ; élève de Gio-Antonio Razzi, puis de Baldassare Peruzzi et de Pierrino del Vaga. (Ecole florentine.)

1076. *Le Christ mort, sur les genoux de la Vierge.*

Haut. 19 c. — Larg. 15 c.

Dessin à la plume et lavé au bistre.

DEVOSGE (François), né à Gray (Haute-Saône) en 1732, mort à Dijon en 1811 ; fondateur de l'Ecole des Beaux-Arts de Dijon.

1077. *1° La Force.*

Haut. 37 c. — Larg. 41 c.

Un homme terrasse un lion, une femme porte un frag-ment de colonne.

Dessin lavé à l'encre de Chine.

2° *La Vérité.*

Haut. 25 c. — Larg. 38 c.

Une femme assise présente un miroir à un jeune homme.

Dessin lavé à l'encre de Chine.

1078. *La Bataille de Rocroy.*

Haut. 35 c. — Larg. 58 c.

Dessin lavé à l'encre, non terminé dans la partie droite.

1079. *La Charité.*

Haut. 26 c. — Larg. 41 c.

Elle allaite un enfant et verse de l'argent dans le man-teau d'un homme.

Dessin lavé à l'encre.

1080. *Portrait du président de Lamarche.*

> Diam. 7 c.

Dessin à la mine de plomb (dans un cadre rond).

1081. *Hercule s'efforçant de rompre un faisceau.*

> Haut. 8 c. — Larg. 6 c.

Au bas on lit : C'EST EN VAIN.

Dessin à l'encre de Chine (ovale).

1082. *Une Femme avec deux Enfants.*

> Diam. 62 c.

Elle allaite le plus jeune et fait lire l'autre.

Dessin lavé à l'encre (de forme ronde).

1083. *Un cavalier du temps de Louis XIV.*

> Diam. 6 c.

Dessin lavé à l'encre (rond).

1084. *1° La Gloire des Princes.*

> Haut. 18 c. — Larg. 17.

Allégorie sous la figure d'une femme posant son pied sur un léopard, et accompagnée d'un génie qui proclame la gloire des princes au son de la trompette.

Dessin lavé à l'encre de Chine.

2° L'Immortalité.

> Haut. 19 c. — Larg. 19 c.

Elle tient une palme, et près d'elle un génie couronne le médaillon du prince de Condé.

Dessin à l'encre de Chine.

1085. *Une Peste.*

Haut. 32 c. — Larg. 46 c.

Dessin au lavis.

DEVOSGE (ANATOLE), né à Dijon le 13 janvier 1770, mort en la même ville le 8 décembre 1850; fils de François Devosge, fondateur de l'Ecole des Beaux-Arts de cette ville, auquel il a succédé comme directeur en 1811; chevalier de la Légion-d'Honneur en 1843; élève de son père et de David.

Après avoir dirigé l'École avec un zèle non interrompu pendant quarante années, Anatole Devosge, en mourant, a laissé un témoignage éclatant de son affectueuse sollicitude pour l'œuvre de son père. Il a légué à la ville de Dijon une somme de 15,000 fr. pour la création d'une pension de 750 fr., de la durée de 3 ans, qui est donnée à un élève de l'Ecole à la suite d'un concours en dessin d'après le modèle vivant.

Afin d'enrichir la collection qu'il donnait au Musée, Anatole Devosge légua aussi à Rude, son ami, une somme de 12,000 fr. pour l'exécution d'une statue en marbre. C'est à ce legs que le Musée doit la charmante figure de l'*Amour dominateur du monde*, dernière œuvre de notre grand statuaire.

1086. *Saint Bernard réconciliant Guillaume, duc d'Aquitaine, avec l'évêque de Poitiers.*

Toile. Haut. 1 m. 12 c. — Larg. 1 m. 43 c.

Sur le parvis d'une église, saint Bernard tourné vers la droite et présentant l'hostie, paraît ordonner au duc d'Aquitaine de se réconcilier avec l'évêque de Poitiers, qu'il avait dépouillé de son siége. Le duc obéit à la parole du saint abbé et embrasse le prélat. A gauche se trouvent le cortége de saint Bernard et plusieurs fidèles; à droite, l'écuyer du duc et deux chevaux.

Cette toile est la dernière œuvre d'Anatole Devosge, qui est mort sans la terminer complétement.

1087. *Portrait de Devosge, docteur en Sorbonne, prieur de l'abbaye de Cherlieu, oncle du peintre.*

Toile. Haut. 51 c. — Larg. 42 c.

De grandeur naturelle.

Il est nu-tête, les cheveux poudrés, vu des trois quarts, et tourné vers la droite ; il porte un petit collet noir sur un vêtement blanc.

1088. *Aglaure tourmentée par l'Envie.*

Toile. Haut. 25 c. — Larg. 32 c.

Aglaure est couchée et endormie ; une draperie rouge la couvre. L'Envie, placée à la tête du lit, lui glisse un serpent sur la poitrine, et lui montre sa sœur rivale unie à Mercure par l'Hymen et l'Amour.

Esquisse.

1089. *Anacréon chantant ses poésies.*

Toile. Haut. 30 c. — Larg. 32 c.

Le poète grec, une couronne de roses sur la tête, est assis et tourné vers la droite ; il chante, tenant d'une main sa lyre qu'un Amour fait résonner. Derrière lui un génie emplit sa coupe.

Esquisse.

1090. *Education de Camille.*

Toile. Haut. 32 c. — Larg. 27 c.

La jeune reine des Volsques, couverte d'une peau de tigre, vient de lancer une flèche. Métabus, son père, encore penché sur elle, a dirigé son bras. Derrière ce groupe qui est tourné vers la droite, on voit un cheval et au loin des montagnes.

Esquisse.

1091. *Un saint Martyr.*

Haut. 26 c. — Larg. 20 c.

Il est debout, les bras étendus et le regard tourné vers

l'ange qui lui apporte la couronne et la palme. Devant lui on voit une fosse près de laquelle sont une bêche et une fosse.

Esquisse sur carton.

1092. *Enfant endormi*.

Haut. 24 c. — Larg. 37 c.

Il est nu et couché ; une de ses mains repose sur son corps, le bras gauche est étendu.

Etude sur carton.

1093. *Enfant jouant de la Flûte antique*.

Haut. 27 c. — Larg. 21 c.

Il est nu, agenouillé et tourné vers la droite.

Etude sur carton.

1094. *Un Evéque*.

Haut. 21 c. — Larg. 15 c.

Il est debout, et paraît invoquer la bonté céleste.

Esquisse sur carton.

1095. *Résurrection du Christ*.

Haut. 18 c. — Larg. 17 c.

Esquisse sur carton.

1096. *Cadre contenant huit esquisses*.

1° *La mort d'Abel ; — 2° Hercule et Phillo ; — 3° Le Martyre de saint Laurent ; 4° — Saint Paul ; — 5° Chasse aux lions ; — 6° Résurrection d'un enfant ; — 7° Blessé secouru par une femme ; — 8° Enlèvement de Déjanire*.

1097. *Une Femme et un Enfant.*

Haut. 17 c. — Larg. 14 c.

Près d'un berceau, une femme vêtue d'une robe jaune et d'un surtout rouge, tient sur ses genoux un enfant à qui elle présente une tasse et qui tend ses bras vers une chèvre.

Esquisse sur carton.

1098. *Masque de Femme.*

Haut. 18 c. — Larg. 14 c.

Sur carton.

1099. *Portrait de Charles Cossé, comte de Brissac, maréchal de France sous Henri II.*

Toile. Haut. 31 c. — Larg. 21 c.

Il est représenté en pied, debout et nu-tête, la main appuyée sur son bâton de commandement. Il porte sur son armure une draperie blanche posée en écharpe.

Esquisse.

1100. *Tête de Femme.*

Toile. Haut. 53 c. Larg. 45 c.

Copie par Anatole Devosge.

1101. *La Vertu de Mica.*

Haut. 17 c. — Larg. 20 c.

Dessin lavé au bistre.

Après l'asservissement de l'Elide par Aristotime, une belle jeune fille appelée Mica est convoitée par Lucius, un des capitaines du tyran; poursuivie par lui, elle se réfugie dans les bras de ses parents, dont les prières et les larmes ne font qu'accroître la fureur de ce barbare soldat, qui la frappe avec une courroie et la tue entre les genoux de son père.

Esquisse du tableau qui a été acheté pour le grand-duc Constantin.

1102. *Orphée et Eurydice devant Pluton et Proserpine.*

Haut. 22 c. — Larg. 26 c.

Dessin lavé au bistre.

1103. *La Paix d'Amiens.*

Haut. 37 c. — Larg. 51 c.

Dessin lavé au bistre.

L'esquisse peinte de cette composition a obtenu au concours ouvert à Paris un prix de 1,500 fr.

1104. *Liberté des Cultes.*

Haut. 19 c. — Larg. 27 c.

Dessin lavé au bistre, rehaussé de blanc.

Le tableau a été acheté par M. Vandervald, négociant hollandais,

1105. *Force ne fait pas droit.*

Haut. 23 c. — Larg. 32 c.

Dessin lavé au bistre.

1106. *Alcibiade et Hipparète.*

Haut. 31 c. — Larg. 44 c.

Alcibiade emporte Hipparète, sa femme, qui s'était présentée devant l'archonte pour demander le divorce.

Dessin lavé au bistre.

1107. *Un Français mourant pour sa patrie.*

Haut. 37 c. — Larg. 50 c.

« La vertu héroïque le soutient, l'immortalité le couronne, la reconnaissance fait inscrire ses actions au temple de mémoire. »

Dessin lavé au bistre ; esquisse de celui qui a obtenu un prix de 1,500 fr. au concours ouvert à Paris sous la présidence de M. Quatremère de Quinci.

DOMINIQUIN (Domenico Zampieri, dit le), né en 1581, mort à Naples en 1641 ; élève de Denis Calvaert, puis des Carrache. (Ecole bolonaise)

1108. *Le Triomphe de l'Amour.*

Toile. Haut. 35 c. — Larg. 29 c.

Copie.

L'Amour vu de face, assis dans un char d'or, tient d'une main son arc, et guide deux colombes attelées ; près de lui deux enfants dont un répand des fleurs.

FRA BARTHOLOMMEO DEL FATTORINO, dit BACCIO DELLA PORTA ou IL FRATE, né près de Florence en 1469, mort dans le couvent de Saint-Marc, à Florence, en 1517 ; élève de Cosimo Roselli. (Ecole florentine.)

1109. *Trois Moines.*

Haut. 20 c. — Larg. 13 c.

L'un d'eux est assis, tourné vers la droite ; derrière lui les deux autres debout, l'écoutent avec recueillement.

Dessin à la plume et au bistre.

GAGNEREAUX (Bénigne), né à Dijon en 1756, pensionné à Rome en 1777 par les Etats de Bourgogne, mort à Florence en 1795 ; élève de François Devosge.

1110. *Le Triomphe de Neptune.*

Toile. Haut. 71 c. — Larg. 93 c.

Il est debout sur un char auquel sont attelés deux chevaux blancs guidés par des génies. Dans le haut, à droite, Vénus dans son char ; à gauche, au premier plan, néréides et un triton.

1111. *Une Bacchanale.*

Haut. 45 c. — Larg. 60 c.

Dessin au trait passé à la plume.

GUIDE (Guido-Reni, dit le), né à Calvenzano, près Bologne, en 1575, mort en 1642; élève de Denis Calvaert. (Ecole bolonaise.)

1112. *Figure de Femme drapée.*

Haut. 33 c. — Larg. 20 c.

Elle est debout, vue de face, tenant une palme de la main gauche et de l'autre une lance.

Dessin au crayon rouge.

1113. *Un Moine agenouillé devant un autel.*

Haut. 24 c. — Larg. 16 c.

Il tient l'enfant Jésus entre ses bras; deux anges sont derrière lui.

Dessin lavé au bistre, rehaussé de blanc.

1114. *Tête de Femme.*

Toile. Haut. 47 c. — Larg. 37 c.

Copie.

Elle a les cheveux tombants sur les épaules et la poitrine.

1115. *Tête de Femme.*

Toile. Haut. 47 c. — Larg. 37 c.

Copie.

Elle porte au front un ornement en pierreries et un petit croissant.

JULES ROMAIN (Pippi Giulio, dit), né à Rome en 1499, mort en 1546; élève de Raphaël. (Ecole romaine.)

1116. *Jésus-Christ remettant les clefs à saint Pierre.*

Haut. 23 c. — Larg. 16 c.

Dessin lavé au bistre et rehaussé de blanc.

LALLEMAND (Jean-Baptiste), né à Dijon vers 1710, mort à Paris vers la fin du XVIIIe siècle, dans un âge très avancé.

1117. *Chèvres.*

Haut. 16 c. — Larg. 22 c.

Trois chèvres, dont les deux de gauche sont couchées.
Sur carton.

LEMOTTES (J.-F.-B.)

1118. *Trompe-l'Œil.*

Toile. Haut. 1 m. 16 c. — Larg. 89 c.

Au milieu une tête de mort, un chandelier, un coquillage, une pipe et autres objets. Au bas une palette, un appui-main, des pinceaux, et une enveloppe de lettre sur laquelle on lit : A Monsieur Diégo Saldago (Amsterdam). A gauche, au bas, le tableau est signé : J.-F.-B. Lemottes.

LESCOT (Mme Hortense-Victoire), épouse de M. Haudebourt, née à Paris; élève de Lethière. (Ecole française.

1119. *La Fontaine sainte.*

Toile. Haut. 49 c. — Larg. 41 c.

A gauche, on voit une fontaine surmontée de la statue d'un saint. Sur le premier plan, deux femmes italiennes, dont l'une agenouillée boit dans un vase, et l'autre fait boire son enfant; au second plan, un moine joignant les mains et un vieillard agenouillé; au fond, un escalier en haut duquel deux femmes aussi en costume italien. Au-dessus du tableau on lit: *Aqua Santa*, et au bas : Hortense Lescot, 1819.

LOCATELLI (ANDRÉ) a vécu et travaillé à Rome. (Ecole romaine).

1120. *Paysage.*

Toile. Haut. 54 c. — Larg. 70 c.

Au centre, une pièce d'eau ; sur le devant, des vaches et un berger appuyé sur l'une d'elles ; à droite, des plantes marécageuses et un groupe d'arbres ; à gauche, sur le second plan, des rochers ; plus bas, deux figures et un troupeau.

MICHEL-ANGE (BUONAROTTI), né en 1474 au château de Chiusi du territoire d'Arezzo, dans la Toscane, mort à Rome en 1564 ; élève de Domenico Ghirlandajo. (Ecole florentine.)

1121. *Un Homme appuyé sur un fragment d'architecture.*

Haut. 25 c. — Larg. 33 c.

Il est vêtu et enveloppé d'une grande draperie.

Dessin à la sanguine.

MIREVELT (MICHIEL-JANSZ), né à Delft en 1568, mort en la même ville en 1641 ; élève de Blockland. (Ecole hollandaise.)

1122. *Portrait de Femme.*

Bois. Haut. 61 c. — Larg. 47 c.

De grandeur naturelle.

Elle est représentée de trois quarts ; elle a un bonnet blanc et une collerette ; son vêtement est noir. On lit sur le fond à gauche : *Anno* 1623 *œtatis suœ* 37.

1123. *Portrait d'Homme.*

Bois. Haut. 55 c. — Larg. 41 c.

Buste de grandeur naturelle (dans le genre Mirevelt).

Il est représenté nu-tête et de trois quarts ; il a les cheveux gris ainsi que la barbe ; il porte une fraise tuyautée et un vêtement noir. On lit sur le fond, à gauche : *Michael Ellewouts œtatis* 63, *anno* 1614.

MUZIANO (Girolamo), né à Aquafredda, près Brescia, en 1530, mort à Rome en 1590. (Ecole vénitienne.)

1124. *Un roi assis et tenant un sceptre.*

Haut. 30 c. — Larg. 22 c.

Dessin au crayon rouge.

PARMESAN (Francesco-Mazzola, dit le), né à Parme en 1503, mort à Casalmaggiore en 1540 ; élève de Michele et Pierre-Ilario Mazzola, ses oncles. Il se perfectionna en copiant les peintures du Corrège. (Ecole lombarde.)

1125. *Andromède enchaînée au rocher.*

Bois. Haut. 27 c. — Larg. 23 c.

A gauche d'Andromède on aperçoit, dans l'éloignement, le monstre marin qui doit la dévorer, et qu'elle regarde avec effroi Dans les airs, Persée, son libérateur, monté sur le cheval Pégase, s'avance armé de la redoutable tête de Méduse.

PAUL VÉRONÈSE (Paolo-Caliari, dit), né à Vérone en 1528, mort en 1588 ; élève de son oncle Antonio Badile. (Ecole vénitienne.)

1126. *Jupiter foudroyant les vices.*

Haut. 48 c. — Larg. 32 c.

Dessin au crayon noir du plafond qui décorait la chambre de Louis XIV à Versailles, et qui est maintenant au Musée du Louvre.

Forme ovale.

PÉCHEUX (Laurent), de Lyon.

1127. *Portrait du sculpteur Attiret.*

Toile. Haut. 62 c. — Larg. 47 c.

De grandeur naturelle.

Il est représenté de trois quarts, tourné à gauche, et tenant un ciseau de sculpteur; sa coiffure est noire et son vêtement brun.

PERUZZI (Baldassare). Ecole florentine.

1128. *Deux Femmes assises.*

Haut. 23 c. — Larg. 27 c.

L'une tient une lyre et l'autre un masque.

Dessin lavé au bistre.

PRUD'HON (Pierre-Paul), né à Cluny (Saône-et-Loire) le 4 avril 1758, mort à Paris le 16 février 1823 ; pensionné à Rome par les Etats de Bourgogne en 1785 ; élève de François Devosge à l'Ecole de Dijon.

1129. *Portrait de François Devosge.*

Toile. Haut. 80 c. — Larg. 64 c.

A mi-corps et de grandeur naturelle.

Nu-tête, les cheveux poudrés, portant un habit de velours noir, avec manchettes et jabot, il est assis dans un fanteuil dont on n'aperçoit que le dossier en velours bleu. Tourné vers la droite, mais regardant le spectateur, il tient un carton sur lequel il dessine.

1130. *Dieu débrouillant le chaos.*

Haut. 31 c. — Larg. 42 c.

Le Père Eternel, soutenu par deux anges, semble traverser l'espace, et de ses deux bras étendus commande aux éléments. Il est vêtu d'une tunique ; une draperie violette, d'un ton sombre, l'entoure et flotte au gré des vents. Un troisième ange se voit derrière ce groupe qui se dirige vers la droite.

Esquisse.

1131. *Le Sacrifice d'Abraham.*

Haut. 23 c. — Larg. 31 c.

Dessin au crayon noir, rehaussé de blanc, sur papier gris-bleu.

1132. *Adam et Eve chassés du Paradis terrestre.*

Haut. 24 c. — Larg. 29 c.

Dessin au crayon noir, rehaussé de blanc, sur papier gris-bleu.

1133. *La Résurrection du Lazare.*

Haut. 47 c. — Larg. 58 c.

Dessin à la plume et à l'estempe, rehaussé de blanc, sur papier gris.

1134. *Allégorie de la République.*

Haut. 35 c. — Larg. 48 c.

Dessin à la plume et lavé à l'encre de Chine.

1135. *Quatre dessins sur papier gris.*

1° *Une étude.*

Faite d'après le modèle vivant, à l'estompe et au crayon blanc.

2° *Une petite Tête d'Ange.*

Faite à la mine de plomb.

3° *Un petit Portrait de Vieillard.*

Dessin à la mine de plomb.

4° *Une petite Tête d'Homme à physionomie féroce, et coiffée d'une draperie.*

Dessin à la plume.

Ces deux dessins se trouvent sur la même feuille de papier.

1136. *Tête de Femme.*

Haut. 31 c. — Larg. 19 c.

Dessin au crayon noir.

1137. *Huit études d'après le modèle vivant.*

Sur papier gris, à l'estompe et au crayon blanc.

RAPHAEL (RAPHAELLO-SANZIO, dit), né à Urbin le vendredi saint 28 mars 1483, mort le vendredi saint 6 avril 1520 ; élève de Perugin. (Ecole romaine.)

1138. *La Vierge à la Chaise.*

Toile. Haut. 75 c. — Larg. 72 c.

Copie.

1139. *La Vierge et l'enfant Jésus debout.*

Toile. Haut. 80 c. — Larg. 64.

Copie du tableau qui faisait partie de l'ancienne galerie du Palais-Royal.

RUBENS (PIERRE-PAUL), né à Siegen le 20 juin 1577, mort à Anvers le 30 mai 1640 ; élève d'Otto Van Venn, communément appelé Otto Venius. (Ecole flamande.)

1140. *Ganymède enlevé par l'Aigle.*

Toile. Haut. 45 c. — Larg. 49 c.

Ganymède, porté par l'aigle, reçoit une coupe d'or des mains de deux déesses. A gauche, dans un plan éloigné, on voit le banquet des dieux.

Ce tableau est la réduction de celui qui était dans la galerie d'Orléans.

1141. *Deux figures de Femmes couchées, vues en raccourci.*

Haut. 24 c. — Larg. 36 c.

Etudes faites par Rubens pour sa composition des Amazones.

Dessin au crayon rouge.

TASSEL (Richard), né à Langres en 1608, mort dans la même ville en 1660 ; élève de son père. (École française.)

1142. *Jeunes Filles.*

Toile. Haut. 62 c. — Larg. 46 c.

Trois jeunes filles paraissent saisies d'effroi ; celle du milieu, vue de face, est vêtue d'une robe bleue et d'une draperie jaune jetée sur l'épaule. La première, assise et de profil, regarde à droite ; l'autre est vue de dos. Ces trois figures ne sont représentées qu'à mi-corps.

INCONNUS

1143. *Corbeille de Fruits.*

Toile. Haut. 61 c. — Larg. 63 c.

Au milieu, un melon entouré de chasselas dont un rose, prunes, pêches ; et à droite une grosse poire.

1144. *Paysage avec des Baigneuses.*

Toile. Haut. 54 c. — Larg. 70 c.

Ecole vénitienne.

Autour d'un bassin naturel formé par de petites roches et des tertres, et alimenté par une cascade, sont représentées des femmes qui sortent de l'eau. Sur le second plan un enfant se précipite dans le bassin. — A droite, un groupe d'arbres à feuillage doré et occupant toute la hauteur du tableau. — Au fond, des montagnes peu élevées, avec quelques fabriques.

17*

1145. *La Mise en croix.*

Toile. Haut. 58 c. — Larg. 42 c.

A gauche du groupe d'hommes qui dressent la croix, sont trois soldats, dont un passe le bras sur le cou de son cheval. A droite, au second plan, des femmes éplorées.

1146. *La Descente de croix.*

Toile. Haut. 58 c. — Larg. 42 c.

Le corps du Christ, soutenu par quatre hommes, va être reçu par Joseph d'Arimathie qui étend un linceul, et saint Jean, dont l'attention est appelée sur la Vierge évanouie au pied de la croix. A droite, trois femmes entourent la mère du Sauveur.

1147. *Paysage.*

Bois. Haut. 20 c. — Larg. 25 c.

Sur le devant, des moutons et une vache vue par derrière. Plus loin, à gauche, le berger. A droite, un bouquet d'arbres. Fond de montagnes.

1148. *Triomphe d'un Général romain.*

Toile. Haut. 84 c. — Larg. 1 m. 7 c.

Au centre et entouré de la foule, le triomphateur est debout sur un char traîné par un éléphant qui porte un jeune homme tenant des fleurs. A gauche la porte de la ville. A droite des hommes chargés de vases, une femme prosternée, et un soldat à cheval portant un drapeau.

1149. *Un Paysage.*

Toile. Haut. 1 m. 6 c. — Larg. 1 m. 54 c.

Au-dessus d'une montagne on voit un chemin à gauche duquel sont de grands arbres. A droite, une source qui tombe de rochers surmontés d'un massif d'arbres. Plus haut on aperçoit les ruines d'un portique ; au fond les sommets de plusieurs montagnes.

1150. *Paysage.*

Toile. Haut. 62 c. — Larg. 48 c.

Le premier plan, très sombre, représente à gauche une roche, à droite un grand arbre ; il est animé par plusieurs figures, entre autres une femme montée sur un âne. Tout à fait sur le devant, des vaches s'abreuvent à une pièce d'eau. Le fond est une plaine bornée par des montagnes.

1151. *Vase de Fleurs.*

Toile. Haut. 1 m. 2 c. — Larg. 85 c.

Il est posé sur un pilastre et contient des roses, des pavots, œillets, etc. Fond d'arbres et ciel.

1152. *Tête d'Homme.*

Toile. Haut. 61 c. — Larg. 1 m. 54 c.

De grandeur naturelle.

Ce personnage est représenté presque de face ; sa barbe est brune ; il est coiffé d'un bonnet rouge. Sur un vêtement brun brodé et échancré à la poitrine, il porte une chaine d'or à laquelle est suspendu un médaillon.

1153. *Tête de Vieillard.*

Toile. Haut. 61 c. — Larg. 50 c.

De grandeur naturelle.

Vue de trois quarts, tournée à gauche. La barbe et les cheveux sont blancs. Une draperie rougeâtre est jetée sur l'épaule droite, l'épaule gauche est nue.

1154. *Tête d'Homme.*

Bois. Haut. 2! c. — Larg. 19 c.

Imitation de Rembrandt.

Cet homme porte un bonnet de fourrure et de longs cheveux. Une écharpe verte lui entoure le cou.

1155. *La Vierge allaitant l'enfant Jésus.*

Toile. Haut. 57 c. — Larg. 43 c.

De grandeur naturelle et à mi-corps.

La Vierge tient l'enfant Jésus sur ses genoux. Elle a la tête couverte d'une draperie bleue doublée de brun clair ; sa robe est rouge.

1156. *Sainte Famille.*

Toile. Haut. 42 c. — Larg. 34 c.

La Vierge, agenouillée, soutient l'enfant Jésus sur un mouton ; à gauche, le jeune saint Jean est couché sur l'herbe, ayant près de lui un lapin. Saint Joseph, appuyé sur un bâton et placé derrière la Vierge, contemple cette scène.

1157. *Portrait d'un jeune Homme.*

Bois. Haut. 42 c. — Larg. 28 c.

De grandeur naturelle.

Ses cheveux sont châtains ; il est vu de trois quarts et tourné à droite. La tête seule de ce portrait est achevée.

1158. *Portrait de Femme.*

Toile. Haut. 59 c. — Larg. 48 c.

De grandeur naturelle, en buste.

Vêtue d'une robe noire, elle porte un collier de perles, et sur des cheveux poudrés un léger bonnet blanc à larges dentelles.

1159. *Portrait de Louis XVI.*

Toile. Haut. 64 c. — Larg. 52 c.

De grandeur naturelle, en buste.

1160. *Le Christ tenant sa croix.*

Toile. Haut. 29 c. — Larg. 23 c.

Copie d'une peinture de l'Ecole espagnole.

1161. *Marine*.

Toile. Haut. 58 c. — Larg. 72 c.

A droite on voit des rochers et un petit monument rond et à colonnes; sur le devant, des personnages et des ballots ; plus loin, la mer.

1162. *La Leçon de lecture*.

Toile. Haut. 74 c. — Larg. 85 c.

Une femme, assise et vêtue d'une robe d'un rouge pâle, serrée à la taille par une ceinture, tient sur ses genoux un livre sur lequel elle fait lire un enfant placé devant elle, et qui a une chandelle à la main.

1163. *Le Christ sur la croix*.

Bois. Haut. 19 c. — Larg. 16 c.

A droite, la Vierge tombe évanouie entre les bras de saintes femmes qui l'accompagnent; à gauche, saint Jean, debout, regarde le Christ. Un autre personnage prosterné au pied de la croix.

1164. *Le Repas chez Simon-le-Pharisien*.

Bois. Haut. 19 c. — Larg. 16 c.

Sur le devant du tableau, la Madeleine, agenouillée, essuie les pieds du Christ, qui est vêtu d'une robe rouge et d'un manteau bleu. Convives entourant la table ; au-dessus, une draperie grenat soutenue par des colonnes.

1165. *La Charité romaine*.

Bois. Haut. 17 c. — Larg. 14 c.

1166. *Tête de Christ*.

Cuivre. Haut. 16 c. — Larg. 13 c.

Le Christ est vu de face avec la couronne d'épines ; une draperie rouge couvre ses épaules.

1167. *Paysage.*

Bois. Haut. 16 c. — Larg. 16 c.

A gauche, sur un tertre, on voit un arbre qui s'élève presque jusqu'au haut du tableau. Le devant est animé par quelques figures. Le fond est une plaine arrosée par une rivière.

1168. *Groupe d'Ecorchés.*

Diam. 24 c.

Dessin à la plume lavé au bistre; forme ronde.

1169. *Léda.*

Haut. 10 c. — Larg. 19 c.

Elle est couchée; un de ses bras est replié derrière sa tête, de l'autre elle enveloppe le cygne.

Dessin au crayon rouge.

1170. *Vénus châtiant l'Amour.*

Haut. 10 c. — Larg. 20 c.

Dessin au crayon rouge.

1171. *Figure d'étude pour les proportions du corps humain.*

Haut. 34 c. — Larg. 15 c.

Dessin à la sanguine, avec quelques notes en langue italienne.

1172. *Le Massacre des onze mille Vierges.*

Haut. 17 c. Larg. 29 c.

Dessin sur papier bleu, lavé à l'encre de Chine.

1173. *Portrait d'Homme, vu de profil.*

> Diam. 18 c.

Dessin aux trois crayons, de forme ronde.

1174. *Portrait d'un jeune Homme.*

> Diam. 7 c.

Miniature; forme ronde.
Il est représenté de trois quarts, tourné vers la droite.

1175. *Portrait de jeune Homme du temps de Louis XVI.*

> Haut. 14 c. — Larg. 11 c.

Il est vu de trois quarts et tourné à gauche.
Dessin à la mine de plomb, de forme ovale.

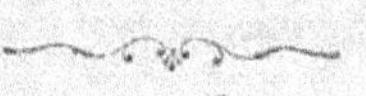

SCULPTURE

DARBOIS (Pierre-Paul), né à Dijon, professeur de sculpture à l'Ecole impériale des beaux-arts de cette ville, adjoint au conservateur du Musée; élève de François Devosge.

1176. *Anatole Devosge.*

Buste en marbre.

HOUDON (Jean-Antoine), né à Versailles en 1741, mort à Paris en 1828 ; élève de Lemoyne et de Pigalle, membre de l'Institut.

1177. *Saint Bruno.*

Haut. 17 c.

Petit buste en plâtre, couleur de terre.

GAYRARD.

1178. *Michel-Ange.*

Statuette en carton-pierre.

RUDE (François), né à Dijon le 4 janvier 1784, mort à Paris le 3 novembre 1855 ; élève de François Devosge à l'Ecole de Dijon et de Cartelier ; grand-prix de Rome en 1812, chevalier de la Légion-d'Honneur en 1833 ; grande-médaille d'honneur à l'Exposition universelle de 1855.

1179. *L'Amour dominateur du monde.*

Le maître des dieux et des hommes, rayonnant de jeunesse, nu, coiffé seulement de bandelettes, emblèmes de la toute-puissance, la tête haute, est assis tenant un flambeau d'une main. De son pied droit il rapproche deux tourterelles.

Statue en marbre, de grandeur naturelle.

______

INCONNUS

1180. *Un Cadavre dans une grotte.*

Haut. 49 c. — Larg. 54 c.

Ce cadavre est en décomposition, entouré de squelettes et de débris humains. Dans le lointain on voit une pyramide et une ruine.

Ouvrage en cire coloriée, dans une châsse.

1181. *Profil de Louis-Gabriel Monnier, graveur, premier conservateur du Musée de Dijon.*

Diam. 16 c.

Médaillon en plâtre.

———

EMPREINTES ET MÉDAILLES

1182. *Cinquante-quatre Empreintes, en soufre rouge, de pierres gravées antiques.*

1183. *Treize Médailles en fonte.*

1° Le général Foy. — 2° Allégorie de la Charte de 1830, — 3° Delanneau. — 4° Grétry. — 5° Henri IV. — 6° Une Victoire sur un char. — 7° Georges Canning, — 8° Montyon avec Franklin. — 9° Malherbe. — 10° Jeannin. — 11° Napoléon Ier. — 12° Montesquieu. — 13° Le maréchal Brune.

———

1184. *Ecce Homo.*

Haut. 82 c. — Larg. 63 c.

Tapisserie.

Entre les colonnes d'un monument, le Christ, la tête ceinte de la couronne d'épines, est entouré de quatre hommes, dont un lui pose la main sur l'épaule, un autre soulève son manteau en le montrant du doigt. Au fronton de cette colonnade est représenté le Père Eternel accompagné de deux anges.

Cette tapisserie est en soie et or.

———

SIXIÈME PARTIE

COLLECTION DE DESSINS

DES GRANDS MAITRES

Des Écoles Française, Italiennes et Hollandaise

Offerte par M. HIS DE LA SALLE

AU MUSÉE DE LA VILLE DE DIJON EN 1862, 1863, 1864
ET 1865

M. His de La Salle ayant bien voulu accompagner ces envois de notes et renseignements, le présent Catalogue a été rédigé d'après les précieuses indications fournies par le donateur.

ÉCOLE FRANÇAISE.

DAVID (JACQUES-LOUIS), peintre, né à Paris le 31 août 1748, mort à Bruxelles le 29 décembre 1825.

1185. *Bélisaire.*

Haut. 46 c. — Larg. 36 c.

Première pensée du tableau exposé au Louvre et qui diffère beaucoup de ce dessin dans la disposition des figures et dans le fond.

A la plume, lavé au bistre et rehaussé de blanc sur papier gris-bleu.

DROUAIS (Jean-Germain), peintre, né à Paris le 25 novembre 1763, mort à Rome le 13 février 1788.

1186. *Marius à Minturnes.*

Haut. 23 c. — Larg. 30 c.

A droite, Marcus dans sa prison, assis, le bras appuyé sur une table, se retourne vers le soldat Cimbre envoyé pour l'assassiner.

Dessin au crayon noir et rehaussé de blanc.

DUMOUSTIER (Daniel), peintre, né à Paris en 1575, mort dans la même ville en 1646.

1187. *Portrait d'un Vieillard.*

Haut. 33 c. — Larg. 23 c.

Vu de trois quarts, il a le front nu et porte une collerette.

Dessin aux trois crayons.

FRAGONARD (Jean-Honoré), peintre et graveur à l'eau forte, né à Grasse en 1732, mort à Paris en 1806. (Ecole française.)

1188. *Deux Hommes emportent précipitamment une Femme nue.*

Haut. 39 c. — Larg. 25 c.

Une figure ailée qui plane dans les airs, le poignard à la main, semble poursuivre de sa vengeance les ravisseurs.

Au crayon noir, presque entièrement recouvert par le bistre dont est lavé ce dessin.

GÉRICAULT (Jean-Louis-Théodore), peintre, né à Rouen le 26 septembre 1791, mort à Paris le 18 janvier 1824.

1189. *Etude pour un saint Georges.*

Haut. 22 c. — Larg. 17 c.

Esquisse à la mine de plomb.

L'avant-main du cheval et le dragon sont exécutés à la plume.

GIRODET DE RONCY-TRIOSON (ANNE-LOUIS), peintre, né à Montargis le 5 janvier 1767, mort à Paris le 9 décembre 1824.

1190. *Scène du Déluge.*

Haut. 45 c. — Larg. 36 c.

Contre-épreuve du dessin original du peintre, signée et datée de 1806, avec quelques lignes illisibles de son écriture.

Au crayon noir sur papier teinté.

GRANET (FRANÇOIS-MARIUS), peintre, né à Aix (Provence) le 15 décembre 1775, mort dans la même ville le 21 novembre 1849.

1191. *Ruines dans l'intérieur du Colisée à Rome.*

Haut. 16 c. — Larg. 22 c.

A l'aquarelle.

LATOUR (MAURICE-QUENTIN, de) peintre, né à Saint-Quentin en 1705, mort dans la même ville en 1788.

1192. *Etude qui a précédé l'exécution du beau portrait (au pastel) du Maréchal de Saxe, exposé au Louvre.*

Haut. 32 c. — Larg. 27 c.

Aux crayons de pastel noir, rouge et blanc, sur papier bleu.

LESUEUR (Eustache), peintre, baptisé à Paris le
19 novembre 1617, mort le 30 avril 1655.

1193. *La Présentation.*

Haut. 36 c. — Long. 26.

Dessin à la pierre noire, légèrement lavé au bistre.

La description de ce dessin se trouve à la page 85 d'un
ouvrage publié à Paris en 1852 chez Dumoulin, avec le
titre suivant : *Nouvelles recherches sur la vie et les ouvrages
d'Eustache Lesueur*, par L. Dussieux, avec un catalogue des
dessins de Lesueur, par A. de Montaiglon.

1194. *La Messe de Saint-Martin.*

Haut. 20 c. — Larg. 16 c.

Première pensée du tableau du Louvre entièrement différente par les détails.

Voir le catalogue cité ci-dessus.

Dessin au crayon lavé d'encre de Chine et mis au carreau.

LOO (Charles-André dit Carle Van), peintre et
graveur, né à Nice le 15 février 1705, mort à Paris le
15 juillet 1765.

1195. *Etude de Femme nue à demi couchée sur une couverture.*

Haut. 27 c. — Larg. 38. c.

La tête n'est qu'indiquée.

Dessin à la sanguine.

Collection Villenave.

LORRAIN (Claude Gelée, dit le), peintre et graveur à l'eau forte, né en 1600 au château de Chamagne
(dans le diocèse de Toul), mort à Rome le 21 novembre
1682.

1196. *Paysage*.

Haut. 19 c. — Larg. 17 c.

Sur le premier plan, deux chèvres qui luttent ; plus loin, deux vaches en mouvement et une troisième chèvre qui broute.

Dessin au bistre.

MARILHAT (Pierre).

1197. *Le Pont du Gard*.

Haut. 42 c. — Larg. 67 c.

Etude d'après nature dont le peintre s'est servi plus tard pour faire un tableau placé à Paris dans le cabinet d'un amateur.

A la mine de plomb.

NATOIRE (Charles-Joseph), peintre et graveur à l'eau forte, né à Nîmes le 3 mars 1700, mort à Castel-Gandolfo le 29 août 1777.

1198. *Tête de jeune Femme vue de trois quarts et regardant à gauche ; elle est coiffée en cheveux et porte une collerette*.

Haut. 26 c. — Larg. 20 c.

Dessin aux crayons noir et blanc sur papier bleu.
Collection Lempereur.

OUDRY (Jean-Baptiste), peintre et graveur à l'eau forte, né à Paris le 17 mars 1686, mort à Beauvais le 3 avril 1755.

1199. *Chien d'arrêt, faisant lever un faisan caché derrière une plante à larges feuilles. — Un second faisan a déjà pris sa volée*.

Haut. 19 c. — Larg. 24 c.

Dessin lavé à l'encre de Chine et rehaussé de blanc, sur papier bleu.

PUGET (Pierre) (faussement attribué à).

1200. *Le Calvaire.*

Haut. 37 c. — Larg. 62 c.

Dessin au crayon noir, repris à la plume, avec quelques touches de bistre.

POUSSIN (Nicolas), peintre, né aux Andelys en 1594, mort à Rome le 19 novembre 1665.

1201. *Première Pensée pour une sainte Famille. Au verso, le Baptême de Jésus.*

Haut. 13 c. — Larg. 19 c.

Qui a été gravée dans le même sens que l'original par Claudine Boursonnet-Stella, et en contre-partie par J.-B. de Poilly.

Dessin à la plume.

Au verso, *le Baptême de Jésus.*

Ce petit croquis, placé derrière la *sainte Famille*, fait présumer que Le Poussin s'occupait de ce tableau dans le temps de sa plus grande force, celui où il peignait, pour M. de Chanteloup, la suite des *sept Sacrements.*

1202. *Jésus succombant sous le poids de sa croix en montant au Calvaire.*

Haut. 17 c. — Larg. 25 c.

Dessin au bistre.

1203. *Paysage.*

Haut. 26 c. — Larg. 39 c.

Sur le premier plan, à droite, un pêcheur, la ligne sur l'épaule, se dirige du côté de la rivière qui baigne les murs d'une ville placée au fond de la composition. A gauche des rochers sur lesquels s'élève un groupe d'arbres.

Dessin à la plume et au bistre.

TURPIN DE CRISSÉ (le comte), peintre et lithographe.

1204. *Vue de l'Eglise Sancta-Maria-Formosa, à Venise.*

Haut. 40 c. — Larg. 55 c.

Ce dessin à la plume et au bistre a été exécuté à Paris en 1852 d'après un croquis fait à Venise en 1829, signé et daté par l'auteur.

VERNET (CLAUDE-JOSEPH), peintre et graveur à l'eau forte, né à Avignon le 4 août 1714, mort à Paris le 3 décembre 1789.

1205. *Paysage.*

Haut. 26 c. — Larg. 36 c.

Deux hommes accompagnés d'un chien se reposent au bord d'une rivière qui passe entre un vieux chêne brisé et un rocher couvert de végétation ; dans le fond, un bois.

Dessin à la plume et à l'encre de Chine.

WATTEAU (ANTOINE), peintre et graveur à l'eau forte, né à Valenciennes en 1684, mort à Nogent le 18 juillet 1721.

1206. *Jeune Femme couchée sur une dormeuse.*

Haut. 17 c. — Larg. 13.

A la sanguine.

1207. *Jeune Femme, les bras croisés, assise dans une bergère où elle s'est assoupie.*

Haut. 12 c. — Larg. 17 c.

Dessin à la sanguine.

INCONNUS

Du temps de Henri IV.

1208. *Plafond d'une grande richesse, au centre duquel on voit les armes de France et de Navarre.*

Haut. 29 c. — Larg. 37 c.

Des arabesques, combats d'animaux, etc., sont placés symétriquement dans cette composition destinée à l'embellissement de l'une des résidences de Henri IV.

Dessin à la plume et au bistre.

Fin du XVIIIᵉ siècle.

1209. *Intérieur de l'église Saint-Pierre, à Rome.*

Haut. 43 c. — Larg. 34 c.

Dessin à la plume et au bistre, rehaussé de blanc, sur papier de couleur.

CHAIGNET, né à Dijon.

1210. *Étude. Tête de Femme vue de profil.*

Haut. 33 c. — Larg. 19 c.

Dessin au crayon noir,

GREUZE (JEAN-BAPTISTE), né à Tournus, près de Mâcon, le 21 août 1725, mort au Louvre le 21 mars 1805.

1211. *L'Amour parmi de jeunes Filles.*

Haut. 11 c. — Larg. 35 c.

Donné par M. le baron de Boissieu.

ÉCOLES FLAMANDE ET HOLLANDAISE.

—

BACKUISEN (LUDOLF), peintre et graveur à l'eau forte, né à Embden en 1631, mort à Amsterdam le 7 novembre 1709. (Ecole hollandaise.)

1212. *Marine.*

Haut. 12 c. — Larg. 14.

Dessin à la plume lavé à l'encre de Chine.

BÉGA (KORNELIS-BEGIN, dit), peintre et graveur à l'eau forte, né à Harlem en 1620, mort dans la même ville en 1664. (Ecole hollandaise.)

1213. *Deux Hommes et une Femme, le verre à la main sont assis autour d'une table, dans un intérieur; deux autres Hommes debout derrière la table, prennent part à la fête.*

Haut. 28 c. — Larg. 22 c.

Dessin à l'encre de Chine et à l'aquarelle.

BEGECJU (Abraham), peintre, né vers 1650. (École hollandaise.)

1214. *Paysage et Animaux*.

Haut. 23 c. — Larg. 30 c.

Une vachère, assise au pied d'un vieux chêne, est entourée d'un troupeau composé de vaches et de moutons.

Dessin au crayon noir, lavé d'encre de Chine.

BERGHEM ou BERCHEM (Nicolas), peintre et graveur à l'eau forte, né à Harlem en 1624, mort dans la même ville en 1683. (École hollandaise.)

1215. *Une Vache s'abreuvant*.

Haut. 29 c. — Larg. 40 c.

Près d'elle est assis le vacher, une jambe dans l'eau, une seconde vache couchée, plusieurs moutons, une chèvre et un âne complètent la composition.

Dessin à la sanguine.

Collection Richardson.

1216. *Deux Etudes d'Anes*.

Haut. 17 c. — Larg. 23 c.

Le maître s'est servi de l'une d'elles pour graver celle de ses eaux fortes qui porte le n° 4 dans la suite connue sous le nom de collection Mariette.

A la pierre noire, contre-épreuve.

BOTH (Jean dit Both d'Italie), peintre et graveur à l'eau forte, né à Utrecht en 1610, mort en 1650. (École hollandaise.)

1217. *Paysage montagneux*.

Haut. 18 c. — Larg. 28 c.

Au premier plan, près d'un rocher, on remarque un groupe d'arbres très élancés.

Dessin à la plume lavé d'encre de Chine.

Collection J. Reynolds.

DALENS (Dirk), peintre, né à Amsterdam en 1659, mort en 1738. (Ecole hollandaise.)

1218. *Paysage.*

Haut. 21 c. — Larg. 18 c.

Il est traversé par un chemin sinueux qu'avoisinent des rochers d'une grande hauteur.

Lavé à l'encre de Chine.

DICK (Adrien Van), peintre et graveur à l'eau forte, né à Anvers le 22 mars 1599, mort à Black-friars, près Londres, le 9 décembre 1641. (Ecole flamande.)

1219. *Feuille de Croquis.*

Haut. 16 c. — Larg. 22 c.

Sur laquelle le maître a dessiné à la plume l'avant-main d'un cheval et l'arrière-train d'un autre cheval; au verso, une figure d'homme les bras levés, répétée deux fois: elle est à la plume et au bistre.

GOYEN (Jan-Van), peintre et graveur à l'eau forte, né à Leyde en 1596, mort à La Haye en 1656. (École hollandaise.)

1220. *Paysage.*

Haut. 18 c. — Larg. 28 c.

Sur les bords d'un fleuve, on voit à gauche un moulin, près d'un chantier où des charpentiers sont occupés à réparer des embarcations; dans le fond un rocher et sur l'autre rive un moulin.

Ce dessin au crayon, à la plume et au bistre, est signé des initiales du maître et daté de 1651.

HUYSUM (Jan-Van), peintre, né à Amsterdam le 5 avril 1632, mort dans la même ville le 2 février 1749. (Ecole hollandaise.)

1221. *Un vase de fleurs sur une console ; un Nid rempli d'œufs est placé à côté du vase.*

Haut. 20 c. — Larg. 16 c.

A l'aquarelle.

JARDIN (KAREL DU), peintre et graveur à l'eau forte, né à Amsterdam vers 1635, mort à Venise le 20 novembre 1678. (Ecole hollandaise.)

1222. *Etude d'un Mouton couché sur l'herbe.*

Haut. 9 c. — Larg. 14 c.

Au verso, deux moutons légèrement esquissés.
Dessin à la pierre noire.

JORDAENS ou JORDAANS (JAKOB), peintre et graveur à l'eau forte, né à Anvers le 20 mai 1593, mort dans la même ville le 18 octobre 1678. (École flamande.)

1223. *Tête de Femme de grandeur naturelle, vue de trois quarts.*

Haut. 29 c. — Larg. 22 c.

Dessin à la pierre noire recouverte en partie par quelques touches d'aquarelle.

MAAS (NICOLAS), peintre, né à Dordrecht en 1632, mort à Amsterdam en 1698. (Ecole hollandaise.)

1224. *Tête d'Enfant de grandeur naturelle.*

Haut. 28 c. — Larg. 23 c.

Aux trois crayons sur papier teinté.

Collection de J. P. Zoomers.

Cet amateur était l'ami de Rembrandt.

NETSCHER (Gaspar), peintre, né à Heidelberg en 1639, mort à La Haye le 15 février 1684. (Ecole hollandaise.)

1225. *Un jeune Homme et une jeune Femme assis l'un à côté de l'autre, près d'un balcon couvert d'une draperie. Deux Enfants complètent cette composition cintrée par le haut.*

Haut. 18 c. — Larg. 28 c.

Dessin à la plume.

OSTADE (Isack-Van), peintre, né à Lubech en 1613 ou 1617; on croit qu'il mourut en 1654. (Ecole hollandaise.)

1226. *Le Benedicite.*

Haut. 18 c. — Larg. 27 c.

Au milieu d'une chaumière trois paysans et une paysanne placés autour d'une table disent le *Benedicite*.

Dessin à la plume, lavé d'encre de Chine.

RADEMAKER (Abraham), peintre, né à Amsterdam en 1675, mort à Harlem en 1735. (Ecole hollandaise.)

1227. *Paysage.*

Haut. 18 c. — Larg. 25 c.

Sur le bord d'une rivière et dans le voisinage d'un groupe de maisons, à droite on voit des bateaux amarrés, des chevaux, des charrettes et de nombreuses figures d'hommes et de femmes. Au fond, un village et un moulin.

Dessin à la plume, lavé d'encre de Chine.

REMBRANDT (Van-Ryn), peintre et graveur à l'eau forte, né près de Leyde en 1608, mort à Amsterdam le 8 octobre 166b. (Ecole hollandaise.)

1228. *Samson et Dalila.*

Haut. 14 c. — Larg. 18 c.

Croquis à la plume.

Au verso , *Anne, Mère de Tobie;* croquis à la plume pour le tableau de l'ange Raphaël quittant Tobie (galerie du Louvre), à côté un groupe de figures esquissées à la sanguine.

ROMEYN (Willem), peintre, né à Utrecht, florissait de 1640 à 1669. (Ecole hollandaise.)

1229. *Paysage et Animaux.*

Haut. 21 c. — Larg. 25 c.

Une vache couchée au premier plan, et derrière elle, une autre debout, un pâtre, vu de dos, s'appuie sur cette dernière; au fond, au pied d'une montagne, on voit une tour carrée entourée d'arbres.
Dessin à la plume lavé au bistre.

RUBENS (Pierre-Paul), peintre, né à Cologne le 29 juin 1577, mort à Anvers le 30 mai 1640. (Ecole flamande.)

1230. *La Cène.*

Haut. 22 c. — Larg. 68 c.

D'après la fresque de Léonard de Vinci, que l'on voit à Milan dans le réfectoire de Sainte-Marie-des-Grâces.

Ce dessin à la plume et au bistre a été gravé par Soutman.

SAFT-LEEVEN (Herman), peintre et graveur à l'eau forte, né à Rotterdam en 1609, mort à Utrecht en 1685. (Ecole hollandaise.)

1231. *Vue des Bords du Rhin.*

Haut. 18 c. — Larg. 28 c.

Sur l'une des rives du fleuve, un monticule boisé, sur l'autre rive, quelques habitations.

Dessin à la pierre noire et légèrement lavé de bistre.

1232. *Paysage.*

Haut. 18 c. — Larg. 26 c.

Au milieu de la composition et dans un îlot formé par les bras d'un fleuve, s'élève une tour, à gauche une église.

Dessin à la pierre noire et au bistre.

TÉNIERS, le jeune (DAVID), peintre, né à Anvers en 1610, mort à Perk en 1694. (Ecole flamande.)

1233. *Fumeur assis appuyé sur un tonneau.*

Haut. 15 c. — Larg. 12 c.

Dessin à la mine de plomb.

ULFT (JAKOB-VAN-DER), peintre et graveur, né à Gorcum en 1627, vivait encore en 1688. (Ecole hollandaise.)

1234. *Paysage avec Fabriques italiennes.*

Haut. 15 c. — Larg. 19 c.

Sur le premier plan, à droite, un palmier, à gauche, trois petites figures, au fond, un pont qui s'appuie sur une tour carrée.

Dessin à la plume et au bistre.

VELDE (ADRIAAN-VAN-DEN), peintre et graveur à l'eau forte, né à Amsterdam en 1639, mort dans la même ville en 1672. (Ecole hollandaise.)

1235. *Une Fileuse auprès d'un arbre, et une autre
        Femme debout tenant un panier dans ses
        mains, gardent un troupeau composé de
        deux vaches, de chèvres et de moutons.*

> Haut. 19 c. — Larg. 26 c.

Ce croquis fut plié et envoyé dans une lettre par le maître, comme première pensée d'une composition qu'il se
proposait de peindre. (Voyez au verso quelques lignes
écrites en hollandais.)

A la plume, légèrement lavé d'encre de Chine.

VELDE, le jeune (WILLEM-VAN-DEN), peintre, né
à Amsterdam en 1633, mort à Greenwich le 6 avril
1707. (Ecole hollandaise.)

1236. *Marine.*

> Haut. 24 c. — Larg. 36 c.

Temps orageux ; trois navires sont sous voiles.

Dessin à la plume, lavé d'encre de Chine.

VLIEGER (SIMON), peintre et graveur à l'eau forte,
né à Amsterdam en 1602. (Ecole hollandaise.)

1237. *Six Etudes de Chiens couchés dans diffé-
        rentes poses.*

> Haut. 19 c. — Larg. 28 c.

A côté de l'une d'elles, le maître a fait une seconde
étude de la tête seule.

A la pierre noire, avec quelques touches au lavis.

WATERLOO (ANTOINE), peintre et graveur à l'eau
forte, né à Utrecht en 1618, mort dans la même ville
en 1662. (Ecole hollandaise.)

1238. *Paysage.*

Haut. 36 c. — Larg. 28 c.

Où l'on voit une rivière dont l'un des bras passe sous un pont placé au centre de la composition, un chemin sinueux, et bordé d'arbres du côté droit, conduit à ce pont; dans le fond, des habitations.

Dessin au crayon noir, lavé à l'encre de Chine et rehaussé de blanc sur papier teinté.

WYCK (Thomas), peintre et graveur à l'eau forte, né à Harlem en 1618, mort dans la même ville en 1686. (Ecole hollandaise.)

1239. *Intérieur d'une Cour en Italie.*

Haut. 13 c. — Larg. 23 c.

Sur le premier plan on remarque une vasque de laquelle sort un jet d'eau, du côté opposé on voit un homme de dos.

Lavé au bistre.

WYNANTS (Jan), peintre, né à Harlem vers 1600, mort après 1677. (Ecole hollandaise.)

1240. *Paysage.*

Haut. 15 c. — Larg. 20 c.

Chaumière et hangar sur la lisière d'un bois; un magnifique chêne près duquel on voit un cheval, occupe le devant de la composition.

Dessin à l'encre de Chine.

ÉCOLES ITALIENNES.

ANDRÉ DEL SARTE (Vannuchi, Andréa, dit,) peintre, né à Florence en 1488, mort dans la même ville en 1530. (Ecole florentine.)

1241. *Téte de Vieillard vue de profil et regardant à droite; au-dessous, une main appuyée sur une béquille.*

Haut. 20 c. — Larg. 11 c.

Etude à la sanguine pour l'une des compositions relatives à la vie de saint Jean-Baptiste, peintᵉ en clair obscur dans la cour du couvent de Scalzo, à Florence.

Ce dessin a été gravé en *fac-simile* par Vivarès.

Collections J. Reynolds, et en dernier lieu du roi de Hollande.

BANDINELLI (Baccio), peintre, sculpteur et architecte, né à Florence en 1487, mort dans la même ville en 1559. (Ecole florentine.)

1242. *Etude d'un Homme debout et drapé, la téte couverte d'un bonnet florentin.*

Haut. 37 c. — Larg. 20 c.

Dessin à la plume.

BAROCHE (Frédérigo-Barocci, dit le), peintre et graveur à l'eau forte, né à Urbino en 1528, mort le 30 septembre 1612. (Ecole romaine.)

1243. *Buste de jeune Femme vue de trois quarts, la téte penchée en avant et les yeux baissés.*

Haut. 41 c. — Larg. 28.

Dessin aux trois crayons sur papier gris-bleu.

FRA BARTOLOMMEO DELLA PORTA (dit le
FRATE), peintre, né à Savignano en 1469, mort à Florence en 1517. (Ecole florentine.)

1244. *Quatre Croquis* sur la même feuille, deux
au recto et deux autres au verso pour
une *Sainte Famille.*

Haut. 19 c. — Larg. 26 c.

Au crayon noir sur papier teinté.

BECCAFUMI (MECHERINO-DOMENICO), peintre et
graveur à l'eau forte, né à Sienne en 1484, mort en
1549. (Ecole siennoise.)

1245. *Les Israélites apportant leurs bijoux pour
la fonte du veau d'or.*

Haut. 64 c. — Larg. 60 c.

Ce dessin et le suivant, à la plume et au bistre, ont servi
de carton à l'artiste pour l'exécution du célèbre pavé de la
cathédrale de Sienne.

1246. *Les Israélites entourent le veau d'or.*

Haut. 40 c. — Larg. 44 c.

BELLA (ÉTIENNE, dit STÉPHANO DELLA), peintre,
né à Florence en 1610, mort en 1664. (Ecole florentine.)

1247. *Six petits Dessins sur la même feuille.*

Haut. 26 c. — Larg. 22 c.

Un ours, un sanglier, un cerf, trois chiens de chasse au
repos, un chien courant ; au-dessous, un lièvre, un chien
de basse-cour : dans le fond, un cheval.

Le 1er de ces dessins est lavé à l'encre de Chine, trois
autres sont à la plume ; le cerf et les chiens au repos.

A la mine de plomb.

BEVILACQUA SALEMBENI (Ventura, dit le chevalier), peintre et graveur à l'eau forte, né en 1557, mort en 1603. (Ecole siennoise.)

1248. *Le Martyre de saint Etienne.*

Haut. 30 c. — Larg. 19 c.

Collections comte d'Arandel, Richardson, Beug, Wert, Esdoïle.

Mis au carreau pour l'exécution en grand probablement.

BOLOGNESE GRIMALDI (Gio-Franc, dit le), peintre, graveur à l'eau forte, architecte, né à Bologne en 1606, mort à Rome en 1680. (Ecole bolonaise.)

1249. *Paysage.*

Haut. 28 c. — Larg. 46 c.

L'ange du Seigneur s'approche du jeune Tobie, au bord d'un lac entouré de rochers escarpés.

Dessin à la plume lavé de bistre et rehaussé de blanc, sur papier gris-bleu.

CALIARI (Carlo), peintre, né en 1570, mort en 1596. (Ecole vénitienne.)

1250. *Le Martyre de sainte Justine.*

Haut. 52 c. — Larg. 28 c.

Collection Denon.

D'après le tableau de Paul Véronèse, qui se voit sur le maître-autel de sainte Justine, à Padoue.

Dessin à la plume et au bistre, rehaussé de blanc, papier gris-bleu.

Le tableau a été gravé au burin par Aug. Carrache.

CAMPAGNOLA (Domenico), peintre, vivait en 1543. (Ecole vénitienne).

1251. *L'Adoration des Rois.*

Haut. 38 c. — Larg. 52 c.

Grande et riche composition.

Dessin à la plume.

CANGIAGE CAMBIASO (Luca, dit le), peintre, né à Gênes en 1527, mort en 1585. (Ecole génoise.)

1252. *Gloire d'Anges.*

Haut. 41 c. — Larg. 28. c.

Dessin à la plume et lavé au bistre.

Cette composition a été gravée à l'eau forte par Le Guide.

CARAVAGE CALDARA (Polidore, dit Polidore de), peintre, né à Carravagio en 1495, mort à Messine en 1543. (Ecole romaine.)

1253. *Bataille.*

Haut. 21 c. — Larg. 35 c.

On remarque au milieu de la mêlée un soldat prêt à frapper son ennemi qu'il a saisi par les cheveux après l'avoir terrassé.

Dessin à la plume et au lavis de bistre.

1254. *Combat de cavalerie.*

Haut. 19 c. — Larg. 52 c.

Dessin en forme de frise, à la plume et au bistre.

CARRACCI (Ludovico), peintre et graveur à l'eau forte, né à Bologne en 1555, mort dans la même ville le 13 décembre 1619. (Ecole bolonaise.)

1255. *Cariatides.*

Haut. 19 c. — Larg. 38 c.

Collection Mariette.

Projet de décoration architecturale.

Dessin à la plume et à l'encre de Chine.

1256. *Composition très capitale représentant un grand nombre de Saints, Saintes et Anges, groupés dans les cieux et célébrant la gloire de la Mère de Dieu; on remarque saint Pierre vers le milieu du dessin.*

Haut. 41 c. — Larg. 69 c.

Dessin à la plume et au bistre.

CARRACCI (ANNIBALE), peintre et graveur à l'eau forte, né à Bologne le 3 novembre 1560, mort à Rome le 16 juillet 1609. (Ecole bolonaise.)

1257. *La Volupté accompagnée par l'Amour.*

Haut. 17 c. — Larg. 14 c.

Ces deux figures étaient destinées à une composition d'Hercule entre le vice et la vertu.

Dessin à la sanguine repassé à la plume.

Au verso, diverses figures à la plume et au crayon.

1258. *Frise dans laquelle on remarque trois figures de ronde-bosse.*

Haut. 18 c. — Larg. 40 c.

Projet architectural, pour le palais Farnèse.

Dessin à la plume et au bistre.

1259. *Le Couronnement de la Vierge.*

Haut. 46 c. — Larg. 48 c.

Collection Mariette.

Peint en grisaille sous laquelle on retrouve la plume énergique du maître.

La note que Mariette a fait placer au-dessous de cette importante composition nous apprend que de son temps, on voyait une peinture à peu près semblable chez le prince Pamphili, à Rome.

CASTIGLIONE (GIOVANNI, dit le BENEDETTO et le GRECHETTO), peintre et graveur à l'eau forte, né à

Gênes en 1616, mort à Mantoue en 1670. (Ecole génoise.)

1260. *Saint Luc peignant la Vierge.*

Haut. 41 c. — Larg. 30 c.

Collection Mariette.

Dessin au pinceau trempé dans le bistre.

1261. *Deux Tétes d'Orientaux.*

Haut. 25 c. — Larg. 20 c.

Au verso, fragment d'une composition.

Dessin à la plume.

DOMINIQUIN ZAMPIERI (Domenico, dit le), peintre et architecte, né le 25 octobre 1581, mort à Naples
le 15 avril 1641. (Ecole bolonaise.)

1262. *Très beau Dessin représentant, au milieu
de la Gloire céleste, le Père Eternel et
son Fils, les mains posées sur un globe
au-dessus duquel est le Saint-Esprit. Un
peu plus bas, on voit la Vierge et saint
Jean-Baptiste sur des nuages; et au-
dessous, les Apôtres et les Martyrs
chantent les louanges de Dieu.*

Haut. 46 c. — Larg. 30 c.

Ce dessin, cintré du haut, est sur papier gris, lavé au
bistre et rehaussé de blanc.

Cette description est tirée du catalogue du cabinet de
MM. Paignon Dijouval et Revil.

CORRÉGE ALLEGRI (Antonio, dit le) (attribué à),
peintre, né à Corrègio en 1494, mort dans la même
ville en 1534. (Ecole lombarde.)

1263. *Téte d'Enfant de grandeur naturelle.*

Haut. 25 c. — Larg. 19 c.

Dessin aux crayons noir et rouge.

FARINATO (Paolo), peintre, né à Vérone en 1522, mort en 1606. (Ecole vénitienne.)

1264. *Persée délivrant Andromède.*

Haut. 23 c. — Larg. 42 c.

Collections Mariette et Villette.

Le sujet principal n'est qu'au second plan ; on aperçoit Andromède attachée à un arbre au delà d'un portique soutenu par des cariatides.

Dessin à la plume, lavé au bistre et rehaussé de blanc sur papier gris-bleu.

FERRARI (Gaudenzio), peintre, né à Valdugio, près Milan, en 1404, mort à Milan en 1549. (Ecole lombarde.)

1265. *La Mise au tombeau.*

Haut. 38 c. — Larg. 25 c.

Collection Vallardi de Milan.

La Vierge, aidée par une sainte femme, soutient le corps du Christ, aux pieds duquel est agenouillée Marie Madeleine. Saint Jean, placé derrière ce groupe, lève les yeux au ciel, en joignant les mains.

Dessin au bistre sur papier gris-bleu, rehaussé de blanc.

GENNARI (Benedetto du Cento), peintre, né à Cento, travaillait en 1610. (Ecole bolonaise.)

1266. *La Sainte-Vierge, portant l'Enfant-Jésus dans ses bras, descend du ciel, et s'approche de saint François qui l'implore ; deux Franciscains à genoux complètent la composition.*

Haut. 27 c. — Larg. 20.

Collection Denon.

Dessin à la plume et au bistre.

GIGOLI CARDI (Ludovico da), peintre, né à Gigoli, près Florence, le 12 septembre 1559, mort à Rome le 8 juin 1618. (Ecole florentine.)

1267. *La sainte Famille*.

Haut. 21 c. — Larg. 16 c.

Collection de M. Esdoile.

Scène d'intérieur.

Dessin à la plume et au bistre.

GIORDANO (LUCA), peintre, né à Naples en 1632, mort dans la même ville le 12 janvier 1705. (Ecole napolitaine.)

1268. *Bacchanale*.

Haut. 39 c. — Larg. 55 c.

Silène, renversé de sa monture, écrase de son poids un petit bacchant ; de jeunes faunes viennent à leur secours ; dans le fond, Bacchus et Ariane sur un char traîné par des panthères.

Dessin à la plume et lavé au bistre.

GUASPRE (GASPRE DUGHET ou GASPARD POUSSIN, dit le), peintre et graveur à l'eau forte, né à Rome en mai 1613, mort dans la même ville le 25 mai 1675. (Ecole romaine.)

1269. *Paysage*.

Haut. 28 c. — Larg. 42 c.

Collections Mariette et Villenave.

Trois hommes sur un chemin passant entre une villa couronnant une colline à droite, et un bourg placé à gauche de la composition.

Les terrains du premier plan sont à la plume, le reste à la pierre noire.

GUERCHIN BARBIERI (GIO-FRANC, dit le), peintre, né à Cento le 8 février 1591, mort en 1666. (Ecole bolonaise.)

1270. *Paysage*.

Haut. 20 c. — Lar. 29 c.

Au milieu un groupe d'arbres, à gauche deux arches de pont, dans le fond, des montagnes.

Dessin à la plume.

1271. *Céphale et Procris.*

Haut. 23 c. — Larg. 30 c.

Collection Denon.

Gravé en 1792 par Francesco Novelli.

Dessin à la plume et au bistre.

GUIDE (GUIDO RENI, dit le), peintre et graveur à l'eau forte, né à Calvenzano, près de Bologne, le 4 novembre 1575, mort le 18 août 1642. (Ecole bolonaise.)

1272. *Etude d'un jeune Homme nu.*

Haut. 28 c. — Larg. 18 c.

Dessin aux trois crayons.

JOSEPIN CÉSARI (GUISEPPE, dit IL CAVALIERE D'ARPINO, ou le), peintre, né en 1560, mort en 1640. (Ecole romaine.)

1273. *Saint à genoux, qu'un bourreau placé derrière lui a saisi par les cheveux, et qu'il va frapper.*

Haut. 26 c. — Larg. 23 c.

Dessin aux crayons rouge et noir, quelques lignes presque illisibles, tracées sur ce dessin, indiquent qu'il a servi pour l'exécution d'une fresque dans une église de Rome.

LANFRANC (IL CAVALIERE GIOVANNI DI STEFANO LANFRANCHI), né à Parme en 1580, mort le 29 novembre 1647. (Ecole lombarde.)

1274. *L'Assomption de la Vierge.*

Haut. 24 c. — Larg. 17 c.

Collections Mariette et Lagoy.

Dessin au bistre.

LUINI (BERNARDINO), peintre, né vers 1460 à Luino, sur le lac Majeur, vivait encore en 1530. (Ecole lombarde.)

1275. *Tête de Femme, vue de trois quarts, la
      tête penchée et le regard baissé.*

Haut. 24 c. — Larg. 19 c.

Première vente Revil, 1842.

Au verso étude de femme nue vue de dos.

Dessin aux crayons noir et blanc, sur papier gris-bleu.

MANTEGNA (ANDRÉA), peintre et graveur, né à
Padoue en 1431, mort le 5 septembre 1506. (Ecole
vénitienne.)

1276. *Groupe de quatre petits Génies disposés
      symétriquement autour d'un palmier.*

Haut. 13 c. — Larg. 20 c.

Dessin à la plume.

MARATTA (CARLO MARATTI ou), peintre et graveur à l'eau forte, né à Camérano, dans les Marches
d'Ancône, en 1625, mort à Rome le 15 décembre 1713.
(Ecole romaine.)

1277. *Etude de Femme vue à mi-corps et drapée.*

Haut. 29 c. — Larg. 24 c.

Collections Crozat et Mariette.

Elle a les yeux baissés et les mains croisées sur la poitrine.

Dessin à la sanguine.

MUTIEN MUZIANO (GIROLAMO, dit le), peintre, né
à Aquafredda en 1530, mort à Rome le 27 avril 1590.
(Ecole vénitienne.)

1278. *La Résurrection de Lazare.*

Haut. 25 c. — Larg. 41 c.

Esquisse peinte en grisaille.

PALMA LE JEUNE (JACOPO PALMA JUNIORE, dit),
peintre et graveur à l'eau forte, né en 1544, mort à
84 ans environ. (Ecole vénitienne.)

1279. { *Judith.*
         { *Suzanne au bain.*

Haut. 14 c. — Larg. 9 c.

Collection Denon.

Deux dessins sur la même feuille à la plume et lavés au bistre.

PANNINI (Gio-Paolo), peintre, né à Plaisance en 1695, mort à Rome le 21 octobre 1768. (Ecole romaine.)

1280. *Ruines ornées de figures.*

Haut. 19 c. — Larg. 13 c. les deux.

Collection Mariette.

Deux dessins à la plume et lavés de bistre.

PARMESAN MAZZOLA (Francesco, dit il Parmigianino ou le), peintre et graveur à l'eau forte, né à Parme le 11 janvier 1503, mort à Casalmaggiore en 1540. (Ecole lombarde.)

1281. *La Décollation de saint Jean-Baptiste.*

Haut. 19 c. — Larg. 16 c.

Dessin à la plume, lavé de bistre.

PERINO DEL VAGA (Pierino Bonacessi, ou), peintre, né à Florence en 1500, mort à Rome en 1547. (Ecole romaine.)

1282. *Dessin allégorique.*

Haut. 23 c. — Larg. 22 c.

Ce dessin était vraisemblablement destiné à l'exécution d'un coffret qui devait être enrichi d'ornements damasquinés et de travaux en or et en argent, etc. Dans la partie inférieure, de forme rectangulaire, on voit d'un côté Pluton, et de l'autre la déesse Opis. Au-dessous, dans la partie cintrée, l'automne et l'hiver sont représentés dans un ovale.

Dessin à la plume, très légèrement lavé.

PERUZZI (BALDASSARE), peintre et architecte, né dans la province de Sienne en 1481, mort en 1536. (Ecole siennoise.)

1283. *L'Adoration des Bergers.*

Haut. 19 c. — Larg. 17 c.

Collection Richard Cosway.

Dessin à la plume et au bistre.

PIPPI (GUILO, dit JULES ROMAIN), peintre et architecte, né à Rome en 1499, mort le 1er novembre 1540. (Ecole romaine.)

1284. *Chasse au Sanglier.*

Haut. 28 c. — Larg. 56 c.

A la plume et au bistre.

La gravure de ce dessin, qui par malheur a beaucoup souffert, fait partie d'un recueil d'estampes publié en Angleterre à la fin du siècle dernier par Hamilton.

1285. *Neptune sur un char attelé de chevaux marins.*

Haut. 40 c. — Larg. 54 c.

Dans le groupe que l'on voit à droite, dans les nuages, le peintre paraît avoir voulu représenter Jupiter imposant silence aux vents.

Dessin à la plume et au bistre.

PORDENONE (GIOVANNI ANTONIO, dit le), peintre, né en 1484, mort en 1546. (Ecole vénitienne.)

1286. *La Croix enlevée dans les airs par un groupe d'Anges.*

Haut. 17 c. — Larg. 18 c.

Collection Denon.

Dessin à la sanguine.

PRIMATICE (Francesco Primaticcio, dit le), peintre, sculpteur, architecte, né à Bologne en 1504, mort à Paris en 1570. (Ecole bolonaise.)

1287. *Un Grand-Prêtre et deux Sacrificateurs, tenant une tête de cheval au-dessus d'un autel.*

Haut. 25 c. — Larg. 14 c.

Collection Lagoy.

Dessin à la sanguine et rehaussé de blanc.

ROSA (Salvator), peintre et graveur à l'eau forte, né au village de la Renella, près Naples, le 20 juin 1615, mort à Rome le 15 mars 1673.

1288. *La Chute des Géants.*

Haut. 70 c. — Larg. 47 c.

Dessin capital du maître, qu'il a gravé à l'eau forte.

Aux crayons noir et rouge, repris à la plume et lavé de sanguine.

On lit dans le catalogue du cabinet Mariette, que le célèbre amateur possédait une copie de cet important dessin.

SCHIDONE (Bartolommeo), peintre et graveur à l'eau forte, né à Modène vers 1580, mort en 1615. (Ecole lombarde.)

1289. *La Vierge tenant l'Enfant-Jésus dans ses bras.*

Haut. 18 c. — Larg. 14 c.

Collection Lempereur.

Dessin à la sanguine.

Au verso, étude de femme à la pierre noire.

SEMOLEI (Batista Franco, dit le), peintre et graveur, né dans les Etats vénitiens, travaillait en 1536, mort en 1561. (Ecole romaine).

1290. *Ulysse attaché au mât de son navire pour ne pas être entraîné par le chant des Syrènes.*

Haut. 28 c. — Larg. 38 c.

Dessin à la plume, lavé de bistre et rehaussé de blanc.

SIRANI (Elisabetta), peintre et graveur à l'eau forte, née en 1638, morte à l'âge de 26 ans. (Ecole bolonaise.)

1291. *Le Baptéme de Notre-Seigneur.*

Haut 24 c. — Larg. 18 c.

Collection Mariette.

Dessin à la plume.

1292. *Une Femme allaitant un Enfant ; dans le fond deux autres Enfants.*

Haut. 18 c. — Larg. 25 c.

A la plume, lavé de bistre.

TESTA (Pietro), peintre et graveur à l'eau forte, né à Lucques en 1617, mort en 1650. (Ecole florentine.)

1293. *La Nuit sur un Char trainé par des chiens qui hurlent ; elle est accompagnée par une Chauve-Souris et suivie des Songes, etc.*

Haut. 28 c. — Larg. 42 c.

Collection Denon.

Dessin à la plume et au bistre.

Il a été lithographié par Mlle Bouteiller.

TIARINI (Alessandro), peintre, né à Bologne le 20 mars 1577, mort dans la même ville le 8 février 1668. (Ecole bolonaise.)

1294. *La Sainte-Vierge tenant l'Enfant-Jésus sur ses genoux ; saint François et un autre Saint sont à genoux à ses pieds.*

Haut. 39 c. — Larg. 30 c.

Collections Malvasia, Crozat et Mariette.

Dessin au bistre rehaussé de blanc, sur papier teinté mis au carreau pour l'exécution en grand.

TINTORET ROBUSTI (Jacopo, dit le), peintre, né
à Venise en 1512, mort le 31 mai 1594. (Ecole vénitienne.)

1295. *Jésus à table avec ses Disciples.*

Haut. 19 c. — Larg. 26 c.

Dessin à la plume, lavé de bistre et rehaussé de blanc.

TITIEN VECELLIO (Tiziano, dit le), peintre, né
au bourg de Piave (province de Cadore) en 1477,
mort de la peste le 27 août 1576. (Ecole vénitienne.)

1296. *Paysage.*

Haut. 25 c. — Larg. 18 c.

Collections Lagoy et Revil, 1842.

Au pied d'une hauteur couronnée d'arbres, se trouvent
deux hommes couchés par terre et quelques moutons.

Dessin à la plume.

VANNI (il cavaliere Francesco), peintre et graveur à l'eau forte, né à Sienne en 1563, mort dans la
même ville en 1609. (Ecole siennoise).

1297. *La Dispute des saints Pères sur le mys-*
tère de l'Eucharistie.

Haut. 30 c. — Larg. 21 c.

Collections Mariette et Legoy.

Peinte en grisaille sur papier.

Le tableau de grande dimension décore l'un des autels
du dôme de Pise.

VERROCCHIO (Andrea del), peintre, sculpteur et
architecte, né en 1432, mort en 1488. (Ecole florentine.)

1298. *Feuille de Croquis.*

Haut. 28 c. — Larg. 19 c.

D'un côté, le maître a dessiné à la plume une figure
penchée en avant; des nageurs; de l'autre, on voit le Christ
assis sur son tombeau, à la pierre noire, une figure couchée
pour un monument sépulcral, à la plume, etc.

Les dessins de ce grand artiste, maître de Léonard de
Vinci et du Pérugin, sont extrêmenent rares.

ÉCOLE ESPAGNOLE.

MARTINEZ (Joseph).

1299. *Réunion de Moines debout, à l'exception d'un seul qu'on voit agenouillé recevant un livre des mains de son supérieur.*

Haut. 25 c. — Larg. 20 c.
Collections Pio Romani, Crozat, Mariette et comte de Fries.

INCONNUS

1300. *Bataille. (École romaine.)*

Haut 33 c. — Larg. 50 c.

Un éléphant chargé de combattants occupe le milieu de la composition, forme ovale,
Dessin à la plume, lavé au bistre et rehaussé de blanc.

1301. *L'Ivresse de Silène.*

Haut. 26 c. — Larg. 39 c.
Marque inconnue XVII° siècle.

Des Satyres et une Bacchante sont autour de lui ; à ses pieds une panthère auprès d'une amphore.

1302. *Sujet inconnu.*

Haut. 35 c. — Larg. 50 c.

1303. *Ecole vénitienne.*

Haut. 13 c. — Larg. 19 c.

Au premier plan on voit une gondole, dans le fond des maisons italiennes.

1304. *Dieu donne à Moïse les Tables de la Loi.*

Haut. 44 c. — Larg. 70 c.

D'après un bas-relief en bronze de la porte du Baptistère de Florence, chef-d'œuvre de Lorenzo Guiberti.

Dessin au bistre, rehaussé de blanc sur papier teinté.

SEPTIÈME PARTIE

VASES ÉTRUSQUES ET TERRES CUITES

provenant des Collections Campana

DONNÉS PAR L'EMPEREUR AU MUSÉE DE DIJON

POTERIE ÉTRUSQUE.

1305. *Grand Pithos (dolium) cannelé, provenant des fouilles de Cervetri. (Haute antiquité.)*

POTERIE DE PATE NOIRE.

1306. *Amphore à anses plates. (Lions en relief.)*

1307. *Amphore striée.*

1308.
1309.
1310.
1311. } *Œnochoé.*
1312.
1313.
1314.

1315. *Œpé.*

1316.
1317. } *Scyphus.*
1318.

1319.
1320. } *Canthares.*

1321. *Coupe à quatre supports (reliefs : lions et statuettes de Vénus.*

1322.
1323.
1324. } *Holmos.*
1325.

1326. *Cyathis.*

1327.
1328.
1329. } *Cotyles.*
1330.

VASES PEINTS DE LA DÉCADENCE.

1331. *Œnochoé.*

1332.
1333.
1334. } *Œnochoé.*
1335.

1336.
1337. } *Lecythus.*

1338. *Cotyle.*

1339. *Patère à Poissons.*

1340.
1341. } *Patères, Tête de Déesse diadèmée.*

VASES GRECS, POTERIE D'ANCIEN STYLE.

STYLE PHÉNICO-CORINTHIEN.

1342. *Amphore à ornements gravés à la pointe,*

1343. *Cotyle.*

1344. *Petite Coupe.*

1345.
1346.
1347.
1348.
1349. } *Bombylios.*
1350.
1351.
1352.

1353. *Lecythus.*

1354.
1355. } *Cotylisques.*
1356.

1357.
1358. } *Cotylisques.*
1359.

1360.
1361.
1362. } *Aryballes.*
1363.
1364.

VASES A FIGURES NOIRES.

1365. *Amphore.*

(A) Hercule luttant avec le dieu Marin Protée, en présence du vieillard Nérée et de deux Néréïdes.

(B) Hermès et trois déesses, dont l'une joue de la lyre et l'autre conduit un quadrige.

1366. *Amphore.*

(A) Hercule combat quelques hoplites.

(B) Deux cavaliers phrygiens suivis de leurs chiens de chasse.

1367. *Lecythus : Combat.*

1368. *Coupe : Panthère et Cygnes.*

VASES A FIGURES ROUGES.

1369. *Stamnos . Génie des Mystères.*

1370. *Coupe. (Intérieur, deux Femmes; revers, Festin.)*

POTERIE ROUGE ET VERNISSÉE.

1371. Cotyle
1372. Patère } rouges.

1373. Oxybaphon.

1374. Amphoridion.

1375. Canthare.

1376.
1377. } Œnochoé.
1378.

1379.
1380.
1381. } Lecythus.
1382.

1383.
1384. } Askos.

1385. Patère à ombilic.

1386.
1387.
1388.
1389. } Patères sans anses.
1390.
1391.

1392.

1393.

1394.

1395.

} *Patères sans anses.*

TERRES CUITES.

1396. *Urne cinéraire étrusque.*

Étéocle et Polynice. Traces de couleur.

1397. *Urne cinéraire étrusque.*

Échestus, armé d'un soc de charrue, combat les Perses à Marathon.

1398. *Bas-Relief : Thésée et Sinis.*

1399. *Bas-Relief : Faunes vendangeurs.*

1400. *Femmes drapées.*

1401. *Femmes drapées.*

1402. *Grande Tête de Femme.*

1403. *Petite Tête de Femme.*

1404. *Chien, Gargouille.*

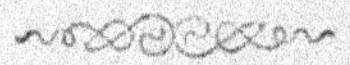

HUITIÈME PARTIE

—

MUSÉE DES ANTIQUITÉS DE LA COTE-D'OR.

———

Les nombreux débris lapidaires de notre histoire locale, découverts à différentes époques dans le sol du département de la Côte-d'Or, étaient restés jusqu'à l'année 1865 épars, sans ordre ni classification.

Tous les historiens et les artistes gémissaient de cet état d'abandon. Dès 1771, Legouz-Gerland avait formulé le vœu de l'établissement d'un dépôt spécial. Ce ne fut que le 23 août 1855 que la ville de Dijon, cédant aux sollicitations de la Commission des Antiquités de la Côte-d'Or, consentit à accorder trois salles du rez-de-chaussée de l'aile orientale du Palais des Etats pour établir un musée archéologique.

Immédiatement, par les soins de M. Henri Baudot, président de ladite Commission, ce Musée fut en voie d'organisation, et il put être ouvert pour la première fois au public le 25 juin 1865.

L'entrée est située dans la cour de Bar et place du Théâtre.

La première salle contient divers menus objets, ustensiles, armes, *ex-voto*, sceaux, urnes funéraires, etc., des époques celtique, romaine, mérovingienne, moyen âge.

La deuxième salle est consacrée aux monuments civils et religieux du moyen âge, de la renaissance et des temps modernes.

La troisième salle renferme d'admirables fragments de temples, de sépultures, de palais, de mosaïques, de bornes milliaires, de l'époque gallo-romaine.

Une notice historique et descriptive des objets qui composent ce Musée a été publiée en 1865, sous ce titre : *Le Musée archéologique de Dijon*, par Nicolas Fétu.

On trouvera à la librairie LAMARCHE, place Saint-Etienne, et chez le Concierge du Musée, cet ouvrage, qui est le complément naturel du présent catalogue, bien que le Musée des Antiquités de la Côte-d'Or soit indépendant du Musée de peinture et de sculpture.

Notices du Musée de Dijon publiées jusqu'à ce jour.

1º Notice des ouvrages de peinture et de sculpture exposés au Musée du département de la Côte-d'Or; par Fremyet. — Dijon, imp. de L.-M. Frantin, an VII, in-12, 68 pages.

2º Notice des tableaux, statues, bustes, bas-reliefs, vases, bronzes, antiquités, dessins, estampes, etc., exposés au Musée de Dijon; par M. de Saint-Mesmin, — Dijon, Frantin, imprimeur du roi, 1818, in-12, 395 nᵒˢ, 104 pages.

3º Notice des objets d'art exposés au Musée de Dijon; par M. de Saint-Mesmin. — Dijon, Victor Lagier, lib.-édit., 1842, in-12, 895 nᵒˢ, 210 pages, suivie d'un supplément.

4º Notice des objets d'art exposés au Musée de Dijon. — Dijon, Lamarche, lib.-édit., 1860, in-12, 1137 nᵒˢ, 296 pages.

5º Catalogue historique et descriptif du Musée de Dijon. — Dijon, Lamarche, lib.-édit., 1869, in-12, 1404 nᵒˢ, 350 pages.

TABLE

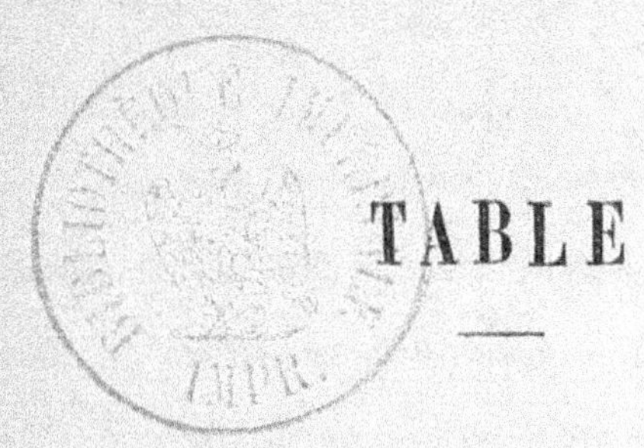

Cette table comprend d'abord les divisions du livret, puis les noms des artistes qui n'y figurent pas dans l'ordre alphabétique, les principaux objets historiques, les portraits, bustes ou médaillons des personnages célèbres, et enfin les noms des administrateurs auxquels le Musée doit ses améliorations.

BIBLIOTHEQUE NATIONALE DE FRANCE
3 7502 01642954 2